PATRICK STEGEMANN
SÖREN MUSYAL

DIE RECHTE MOBILMACHUNG

PATRICK STEGEMANN
SÖREN MUSYAL

DIE RECHTE
MOBILMACHUNG

WIE RADIKALE NETZAKTIVISTEN
DIE DEMOKRATIE ANGREIFEN

Econ

ECON ist ein Verlag der Ullstein Buchverlage GmbH

ISBN 978-3-430-21022-5

© der deutschsprachigen Ausgabe:

Ullstein Buchverlage GmbH, Berlin 2020

Alle Rechte vorbehalten

Gesetzt aus der Quadraat Pro; powered by peyprus.com

Druck und Bindearbeiten: CPI books GmbH, Leck

Printed in Germany

Inhalt

Kampf gegen die Demokratie verbünden sich dabei die unterschiedlichsten Lager der radikalen Rechten.

Die radikale Rechte setzt von jeher auf soziale Netzwerke, doch es wird zunehmend schwieriger für sie, dort ihre radikalen Inhalte zu verbreiten. Deswegen entdecken sie das Exil und weichen auf halböffentliche Messenger und selbst gebaute Plattformen aus.

Ende 2018 veröffentlicht ein Jugendlicher Unmengen privater Daten – aus politischen Gründen. Hacking und Doxing sind seit Jahren Waffen im politischen Onlinekampf. Auch in Deutschland.

Die Trump-Wahl ist eine Blaupause für den Wahlkampf der Zukunft. Trolle, Memes, Hacking und Doxing werden darin eine Rolle spielen. Das verändert auch den Charakter politischer Auseinandersetzung.

Während der Bundestagswahl 2017 griffen Tausende Trolle die deutsche Öffentlichkeit an. Der größte Trollserver Europas steht für die Verbindung von Gamekultur und rechter Agenda. Diese neue Form politischer Radikalität wird uns noch lange beschäftigen.

Für Gerd.

*

Freundschaft!

Einleitung: Die netten Jungs aus dem Internet

Das Netz bleibt nicht im Netz – diese Lektion mussten viele
schmerzhaft lernen. Es ist an der Zeit, genauer hinzusehen, wie
digitale Kulturen längst Politik machen.

Es ist ein heißer Sommernachmittag im Jahr 2019. In der Leipziger Innenstadt fährt eine Gruppe Tourist*innen mit Segways über den Markt, ein paar Jugendliche hängen lustlos herum. Er ist vor uns da, wartet wie verabredet vor dem *Burger King*. »Gut zu erreichen, auch mit der S-Bahn (wegen Klima)«, hatte er in seiner Mail gescherzt. Wir treffen jedoch keinen Klimaaktivisten, sondern einen der führenden Köpfe der rechtsextremen Jugendorganisation der Identitären Bewegung in Deutschland. Die IB ist eine Gruppe völkisch-rassistischer Politaktivist*innen, die vor allem durch öffentlichkeitswirksame Aktionen und gekonnte Medienauftritte ihre Ideen von einer homogenen europäischen Kultur zu verbreiten versuchen.

Alexander Kleine nennt sich selbst Alex Malenki. Er läuft barfuß, wie fast immer (»ist gut für'n Rücken«), hat einen Jutebeutel von der rechten Theoriezeitschrift *Sezession* dabei und trägt trotz fast 30 Grad einen blassgrünen Parka. Er begrüßt uns freundlich: »Schön, euch mal persönlich kennenzulernen.« In den nächsten zwei Stunden wollen wir über Demokratie sprechen, über den Nationalstaat, über *Instagram* und *YouTube*. Er sagt: »Digga, ich werde hier auf der Straße angehalten: Mach weiter, das letzte Video war geil.« 50.000 Follower seien sein Antrieb – auch, wenn es manchmal schwer sei, Aktivismus, Privatleben und das YouTuber-Dasein unter einen Hut zu bringen. Überhaupt sind für ihn und die Identitäre Bewegung schwere Zeiten angebrochen. Seit dem Sommer 2019 überwacht der Verfassungsschutz ganz offiziell die Gruppe, mehrere *Instagram*- und *YouTube*-Accounts einflussreicher Aktivist*innen wurden in den vergangenen Wochen gelöscht, und der österreichische Ableger steht unter Druck, weil er Verbindungen zum späteren Christchurch-Attentäter hatte. Dass einige ihrer Funktionär*innen von den sozialen Netzwerken ausgeschlossen wurden, schmerzt die Identitären, die sich so sehr auf die Radikalisierung im Netz spezialisiert haben, besonders.

Irgendwo im sächsischen Amt für Verfassungsschutz gibt es eine Akte, auf der auch Malenkis Name steht. Wenn die Verfassungsschützer*innen gut informiert sind, werden sie wissen, dass Malenki zwar häufig von Gewaltfreiheit und demokratischer Beteiligung redet, dass er aber ein völkisches, autoritäres Weltbild vertritt und zumindest früher enge Kontakte in die Hooligan- und gewaltbereite Naziszene der Stadt pflegte.

Doch davon ist bei unserem Treffen nichts zu spüren. Malenki scherzt, spricht mit feinem sächsischen Akzent und wirkt wie ein Berufsjugendlicher. Für unser Gespräch haben wir uns in ein Café gesetzt. Nach ein paar Minuten blickt Malenki auf, schaut zum Nachbartisch und lädt zwei Teenager ein, die interessiert herüberschauen: »Ihr könnt euch gerne dazusetzen!« Die beiden zögern, schütteln schüchtern den Kopf. Sie werden das Gespräch aufmerksam vom Nebentisch verfolgen. Malenki hat es zu einiger Bekanntheit gebracht, die beiden Jugendlichen sind etwa 15 Jahre alt und kennen ihn vermutlich »aus dem Internet«, als den lustigen, etwas dicklichen Jungen mit Bart aus den *Insta*-Stories. Für sie ist Malenki einer von vielen freundlichen Typen, die ihnen auf *Instagram* täglich aus ihrem Leben erzählen.

Der 27-jährige Malenki ist ein rechter Influencer, gemeinsam mit einem Gesinnungskameraden betreibt er die *YouTube*-Show *Laut Gedacht*, die über 50.000 Abonnent*innen hat. Außerdem hat er einen kleineren, privaten *YouTube*-Kanal, auf dem er Messer und Äxte testet oder übers Imkern redet, und er hielt 8.000 Follower*innen über einen ziemlich erfolgreichen *Instagram*-Kanal auf dem Laufenden – bis die Plattform ihn im Sommer 2019 verbannte. Vor allem aber ist Malenki ein politischer Aktivist der extremen Rechten, genauer: Regionalleiter der IB in Sachsen. Anders als die verhuschten Neonazi-Aktivist*innen noch bis zum Anfang des Jahrzehnts versteckt Alexander »Malenki« Kleine sich nicht. Sein Auftreten ist strategisch geplant und professionell getimt. Er zeigt sich gern und lächelt in die Kamera. Und das ist das wirklich Gefährliche an ihm.

Nicht im hellen Lichte eines Sommertages, sondern im sprichwörtlichen Dunkel eines geschlossenen rechtsextremen Trollservers begegnen wir Nikolai Alexander. Er ist der »Oberbefehlshaber« von *Reconquista Germanica* – was so viel bedeutet wie die »Rückeroberung Deutschlands«. Und genau darum geht es ihm. »Unser Anteil am AfD-Wahlerfolg, der ist ganz beachtlich«, sagt er uns im Herbst 2017. Im zurückliegenden Bundestagswahlkampf hat Alexander zum »Meme-Krieg gegen die Köterrasse im Bundestag« aufgerufen. Mit Memes (also im Netz geteilten Bildcollagen), Hassattacken und Trolling wollte er die AfD so stark wie möglich ins Parlament bringen.

Bis dahin war er ein rechter YouTuber, der mit pathetisch-nationalen Videos samt Streichmusik und wehenden Fahnen 30.000

Abonnent*innen erreichen konnte. Jetzt also »Oberbefehlshaber«. Bis zu 10.000 Menschen sind seinem Kriegsaufruf gefolgt, haben Fake-Accounts auf *YouTube* & Co. angelegt, haben Hassbotschaften unter Wahlvideos anderer Parteien geschrieben, Hashtags auf *Twitter* gekapert oder rassistische Bilder auf *Facebook* geteilt. Auf dem Trollserver herrscht eine strenge Hierarchie, es gibt »Sturmtrupps«, »Verteidigungslinien« und Tagesbefehle, und wer »Gefreiter« oder »Medienoffizier« werden will, muss vorher zum Bewerbungsgespräch.

All das erzählt uns Nikolai Alexander kurz nach den Bundestagswahlen 2017. Dabei wissen wir das und noch viel mehr zu diesem Zeitpunkt längst, denn als er seine Trollarmee aufbaute, waren wir von Beginn an dabei – verdeckt. Monatelang bewegten wir uns, als rechte Aktivisten getarnt, im Netz, verbreiteten Hassbotschaften, um Vertrauen aufzubauen und in rechte Gruppen zu gelangen. Ein »Unteroffizier« hatte uns vor Monaten über eine Stunde mit Fragen malträtiert (»Was ist der große Austausch?«, »Was ist für dich Patriotismus?«), hatte unsere Social-Media-Accounts kontrolliert. Und uns dann endlich befördert. Seither waren wir dabei im rechten Trollkrieg – zur vermeintlichen Rettung des Vaterlandes. Denn darum geht es Nikolai Alexander und einem Großteil der Trolle auf dem Server: »Wir haben den Anspruch, dem Kontrollverlust des deutschen Volkes über sein eigenes Land entgegenzuwirken und die nationale Souveränität wiederherzustellen«, sagt Alexander. Ganz ähnlich formuliert es auch der rechte Influencer Malenki.

Verborgene Trolle und die Öffentlichkeit suchende rechtsextreme Influencer*innen verbindet eine gemeinsame Weltsicht: Sie glauben, dass wir kurz vor der Katastrophe stehen. Unsere Gemeinschaft, wahlweise Deutschland, Europa oder die »weiße Rasse«, sei bedroht, und nur sie könnten sie retten. Es ist die alte Geschichte vom Untergang des Abendlandes, die rechte Bewegungen seit Jahrzehnten erzählen. Es ist der Urmythos des Faschismus, der schon in den 1920er-Jahren kultiviert wurde, der faschistische Minimalkonsens. Weltweit verbindet er Rechte sehr unterschiedlicher Ausrichtung. Sie gruppieren sich um ein zentrales Gefühl: Angst. Kein Zufall, dass der deutsche Kultursoziologe Thomas Wagner sein Buch über die Protagonist*innen der Neuen Rechten *Die Angstmacher* genannt hat. Angst ist eine besonders starke Emotion – und Emotionen sind der Treibstoff sozialer Medien. In den vergangenen Jahren ist die Rechte ziemlich erfolgreich damit geworden, Angst auf neue Arten zu inszenieren. Die sozialen Medien haben ihr Mittel in die Hand gegeben, von denen sie zuvor nur träumen konnte und die ihr große Erfolge bescheren, nicht nur im Netz.

Uns begleitet das Thema rechter Mobilmachung schon länger: Wir sind beide in Ostdeutschland geboren und dort in den Neunziger- und Nullerjahren aufgewachsen. In unseren Parallelklassen gab es Nazis, am Bahnhof und auf dem Marktplatz. Mindestens einmal im Jahr marschierten Rechte aus der ganzen Region durch unsere Stadt, es waren freie Kameradschaften, anfangs viele Glatzen, später autonome Nationalisten, die ein bisschen so aussahen wie die lokale Antifa. Die Springerstiefel-Glatzen wurden mit den Jahren weniger, die schwarz gekleideten autonomen Nationalisten mehr. Nazis waren nicht mehr (nur) die krassen Schlägertypen. Es war eine erste Metamorphose der Rechten, die sich vor unseren Augen abspielte. Bald schon zog die NPD in die Landtage von Sachsen und Mecklenburg-Vorpommern ein, die Nazis auf dem Bahnhof fanden das irgendwie gut, die Rechten in der Parallelklasse auch, aber das hätten sie öffentlich nie gesagt.

Die NPD war uncool, altbacken, dümmlich und brutal.

Nichts, womit man sich an einem Gymnasium brüstet, selbst dann nicht, wenn man offensiv rechts auftritt. Freie Kameradschaften und NPD versuchten dennoch ab Mitte der Nullerjahre, Anschluss an Jugendkulturen zu finden: Zunächst war es die Kameradschaftsszene, die 2004 ihre CD *Anpassung ist Feigheit. Lieder aus dem Untergrund* presste und auf Schulhöfen verteilte. In 20 Liedern besangen bekannte rechte Musiker aus Rock bis Neofolk Heimat und Männlichkeit. Im Begleitmaterial fanden sich Kontaktdaten sowie Weblinks zu Organisationen der Neonazi-Szene. Schon damals vernetzten sich Neonazis im Internet – die Freiheit des Internets hat immer auch jene angezogen, die die Freiheit bekämpfen. Für die breitenwirksame Propaganda aber suchten sich die Strategen jener Zeit eine CD aus.

Die Inhalte der Kameradschafts-CD wurden bundesweit von einzelnen Staatsanwaltschaften als strafrechtlich relevant eingestuft. Das hielt die NPD jedoch nicht davon ab, 2005 in einer Jungwähleroffensive eine eigene Schulhof-CD in Umlauf zu bringen: Mit einer Auflage von 200.000 Stück und vorbestraften Liedermachern wie Frank Rennicke warb sie um junge Wähler*innen. Damals war der Aufschrei groß: Staatsanwält*innen ermittelten, und die Bundesprüfstelle ging der Frage nach, ob die Inhalte jugendgefährdend seien. Aus heutiger Sicht wirken die Versuche der damaligen Rechtsextremen geradezu amüsant. Welch ein Unterschied: Von der Idee, eine Schulhof-CD zu machen, bis zu dem Moment, in dem sich ein*e Schüler*in, in deren Hände ein solches Exemplar fällt, tatsächlich in eine rechtsextreme Gedankenwelt hineinbegibt, muss eine Menge passieren: Musiker*innen müssen angefragt und CDs gepresst werden, die CD muss tatsächlich physisch in die Hände dieser Schüler*innen geraten, sie müssen sich von den schrammeligen Gitarren und dem schiefen Gesang angesprochen fühlen, sich online informieren, ein Gruppentreffen aufsuchen. Die Neue Rechte hat es heute dank Social Media wesentlich einfacher. Sie hat Influencer*innen, Musik für alle erdenklichen Nischen, sie hat Gesichter und Geschichten zu erzählen. Sie versteckt sich nicht – im Gegenteil. Schulhof-Aktionen, deren Erfolg höchst unsicher ist, braucht sie nicht mehr.

Für unsere Recherchen haben wir Hunderte Videos geschaut, folgen rechten Instagrammer*innen, sind in geschlossenen Servern und internen Chatgruppen der Neuen Rechten aktiv. Wir waren dabei, als aufgerüstet wurde: Wir haben einen rechten Cybermob auf Angela Merkel gehetzt, um das Vertrauen der Rechtsextremen zu gewinnen. Wir haben mit den Vorkämpfern des rechten Infokrieges und mit politischen Funktionären gesprochen. Wir sind durch das Internet und durch Deutschland gereist, sind in den USA Expert*innen begegnet, die glauben, dass liberale Demokratien das Rennen im Netz längst verloren haben. Wir haben Menschen getroffen, die von Hasskommentaren, Terror und Mord nichts wissen wollen und doch jeden Tag aufs Neue jene Ideologie und jene Ressentiments ins Netz blasen, die all das begünstigen.

Nicht selten gab es in den zurückliegenden Jahren Momente, in denen wir genug hatten vom Hass, von der Verachtung, der dunklen, überall Verschwörungen witternden Weltsicht. Doch wir haben weitergemacht, haben unzählige Posts gelesen und *YouTube*-Videos gebinge-watcht, weil sie uns tiefe Einblicke in das neurechte Denken erlauben. Sie helfen uns, die Angriffe zu verstehen, denen die liberale Gesellschaft ausgesetzt ist.

Der Philosoph Theodor W. Adorno hat 1967 in Wien einen Vortrag über den damals wieder aufkommenden Rechtsradikalismus in der Bundesrepublik gehalten; die NPD war in einige Landesparlamente eingezogen. Der Text, erst 2019 publiziert, ist eine kluge Analyse rechter Politik und trifft in vielen Punkten auch heute noch zu. Adorno sieht die damalige NPD vor allem ihrer propagandistischen Finesse wegen in der Kontinuität der Nationalsozialisten. Das wirklich Perfide, das Erfolgversprechende sei ebendiese Propaganda: was die Rechten erzählen, an wen sie sich richten, wie sie ihre Erzählung der Angst immer wieder neu inszenieren. Die Propaganda mache die »Substanz ihrer Politik« aus, und so solle man sie trotz ihres »niedrigen geistigen Niveaus und (...) ihrer Theorielosigkeit« nicht unterschätzen. [1]

Gut 50 Jahre nach Adorno hat sich lediglich die Bühne geändert. Ein überwältigender Teil der rechten Propaganda passiert heute in den sozialen Medien. Vorreiter dieser Öffentlichkeitsarbeit sprechen freimütig von der »Einheit von politischer Theorie und Propaganda«. Jedes Video, jeder Instagram-Post folgt einer Strategie, hat ein politisches Ziel. Der Erfolg rechter Bewegungen im Netz ist geplant. Er hat eine Theorie, eine Geschichte, ein Ziel – und um all das soll es in den folgenden Kapiteln gehen.

Den YouTube-Kanal des wohl einflussreichsten jungen Rechtsextremen im deutschsprachigen Raum, des Österreichers Martin Sellner, zierte lange ein Bild mit der Aufschrift »Willkommen im Infokrieg«. Diese Worte richten sich als Motivation an seine Anhängerschaft – und als Warnung an die liberale Gesellschaft: »Passt bloß auf, wir erklären euch den Krieg, und unsere Waffen liegen im Internet einfach so rum. Wir haben das besser verstanden als ihr!«

Die extreme Rechte ist heute weltweit in der Lage, über ihre Kernzielgruppen hinaus ihre Botschaften zu platzieren. Sie kann damit Wahlen beeinflussen, und sie kann mitbestimmen, worüber ganze Gesellschaften sprechen. Die Rechte hat die sozialen Netzwerke entdeckt und auf diese Weise etwas erreicht, was ihr über Jahrzehnte nicht gelungen war: Sie hat Kontakt gefunden zu sehr unterschiedlichen Milieus, zu jungen Gymnasiasten, Studierenden, begrenzt auch zu jungen Frauen. Treibende Kräfte sind dabei selten Parteien – häufig sind sie mehr oder minder stille Profiteure. Parteien wie die AfD müssen nur klug genug sein, die Radikalisierung des Netzes wohlgesinnt zu begleiten und in ihre Kommunikation einzubinden. Bislang gelingt ihr das gut.

Im Pop der Gegenwart herrsche eine »rechte Hegemonie«, schreibt der deutsche Kulturkritiker Georg Seeßlen. In »beinahe jedem musikalischen Genre, jeder Mode, jedem Medium« hat sich ein »dezidiert rechtes bis faschistoides Segment« gebildet:[2] in der Volksmusik wie im Rap, im Film, im Buchmarkt. Für die Welt, in die wir uns hineinbegeben werden, das Netz, stimmt das ganz sicher. Mit den unterschiedlichsten Kulturprodukten wirbt die Rechte um die Gunst des Publikums, für das das Internet eine immer zentralere Rolle einnimmt. Laut *Reuter Digital News Report* ist *Instagram* die wichtigste Informationsplattform der 18- bis 24-jährigen Deutschen. 23 Prozent konsumieren dort auch Nachrichten. Das beliebteste soziale Medium ist insgesamt in Deutschland *YouTube*, 74 Prozent aller Bürger*innen nutzen die Plattform. Diese schrittweise Verlagerung politischer Diskurse in soziale Netzwerke scheint insbesondere der extremen Rechten genutzt zu haben.

Wenn man im Jahr 2016, nach der Wahl Donald Trumps zum US-Präsidenten und nach dem Brexit-Volksentscheid, bereits ahnen konnte, dass Meinungen künftig verstärkt im Netz gemacht werden, so herrscht spätestens seit 2019 Gewissheit: Das Internet ist eines der mächtigsten Radikalisierungsinstrumente. Anfang des Jahres wird die Bundesrepublik vom »größten Hackerangriff ihrer Geschichte« erschüttert und muss in der Folge lernen, dass es keiner fremden Macht wie Russlands bedarf, um eine ganze Gesellschaft in Aufruhr zu versetzen. Es reicht ein 20-Jähriger mit mäßigen technischen Kenntnissen und viel Zeit. Johannes

S., Nickname *Orbit*, veröffentlicht private Daten Hunderter Politiker*innen und Prominenter. Personalausweise, Lebensversicherungen, Kontodaten stehen fortan im Netz und werden dort so schnell nicht verschwinden. Auch Spitzenpolitiker*innen sind unter den Betroffenen.

Und so zeigt Anfang 2019 ein einzelner Hacker aus seinem Kinderzimmer heraus, wie verwundbar die Demokratie ist. Johannes S. ist behütet aufgewachsen, radikalisiert hat er sich im Netz. Er bewegte sich in Zirkeln, die angetrieben werden vom Hass auf den Islam, auf den Feminismus, auf die sogenannte Political Correctness. Geleakt hat er folglich Daten von liberalen Prominenten und Politiker*innen aller Parteien – mit Ausnahme der AfD. Trotzdem möchten die Ermittler*innen die Verbindungen ins rechtsextreme Netzmilieu lange nicht sehen. Erst Wochen später gibt BKA-Präsident Holger Münch in einer vertraulichen Sitzung des Digitalausschusses des Bundestages zu Protokoll, man untersuche nun auch Verbindungen des Täters ins rechte Spektrum.

Der Fall *Orbit* brachte der Öffentlichkeit ein neues Wort bei: Doxing, das gezielte Ergaunern und Veröffentlichen privater Daten. Es ist eine wichtige Taktik rechter Netzkrieger*innen – bislang vor allem in den USA. Jetzt also lernen wir, dass es auch in Deutschland ganze Communities gibt, die politischen Gegner*innen im Internet nachstellen, ihre Accounts hacken, privateste Daten veröffentlichen. Es entsteht ein Verständnis dafür, wie im Internet entstandene Praktiken die Lebenswelt aller prägen können, dass das, was im Internet passiert, nicht zwangsläufig dort bleibt. Journalist*innen berichten über *YouTube*-Videos, die gegen den Islam hetzen, gegen Parteien, die nicht *Alternative für Deutschland* heißen und die den Hass gegen die offene Gesellschaft anstacheln. Gemacht werden sie von anonym auftretenden

YouTubern mit Namen wie *Die Vulgäre Analyse*. Johannes S., also *Orbit*, schaut diese Videos gerne, lässt sich von ihnen beeinflussen. Und für einen kurzen Moment beschäftigt sich Deutschland mit all dem. Aber Deutschland ist nicht das Internet – es vergisst.

Bis der Terror zu uns kommt. Am 9. Oktober 2019 versucht ein bewaffneter 27-Jähriger, in die Synagoge von Halle einzudringen, um dort einen Massenmord zu verüben. Zu Beginn des Videos, das er während seines Anschlagversuchs live ins Internet streamt, bezeichnet er Juden als die Wurzel allen Übels. Dann setzt er sich seinen Helm auf, an dem die Kamera befestigt ist, und fährt zur Synagoge. Wie in einem Computerspiel begleitet das Publikum den Täter dabei, wie er an der Tür der Synagoge scheitert und wie er zwei Menschen erschießt. Die deutsche Öffentlichkeit hört an den folgenden Tagen von rechtsradikalen Onlineforen, in denen sich vor allem junge Männer radikalisieren, und von einer neuen Form des Rechtsterrorismus. Terror zielt immer auf ein Publikum, doch mehr denn je sitzt dieses nun zu Hause vorm Computer und surft im Internet. Wie sein Vorbild will der Angreifer von Halle eine ganz bestimmte Community im Netz erreichen, um dort gefeiert zu werden – und Nachahmer zu motivieren.

Denn der Täter aus Halle ist selbst ein Nachahmer. Die Vorbereitungen für seinen Anschlag beginnt er, so erzählt er es dem Haftrichter, am 15. März 2019, als ein Rechtsterrorist im neuseeländischen Christchurch 51 Menschen tötet. Die Fahrt zu den Tatorten, zwei Moscheen, und das Morden selbst werden live auf *Facebook* übertragen. Die Links zum Video und zu seinem »Manifest« postet dieser Täter in einem in Deutschland weitgehend unbekannten Internetforum namens *8chan*. Die Welt ist geschockt – zunächst von der Kaltblütigkeit und vom Ausmaß der Tat, dann auch von den Reaktionen im Netz. Nicht nur, dass die Blutlust des Publikums so groß ist, dass allein *Facebook* innerhalb von 24

Stunden 1,2 Millionen Kopien des Videos direkt beim Hochladen blockieren und 300.000 Kopien entfernen muss, darüber hinaus gibt es Orte im Internet, an denen der Täter als Held verehrt wird. Noch heute, Monate nach dem Anschlag, werden täglich verherrlichende Bilder von ihm erstellt und geteilt.

Das Massaker von Christchurch markiert in vielerlei Hinsicht eine Zäsur. Wie wir heute wissen, bildet der 15. März 2019 die Blaupause für mehrere Nachahmungstaten. Halle ist nur eine von ihnen; Ähnliches war zuvor in Poway, El Paso und Bærum geschehen, wo junge Männer von Christchurch inspiriert Anschläge auf Minderheiten ausübten. Dabei ist der Terroranschlag von Christchurch nicht der erste, der am Ende einer langen Radikalisierung im Netz steht. Doch er zeigt besonders eindrücklich, wie ein Täter faschistische Ideologie und Netzkultur zu einem toxischen Gemisch anrührt. Der Täter ist ein Troll-Terrorist, den Anschlag inszeniert er als Medienereignis. Ein »netzgeborener Massenmord«, wie der New-York-Times-Journalist Kevin Roose es bezeichnet hat.

Der Gedanke von Christchurch ist in anonymen Foren im Netz geboren, nun soll die Botschaft der Tat (»Die weiße Rasse steht vor der Ausrottung – wir müssen dagegen ankämpfen!«) durch die mediale Übertragung in die Welt gelangen. Mit modernen Mitteln der Technik und der direkten Ansprache einer bestimmten Subkultur im Netz stellt der Täter sicher, dass seine Botschaft nicht im Äther des Internets verschwindet. Die Ansprache ist sonderbar, für Außenstehende kaum verständlich. Neben seinem Rassismus, seiner identitären Ideologie und seinem Hass auf Muslime, die deutlicher nicht sein könnten, gibt es zahllose Anspielungen, die nur begreifen soll, wer sich auskennt.

In diesen frühen Monaten des Jahres 2019 ist die rechte Internetkultur mit großer Brutalität für alle sichtbar analog geworden. Der 15. März erinnert daran, dass es im Internet eine radikale Subkultur gibt, in der Antisemitismus, Frauenhass und Rassismus florieren. Seit Jahren haben sie dort über den »War on Women« oder den »Krieg zur Verteidigung der weißen Rasse« schwadroniert. Das Netz, einst irgendwie mal Ort der Hoffnung auf eine bessere Welt, hat viele dunkle Seiten, die aus »Blut und Boden« und manchmal aus Tod bestehen.

Es ist dann aber ein ganz braves, kluges YouTube-Video, das aufs Neue zeigt, dass im Internet Politik mitentschieden werden kann. Knapp eine Stunde lang erklärt ein Typ mit blauen Haaren, warum er die CDU scheiße findet. Die Zerstörung der CDU von YouTuber Rezo erscheint am 18. Mai und erwischt die angesprochene Partei wie auch Teile der Medienlandschaft auf dem falschen Fuß. In rasender Geschwindigkeit verbreitet sich das Video, in dem Rezo die Politik der CDU zerlegt. Binnen einer Woche sammelt es fast neun Millionen Klicks und damit mehr als das erfolgreichste deutsche Video des Vorjahres: die Baby-Ankündigung der Beauty-Influencerin Bibi. Es dauert Tage, bis sich die CDU offiziell äußert. Sie veröffentlicht ein elfseitiges PDF-Dokument, das deutlicher nicht hätte sagen können: Wir haben keine Ahnung, was ihr jungen Leute da eigentlich macht in diesem Internet.

Rezo ist ein Influencer, er verdient Geld damit, dass Leute ihm dabei zuschauen, wie er Spiele spielt und über Dinge redet. Bislang hat er sich nie politisch geäußert. Mit seinem CDU-Video versammelt er Hunderte andere Influencer*innen und damit Millionen junge Menschen hinter sich. Sie sind keine Partei, keine Organisation, sie sind noch nicht einmal eine Bewegung. Sie sind – so hat es der Medienwissenschaftler Bernhard Pörksen genannt – ein Konnektiv. Verbunden für den Moment, für das Thema. Flüchtig, aber sehr mächtig. Rezo schafft in den Wochen nach der Veröffentlichung seines Videos, was schon lange überfällig ist: Er öffnet die Augen für die meinungsbildende Kraft von Influencer*innen – auch über Kaufentscheidungen hinaus – und dafür, dass die Plattformen, auf denen sich die jüngeren Menschen so rumtreiben, ganz und gar nicht unpolitisch sind. Dort spricht man irgendwie anders, sieht anders aus – erreicht aber oftmals ziemlich viele Leute. Die CDU verkündet nach dem Rezo-Debakel, sie wolle eigene Influencer*innen aufbauen, und zeigt damit vor allem, dass sie die sozialen Medien und das Phänomen der Influencer*innen noch lange nicht verstanden hat. Vor allem aber zeigen solche Pläne ein eigentümliches Verständnis von Kultur und Politik, das uns in diesem Buch noch häufiger über den Weg laufen wird.

Im Mai 2019 also klopft die Jugend aus dem Internet an die Türen der deutschen Politik und lässt ein wenig die Muskeln spielen. Rezos Video, *Fridays for Future* und schon etwas früher die Debatte und Demonstrationen um das EU-Urheberrecht verweisen auf die politischen Potenziale von Internetpersönlichkeiten, die ein großes Publikum ansprechen und dessen Vertrauen genießen. Sie lassen aber auch erahnen, wie schwer es Parteien haben werden, sich den Begebenheiten einer digitalisierten Gesellschaft anzupassen, in der in einer Geschwindigkeit debattiert wird, die hierarchisch organisierte Feedbackschleifen quasi unmöglich macht.

Die Politisierung des Digitalen vollzieht sich nicht erst seit 2019, doch sie zeigt in diesem Jahr ganz deutlich ihre unterschiedlichen Facetten. Und es scheint so, als würden vor allem radikale Formen von ihr profitieren. Das zeigen die Attentate in den USA, in Neuseeland oder Halle, die im Netz kursierenden Todeslisten, die deutsche Rechtsextreme von politischen Gegner*innen anlegen, oder die Preppergruppen, die sich in Chats auf den Umsturz des Systems vorbereiten und die Anschaffung von Leichensäcken planen. Und es zeigt sich am Attentat auf den Kasseler Regierungspräsidenten Walter Lübcke im Juni 2019. Dessen Mörder wurde angefeuert von der Empörung rechter Netzkreise, die Lübcke wegen eines eigentlich harmlosen Zitats aus dem Jahre 2015 ins Visier genommen hatten: »Wer diese Werte nicht vertritt, der kann jederzeit dieses Land verlassen, wenn er nicht einverstanden ist. Das ist die Freiheit eines jeden Deutschen«, hatte Lübcke auf einer Veranstaltung gesagt, bei der es um die Einrichtung einer Flüchtlingsunterkunft ging. Manche AfD-Politiker*innen instrumentalisierten das Zitat für ihre Zwecke, ebenso wie einige rechte Netzakteur*innen. Denn antidemokratische, rechte Kräfte haben ihre Influencer*innen längst. Soziale Medien sind für sie politische Werkzeuge.

Hass – ob online oder offline – entsteht nicht von allein. Er wird von jenen geschürt, die in ihm ein Mittel zum Zweck sehen. Nicht umsonst sprechen Rechte permanent vom Gegner (und meinen doch eigentlich den Feind). Die offen demokratische Gesellschaft und ihre Vertreter*innen sind es, die sie bekämpfen müssen, wenn sie ihr Ziel erreichen wollen. Hass im Internet spielt eine zentrale Rolle, um – wie es der Historiker Volker Weiß genannt hat – den Feind zu markieren. Kampagnen gegen die Grünen, gegen Merkel oder den öffentlich-rechtlichen Rundfunk werden so lange ventiliert, bis auch der Letzte verstanden hat, wen er zu verabscheuen hat.

Seit 2019 lässt sich der Hass nicht mehr ignorieren, denn die Gesellschaft hat eine Idee von seinen Folgen bekommen. Das Problem ist: Die Rechte weiß schon wesentlich länger um die Potenziale des Netzes und um die mobilisierende Wirkung von Hass und Emotion.

Die rechte Mobilmachung ist in vollem Gange. Neurechte Influencer*innen verkaufen auf *Instagram* und *YouTube* nicht nur Klamotten und Bücher der Neuen Rechten, sondern auch ihre politische Ideologie.

Der neue Rechtsextremismus ist eine gefährliche Mischung aus dem Gedankengut antiliberaler Theoretiker der Zwischenkriegszeit und ihrer Adepten sowie der Onlinekultur. Fast ist es so, als würde die extreme Rechte mit den sozialen Medien jene Werkzeuge in die Hand bekommen, auf die sie immer gewartet hat. Es ist ein Krieg mit dem Denken des konservativen Carl Schmitt – und mit Hochglanzbildern auf *Instagram*. Und überraschenderweise passt beides ziemlich gut zusammen. 2019 wurde uns all das wie auf dem Silbertablett präsentiert. Jetzt ist 2020, und wir haben das Internet aufgeschrieben, damit wir nicht wieder vergessen.

1. Kapitel: Als der Kanarienvogel starb

2014 erfanden Internetaktivist*innen in den USA die Werkzeuge für die digitalen Konflikte von heute. Es hätte uns eine Warnung sein müssen: vor finsteren Foren, vor dem Potenzial digitaler Radikalisierung, vor der realen Gefahr des Troll-Terrorismus.

»Hi, mein Name ist Anon, ich glaube, dass es den Holocaust nie gegeben hat«, stellt sich der junge Mann vor. Ihm steht der Schweiß im Gesicht, aber er scheint zu lächeln. »Feminismus ist der Grund für die sinkenden Geburtenraten im Westen«, fährt er fort. Der Westen sei der Sündenbock für die weltweite Massenmigration. »Und die Wurzel all dieser Probleme ist der Jude.« Dann rotiert die Kamera. Sie ist an einem Helm befestigt – von jetzt an sieht das Publikum, was Anon sieht. Es ist der Anfang des 35-minütigen Videos, das der Attentäter von Halle am 9. Oktober 2019 live ins Internet streamt. Man wird darauf sehen, wie er versucht, in eine Synagoge einzudringen, um dort am höchsten jüdischen Feiertag Yom Kippur ein Massaker anzurichten. Man wird sehen, wie er mit seinen selbst gebauten Waffen an der Tür scheitert und daraufhin eine Passantin erschießt. Man wird dabei sein, wie er sich auf die Suche nach neuen Opfern macht und einen Gast in einem Dönerladen hinrichtet. Man wird hören, wie er all das kommentiert, wie er flucht und mit seinem Publikum die nächsten

Schritte zu besprechen scheint. Der Terror von Halle sollte eine Kopie des Massakers werden, das wenige Monate zuvor im neuseeländischen Christchurch 51 Menschen das Leben kostete. Damit steht der Anschlag in einer Reihe mit anderen Taten des Jahres 2019, die an verschiedenen Orten der Welt stattfanden. Sie alle verbindet, dass eine bestimmte Internetkultur sie ermöglicht hat.

März 2019, irgendwo in West Virginia, USA. Ein anderer junger Mann spricht in eine Kamera. Doch dieser hier ist besorgt: »This is getting out of hand«, sagt er eindringlich. Das gerät hier alles außer Kontrolle. Caleb Cain, Amerikaner, Mitte 20, hat sich entschlossen, in einem *YouTube*-Video zu erklären, warum er sich von der sogenannten Alt-Right, der »alternativen Rechten« in den USA, habe verschlingen lassen. Er sitzt in seiner Wohnung, ist sichtlich aufgeregt. »Mein Abstieg in die Pipeline der Alt-Right« heißt sein Video, in dem er in knapp 40 Minuten seine Geschichte erzählt: Wie er aus dem College ausschied, wieder bei seinen Eltern einzog und darüber in Depressionen versank. Wie er sich in seinem Zimmer vergrub und durchs Netz surfte – auf der Suche nach Identität. »Ich wollte stark sein und Macht haben«, sagt Cain. Auf *YouTube* stößt er – wie so viele – irgendwann auf rechte Kanäle, saugt deren Videos auf, taucht immer tiefer ein in eine Welt aus Verschwörungstheorien, Rassismus und Homophobie. Innerhalb kurzer Zeit radikalisiert er sich. Seine Scherze über Minderheiten sind irgendwann keine Scherze mehr. Drei Jahre verbringt Caleb Cain im rechten Netz. Dann kommt der 15. März 2019 – der Tag, an dem er beschließt, dass sich etwas ändern muss, dass er sein Schweigen brechen wird.

Es ist jener Freitag, an dem ein Terrorist in zwei neuseeländischen Moscheen 51 Menschen hinrichtet. Seine Tat kündigt er etwa eine halbe Stunde vorher im Internet an. In einem Forum namens *8chan* schreibt er, dass es an der Zeit sei, aufzuhören mit dem »Shitposting«. Zeit für eine echte Aktion. Auch Caleb Cain ist in diesem Forum unterwegs. Es ist einer der wichtigsten Treffpunkte einer Szene, die als Alt-Right bezeichnet wird. Als er mit eigenen Augen sieht, wie aus dieser Community ein Anschlag entspringt und wie der Täter für den Massenmord gefeiert wird, beginnt er zu verstehen, an welcher Welt er all die Jahre mitgebaut hat. *4chan* und *8chan*, diese größtenteils unmoderierten Foren, gelten als Schmuddelecke des Netzes. Hier stehen Rassismus, Pornografie und dumme Witze nebeneinander. Schon immer. Dass nun eines dieser vermeintlichen Schmuddelkinder Ernst gemacht hat, schockiert und überrascht viele gleichermaßen. Wie konnte es nur dazu kommen?

Zum Zeitpunkt des Attentats hat die Onlinekultur, die sich auf *8chan* versammelt, bereits einen jahrelangen Prozess der Politisierung und Radikalisierung hinter sich. Der Terroranschlag in Christchurch ist auf mehrfache Weise der vorläufige tragische Höhepunkt dieser Entwicklung. Denn wie sich zeigen wird, ist Christchurch zwar die verheerendste, nicht aber die erste Tat, die diesem Umfeld entspringt. Die *chans*, also verschiedene anonyme Foren, wurden lange als apolitische Räume belächelt, in denen Nerds und Freaks ihren kruden Humor und ihre Fetische ausleben. Mitunter werden sie mit dem Darknet verwechselt, jenem Teil des Internets, der nur über eine bestimmte Software zugänglich ist und in dem von Auftragsmorden über Waffen bis zu Drogen alles erhältlich ist. Die *chans* aber sind gewöhnlich aufrufbare Webseiten.

Dabei ist vor allem *4chan* einer der einflussreichsten Produzenten von Onlinekultur. Bilder, Witze, Memes, die wir von *YouTube* oder *Facebook* kennen, haben oftmals hier ihren Ursprung. Die *chans* sind sogenannte Imageboards. Auf ihnen werden Bilder gepostet, die dann von anderen verbreitet, verändert und mit anderen Botschaften versehen werden – Memes entstehen. Dabei handelt es sich um Wort- und Bildzitate, die aufgegriffen und in einen neuen Kontext gesetzt werden. Das Wort »Meme« erinnert englisch ausgesprochen an das Worte »Gene« für Gen und ist dem griechischen Wort für Imitieren entlehnt. Es ist also etwas, das sich durch Nachahmung immer weiter und weiter vererbt. Theoretisch kann das alles sein: Lieder, Gesten, Geschichten oder eben Bilder, die mit einem neuen Text versehen oder in einem ganz anderen Zusammenhang verwendet werden.

Auf Imageboards wie 4chan oder 8chan geht es lange vor allem darum, lustige Bilder zu posten und die besten Memes zu erfinden, die von anderen geteilt und verbreitet werden. Eines der wohl bekanntesten Bild-Memes zeigt ein Paar, das Hand in Hand geht, doch der Mann dreht sich mit bewunderndem Blick nach einer anderen Frau um. Seine Partnerin quittiert dies mit Empörung. Im Internet kursieren unzählige Variationen dieses Bildes, bei denen die drei Personen jeweils unterschiedlich beschriftet sind. Ein Beispiel? Der Mann ist bezeichnet mit »Ich«. Seine Freundin: »Wissenschaftliche Beweise, dass es ungesund ist, direkt in eine Sonnenfinsternis zu starren.« Die Frau, nach der er sich umdreht: »Sonnenfinsternis.« Oftmals ist das witzig, nicht selten aber auch anstößig, rassistisch, frauenfeindlich.

Die Geschichte von 4chan beginnt relativ harmlos. Inspiriert von einem anonymen japanischen Textboard namens 2chan, gründet der damals 15-jährige Amerikaner Christopher Poole es im Jahr 2003. Die Nutzer*innen tauschen sich vor allem über Anime und Mangas, asiatische Comics, aus. Sogenannte Original Posters, kurz OPs, verfassen einen Beitrag zu einem Aspekt, der sie interessiert, und fügen ein Bild an; andere Nutzer*innen können Kommentare hinterlassen oder eigene Bilder hochladen. All das passiert anonym und führt dazu, dass das Forum begeistert aufgenommen wird und schnell wächst. Andere Themen kommen hinzu, es werden neue Unterforen gebildet, sogenannte Boards. Heute ist 4chan eine viel besuchte Website und unterhält 70 Boards zu den unterschiedlichsten Themen wie Waffen, Fotografie, Fashion, Videospiele oder Pornografie. Dem Betreiber zufolge besuchen monatlich 27,7 Millionen Menschen die Plattform. Pro Tag werden zwischen 900.000 und 1.000.000 Posts erstellt. Zum Vergleich: Die Website des Spiegel hat als meistgelesene Nachrichtenseite in Deutschland im Jahr 2019 knapp 23 Millionen Besucher*innen im Monat.

Doch mit der Bekanntheit wächst auch der Hass im Forum. Vor allem das Board /new/, auf dem aktuelle Geschehnisse debattiert werden können, driftet bald in rassistische und antisemitische Diskussionen ab; aber auch in anderen Teilen 4chans ist die Atmosphäre vergiftet, etwa im Board /b/ für gemischte Themen. Weil es zur Philosophie von 4chan gehört, für radikale freie Meinungsäußerung einzutreten, wird nichts gelöscht, was nicht gegen US-Gesetze verstößt. Es muss also ein anderer Weg gefunden werden, wenn das Forum normale Nutzer*innen (und natürlich Werbekund*innen) nicht verschrecken soll. Gründer Poole entscheidet sich, den Hass zu kanalisieren, und gründet 2011 ein neues Board mit dem Namen /pol/, das zur bekanntesten und berüchtigtsten Abteilung der Website wird. Schnell sammeln sich hier Leute, die, wie die Journalistin Talia Lavin es ausdrückte, »das N-Wort offen sagen wollen, die Feminist*innen dämonisieren und glauben, es gäbe einen teuflischen jüdischen Einfluss«. Kurz: Im Schatten der Anonymität und im Schutze der freien Rede wird /pol/ – das nicht etwa für »politics« steht, sondern für »politically incorrect« – zu einem Hort des konzentrierten Antifeminismus, Rassismus, Antisemitismus und der Verherrlichung des Nationalsozialismus. Laut der amerikanischen NGO *Southern Poverty Law Center* sind die Unterhaltungen auf /pol/ vom rassistischen Überlegenheitsdenken einer »weißen Rasse« geprägt.

Der Versuch Pooles, den Hass auf 4*chan* zu kontrollieren, scheitert. Der Hass wird nicht weniger, er konzentriert sich nur. 2013 folgen weitere Einschränkungen, wie die Einführung sogenannter Hausmeister und anderer Moderationstools, die die Schimpftiraden im Forum kontrollieren sollen. Der Begründer der einstigen Bastion der unbeschränkten freien Rede, bestehe sie auch aus Beleidigungen, Drohungen und Menschenfeindlichkeit, lenkt ein. Und obwohl das nicht bedeutet, dass solche Inhalte damit endgültig von 4*chan* verbannt wären, so führt Poole Wege ein, Diskussionen zumindest theoretisch zu regulieren – eine Entscheidung, die so etwas wie den kleinen, noch böseren Bruder 4*chans* hervorbringen wird. Als Reaktion auf die neuen Regeln gründet der damals 19-jährige US-Amerikaner Fredrick Brennan im Oktober 2013 das funktionsgleiche 8*chan*. »Willkommen auf 8*chan*, die dunkelste Gegend im Internet«, heißt es auf der Startseite. Hier also soll von nun an die »wahre« Meinungsfreiheit gelten. Doch die Zugriffszahlen bleiben lange niedrig, der große Bruder 4*chan* bleibt die erste Anlaufstelle für grenzüberschreitende Inhalte aller Art.

Der Ort, an dem Attentäter verehrt werden

Viele *chan*-Nutzer*innen haben eine diebische Freude daran, mit besonders derben, rassistischen und frauenfeindlichen Witzen gesellschaftliche Normen zu verletzen. Ein Argument, das man in diesem Umfeld häufig hört: Es sind doch nur ein paar härtere Scherze in einem Internetforum. Was ist schon dabei? Tatsächlich zeigt sich bereits damals, wie die Kultur der *chans* sich und ihre Mitglieder schrittweise radikalisiert.

Und der Hass bleibt nicht im Internet. Insbesondere in der Geschichte von 4chan gibt es eine Reihe von Vorfällen, die zeigen, wie aus dem vermeintlichen Online-Spaß echter Offline-Hass wird.

Immer wieder werden Menschen wegen des Besitzes von Kinderpornografie verurteilt, die sie von der Seite heruntergeladen haben. 2006 werden für mehrere US-Bundesstaaten Bombendrohungen auf 4chan gepostet: Am letzten Tag des muslimischen Fastenmonats Ramadan sollen in mehreren Footballstadien Sprengsätze explodieren. Die Spiele können nur unter extremen Sicherheitskontrollen stattfinden. Später stellt sich alles als »Scherz« heraus. Der Täter gibt zu Protokoll, dass er nicht davon ausgegangen sei, dass jemand seine Posts ernst nehme, da er selbst nichts von dem glaube, was bei 4chan gepostet würde.

Im Dezember 2008 wird ein 20-jähriger Australier festgenommen, nachdem er im Forum geschrieben hatte, so viele Menschen wie möglich töten zu wollen. Im Februar 2009 wird eine Schule in Schweden evakuiert, nachdem »aus Spaß« auf 4chan ein »Shooting« angedroht worden war. Doch es bleibt nicht bei makabren Scherzen: Im November 2014 erscheinen bei 4chan mehrere Bilder des Leichnams einer erdrosselten Frau. Dazu der Text: »Habe festgestellt, dass es viel schwieriger ist, jemanden zu erwürgen, als es in Filmen aussieht.« Und weiter: »Checkt in ein paar Stunden die Nachrichten für Port Orchard, Washington.« Tatsächlich findet die Polizei eine Leiche, der Täter wird später zu 82 Jahren Haft verurteilt. Hinzu kommen unzählige Hackerangriffe, die im Forum vorbereitet und geplant werden, Nutzer*innen veröffentlichen private Daten und Adressen von willkürlich ausgewählten Menschen oder verbreiten gestohlene Nacktbilder Dutzender prominenter Schauspielerinnen. Die Liste verbaler und nonverbaler Gewalttaten auf 4*chan* ist lang.

Besonders das Spiel mit Nazisymbolen aller Art erfreut sich großer Beliebtheit. 2008 schaffen es die 4*Channer*, die *Google*-Liste der meistgesuchten Begriffe so manipulieren, dass ganz oben eine Swastika erscheint. Das mag man noch als dummen Scherz auffassen – die Nutzer*innen hatten den HTML-Code für das Hakenkreuz schlicht unzählige Male gegoogelt und so an die Spitze der Liste gebracht. Neben zumindest in Deutschland verbotenen Symbolen sind es jedoch auch Attentäter und Massenmörder, die auf 4*chan* Interesse erregen. So kursiert dort eine Art Attentäter-Quartett, das die Bilder von 16 Attentätern bzw. Attentäter-Duos zeigt, denen je nach Anzahl der Opfer, unterschieden nach Erwachsenen und Kindern, Punkte zugewiesen werden. Zusatzpunkte gibt es für getötete Polizist*innen sowie anschließenden Selbstmord. Auf den ersten Blick erscheint die Auswahl willkürlich: Der Norweger Anders Breivik steht neben den Columbine-Attentätern, den Tsarnev-Brüdern, die das Bombenattentat 2013 in Boston zu verantworten haben, oder auch neben dem Piloten Andreas Lubitz, der mit einer voll besetzten Germanwings-Maschine in den Alpen Selbstmord beging. Dieses »Spiel« ist also zunächst einmal weniger eine politische Botschaft als vielmehr Ausdruck einer Faszination von Mord und Gewalt.

Doch schauen wir uns einige der in dem Quartett abgebildeten Massenmörder etwas genauer an, fallen mehrere Dinge auf: Da sind zum einen die beiden Schüler, die am 20. April 1999 in Columbine, Colorado, eines der wohl folgenreichsten Schulattentate verübten. Die Täter zeichnete nicht nur aus, dass sie starke psychische Probleme hatten, sondern auch, dass sie Gamer waren. Das Gleiche gilt für den Schützen, der am 14. Dezember 2012 in der Sandy-Hook-Grundschule in Newtown, Connecticut, Kinder, Lehrende und seine Mutter ermordete. Im zwei Jahre später veröffentlichten Bericht heißt es, dass seine Computerspielsucht und das Abdriften in eine kleine Cyber-Community, die sein dunkles und obsessives Interesse für Massenmorde teilte, die Tat begünstigten.

Auch Tim Kretschmer, der am 11. März 2009 in seiner Schule 15 Menschen erschoss, findet sich im Attentäter-Quartett. Der Amoklauf von Winnenden löste eine lautstarke Debatte über »Killerspiele« aus, denn auch dieser Täter war ein leidenschaftlicher Gamer. Häufig wurde beklagt, die Gewaltdarstellung in den Spielen mache junge Menschen aggressiv und in letzter Instanz womöglich zu »Killern«. Dieses sehr einfache Reiz-Reaktions-Argument führt in die Irre – ein Spiel allein macht niemanden zum Mörder. World of Warcraft, ein sehr beliebtes Spiel in der Szene, ist beispielsweise, was die Darstellung von Gewalt angeht, ein relativ harmloses Online-Rollenspiel. Und mit Minecraft nimmt ein Kreativität verlangender Bausimulator einen wichtigen Platz ein. Weitaus wichtiger als das einzelne Spiel ist die umgebende Gamerkultur. Viele der im Quartett Gefeierten identifizierten sich stark mit dieser Szene: Einer der Columbine-Schützen gestaltete eigene Welten für einen Ego-Shooter, der Sandy-Hook-Attentäter war so süchtig nach einem Spielautomaten, dass der Betreiber der Spielhalle den Stecker ziehen musste, um ihn zum Gehen zu bewegen, und auch der Winnenden-Täter war leidenschaftlicher Zocker.

Die Zielgruppe der Gamingindustrie ist noch immer und trotz gewisser Anstrengungen, auch Frauen zu erreichen, sehr männlich geprägt. In ihrer stark männlichen Beschaffenheit bringt sie zusehends Frauenfeindlichkeit hervor, und so ist es nicht ganz zufällig, dass viele der jungen Männer im Attentäter-Quartett nicht nur Gamer waren, sondern auch mutmaßliche Frauenhasser.

Nach dem Amoklauf von Winnenden wurde vermutet, dass Frauenhass ein Motiv der Tat gewesen sein könnte. Elf der zwölf in der Schule erschossenen Jugendlichen waren Mädchen. Auch Elliot Rodger, der 2014 in Isla Vista, Kalifornien, sechs Menschen erschoss, und Marc Lépine, der 1989 in Montreal, Kanada, vierzehn Frauen tötete, begingen ihre jeweiligen Taten aus Antifeminismus und der Überzeugung heraus, von Frauen in ein unfreiwilliges Zölibat gezwungen worden zu sein. Beide finden sich ebenfalls im 4chan-Attentäter-Quartett.

Der Krieg gegen Frauen und seine Folgen

Diese Strömung von Männern, die Feministinnen speziell und Frauen allgemein für ihre sexuelle Inaktivität verantwortlich machen, bezeichnet sich selbst als »Incels« (*Involuntary Celibacy* – unfreiwilliger Zölibat).

Ursprünglich gegründet als Selbsthilfegruppe, um einsamen Männern etwas Selbstvertrauen und Zuspruch zu geben, hat sich die Bewegung inzwischen zu einer radikalen Männercommunity entwickelt, die offen ihren Frauenhass auslebt. Frauen sind für sie Stacys (attraktiv) oder Beckys (unattraktiv), während sich Männer in Chads, begehrenswerte Alphamänner, beziehungsweise schwache, unattraktive Beta-Männchen einteilen. Frauen werden in der Szene gerne als »Femoide« bezeichnet – eine Wortschöpfung aus »female« und »Humanoide«, also etwas Menschenähnlichem.

Weil »Incels« sich selbst für sexuell unattraktiv halten, versuchen einige, sich zu »maximieren«, machen Diäten, Sport, arbeiten an ihrer Ausstrahlung. Alles, um dem *Inceldom*, dem unfreiwillig zölibatären Leben, zu entkommen. Manche jedoch glauben, dass es nur eine Lösung für ihre Männerprobleme gibt: wahlweise sich selbst oder andere umzubringen.

Es ist diese krude Weltsicht, die Elliot Rodger 2014 in Isla Vista dazu bringt, sechs Menschen zu ermorden. Weil Mädchen ihn in der Vergangenheit unattraktiv gefunden und ihm den Geschlechtsverkehr versagt hätten, wolle er sich nun stellvertretend für alle Frauen an einigen rächen. In seinem Tatmanifest schreibt er, dass er alle Frauen in Konzentrationslager stecken und verhungern lassen wolle. Er selbst werde dabei auf einem hohen Turm sitzen und zusehen. Inzwischen ist Elliot Rodger ein Held der Imageboards, in unzähligen Posts wird er als Vorbild gefeiert. Im Quartett trägt er seinen Szene-Spitznamen »The Supreme Gentleman«.

Vier Jahre nach ihm rast Alex Minassian in Toronto zehn Menschen tot. In einem *Facebook*-Post schreibt er und richtet sich dabei direkt an die *4chan*-Community: »Die Incel-Rebellion hat begonnen! Wir werden alle Chads und Stacys besiegen! Heil dem Supreme Gentleman Elliot Rodger!« Minuten später beginnt er seine Amokfahrt.

Für die Incel-Bewegung spielen *4chan* und *8chan* schon lange eine zentrale Rolle. Hier treffen sich »NEETs« (»Not in Education, Employment, or Training«), das heißt Menschen, die nicht in Ausbildung, Anstellung oder Praktikum sind, und beschweren sich über verpasste Lebenschancen, baden in Selbstmitleid und beklagen ihre Einsamkeit. Ein guter Nährboden für den Hass auf Frauen, die als Schuldige für diesen Umstand ausgemacht werden. In den Foren wird nicht nur der »Supreme Gentleman« als Held verehrt, junge Männer kündigen hier auch ihre eigenen Gewalttaten an.

Am Abend bevor Christopher Harper-Mercer in Roseburg, Oregon, unter anderem aus Hass gegen Frauen neun andere Menschen ermorden wird, warnt er seine Brüder im Geiste bei 4*chan*: »Manche von euch sind ganz in Ordnung. Geht nicht zur Schule morgen, wenn ihr im Nordwesten lebt. *Happening Thread* wird morgen gepostet. Bis später.« Der erste Kommentar darunter lautet: »Geht der Beta-Aufstand endlich los?« »Beta-Aufstand« ist ein anderer Begriff für die »Incel-Rebellion«, die der Täter von Toronto beschwor, oder für den »Krieg gegen Frauen«, den Elliot Rodger in Isla Vista führen wollte.

All diese Täter stehen stellvertretend für eine Gruppe junger Männer, die in einer gewaltsamen Revolution gegen die »Welt der Frauen« ihre Erlösung suchen. Rodger ist ihr Vorreiter. Dass er in der *chan*-Kultur verehrt wird, lässt Zweifel aufkommen an der These, dass es in den Foren um das harmlose, rein gedankliche Überschreiten kultureller Grenzen gehe. Vielmehr entsteht der Eindruck, dass sich hinter dem rüden Humor, der in den Foren gepflegt wird, ein gefährliches Weltbild versteckt. Und dieses besteht nicht nur aus dem Selbstmitleid gewaltbereiter Junggesellen, sondern ebenso aus rassistischem und antisemitischem Denken. Oftmals geht das eine mit dem anderen einher.

Besonders der Fall William Atchisons, der angibt, von Elliot Rodger zu seinem Attentat in seiner ehemaligen Highschool inspiriert worden zu sein, zeigt, wie die Ressentiments verschmelzen. Schon 2016 erhält Atchison Besuch vom FBI, weil er in einem Gaming-Forum gefragt hatte, wo er ein Sturmgewehr besorgen könne. Auch im Zusammenhang mit dem Attentat in München am 22. Juli 2016 taucht Atchison auf: Dort erschießt der 18-jährige Schüler David Sonboly neun Menschen in einem Einkaufszentrum und tötet sich danach selbst. Seine Opfer hielt er für Ausländer*innen, und für seine Tat wählte er den Jahrestag des Anschlags von Anders Breivik. Und doch erkennen die Behörden den Anschlag lange nicht als rechtsmotiviert an. Erst über drei

Jahre später – Ende Oktober 2019 – folgen sie der Einschätzung der Gutachter.

David Sonboly, das stellt sich im Zuge der Ermittlungen heraus, tauscht sich vor seiner Tat in Onlineforen mit Atchison über Amokläufe aus. Den Ermittler*innen, sowohl den amerikanischen als auch den deutschen, wird diese Verbindung offenbar erst später bekannt, und Atchison wird trotz seiner Bemühungen, an eine Waffe zu gelangen, nicht festgenommen.

Atchison feiert die Tat seines deutschen Gesinnungsbruders in einer von ihm gegründeten Gruppe auf der Gamer-Plattform *Steam*, wo Nutzer sonst Spiele kaufen und sich miteinander vernetzen. Der Name von Atchisons Gruppe: »Anti-Refugee club«. Atchison ist überzeugter Troll und Sympathisant der Alt-Right. Er verfasst rassistische Posts auf *YouTube* und *Steam*, aber auch auf einschlägigen rechtsextremen Seiten wie *Daily Stormer* oder im */pol/*-Board von *4chan*. Es dauert nur etwas mehr als ein Jahr, bis er selbst zur Tat schreitet: Am 7. Dezember 2017 erschießt Atchison eine Schülerin und einen Schüler der Aztec High School in New Mexico. Danach tötet er sich selbst. Bei der Obduktion entdecken die Ermittler auf seinem Körper verschiedene aufgemalte Botschaften: ein Hakenkreuz und die Buchstaben SS, aber auch den Slogan »Build the Wall«, den die Anhänger*innen Trumps gern bei dessen Veranstaltungen rufen. Außerdem findet sich das Akronym AMOG, das für »Alpha Male Of the Group« steht und unter Incels verwendet wird, um die stärksten Männer der Gruppe zu bezeichnen.

Unter jenen, die sich aus der Anonymität der *chans* in das Rampenlicht der Gewalt begeben haben, steht Atchison ganz besonders für eine Überlappung der chauvinistischen Ideologien, die für die *chan*-Kultur von heute charakteristisch sind – und ebenso für die Alt-Right. Dass Rassist*innen, Frauenhasser, Gamer*innen und Trolle in den USA heute die große Sammelbewegung der Alt-Right bilden können, dass Mörder wie William Atchison in diesem diffusen Weltbild ihre Tat vor sich selbst rechtfertigen können, liegt nicht unwesentlich an der sogenannten Gamergate-Kontroverse des Jahres 2014. Sie ist eine Art Schlüsselereignis für die Entstehung der Alt-Right-Bewegung – und es scheint, als wäre dies über Jahre nicht erkannt worden. Der Journalist Matt Lees schrieb im britischen *Guardian*: »Dieses Hashtag [#Gamergate] war der Kanarienvogel in der Kohlenmine, und wir haben ihn ignoriert.« Gamergate als Warnung also? Vieles spricht dafür.

Gamergate und seine Hintergründe

Am Anfang, bevor Gamergate zu einem Hashtag wird, stehen die Spieleentwicklerin Zoë Quinn und ihr Spiel *Depression Quest*. Quinns Werk erscheint im Jahr 2013 und behandelt ihre Erfahrungen mit Depressionen. Ein Indie-Produkt, ein im Kleinen programmiertes Spiel, das mit üblichen Spielgewohnheiten bricht und ein für die Alt-Right enorm wichtiges Ereignis nach sich ziehen wird. Schon kurz nach Erscheinen wird Quinn über Monate online belästigt und beleidigt. Zu unkonventionell ist das Werk, zu wenig fokussiert auf die üblichen Aspekte beliebter Spiele – Können, Leistung und Gewalt –, als dass der Gamer-Mainstream es wohlwollend aufnehmen würde. Die Szenepresse jedoch tut das durchaus. Es ist eines der damals vermehrt auftauchenden Spiele, die nicht etwa auf Spaß setzen, sondern darauf, die Möglichkeiten des Mediums zu nutzen, um auf wichtige – auch düstere – Themen aufmerksam zu machen. Seien es Depressionen wie in Quinns *Depression Quest* oder die unheilbare Erkrankung des eigenen Kindes wie im Spiel *That Dragon, Cancer*. Auch dieser Wandel in der Computerspielszene selbst trägt wohl zu Gamergate bei.

Viele Gamer*innen jener Tage sind empört: Sie finden, dass *Depression Quest* gemessen an seiner Qualität zu oft besprochen werde, und vermuten gar eine Medienverschwörung. Statt das Spiel an den Standards der Szene zu messen, so die Unterstellung, werde ihnen eine politische Botschaft untergejubelt, die die Gamingkultur verändern solle. Dass der Hass, der Quinn von Anfang an entgegenschlägt, zu einer intensiveren Berichterstattung geführt haben mag, kommt den Beteiligten nicht in den Sinn.

Den eigentlichen Startpunkt für Gamergate aber liefert Zoë Quinns Ex-Freund. In einem Blogpost, den er am 15. und 16. August 2014 auf verschiedenen Seiten veröffentlicht, bezichtigt er sie der Untreue und der Bestechung. Genauer soll sie mit einem Journalisten des Szenemagazins *Kotaku* geschlafen haben, damit er ihr Spiel gut rezensiert. Erst eine Woche später wird *Kotaku* die Vorwürfe entkräften: Der betreffende Mitarbeiter habe zwar eine Affäre mit Quinn gehabt, ihr Spiel aber nie besprochen. Noch später, im November, wird Quinns Ex-Freund zugeben, dass sein Post nicht von irgendeinem Interesse an journalistischer Ethik geleitet war, sondern ausschließlich von Rachegelüsten. Es ist bezeichnend: Eine sich über Jahre hinziehende Welle des Hasses, eine der gewaltigsten antifeministischen Bewegungen, wird geboren aus den verletzten Gefühlen eines Mannes.

Als der Gekränkte im November 2014 seine wahre Motivation offenlegt, ist schon viel passiert. Nachdem Mitte August 2014 der Zoë-Post erscheint, ein etwa 10.000 Zeichen langer Text mitsamt Auszügen aus gemeinsamen *Facebook*-Unterhaltungen, bildet sich noch am gleichen Tag auf *4chan* eine Front gegen die Beschuldigte. Einen Tag später entsteht auf *Reddit*, einem der am häufigsten aufgerufenen Webforen der Welt, das Unterforum »Kotaku-InAction«. Von hier aus wird Gamergate maßgeblich vorangetrieben. Am 18. August ruft ein Nutzer in einem Chatroom namens »BurgersAndFries« die »Quinnspiracy« aus. Das erklärte Ziel: »Wir zertrümmern ihre Karriere. Es wird keine Überlebenden geben.« Am 19. August wird Quinn das erste Mal gedoxt, ihre Adresse und Telefonnummern im Internet veröffentlicht. Am 22. August lädt 8chan-Gründer Fredrick Brennan die Gamergaters zu 8chan ein, weil 4chan-Moderator*innen wiederholt Quinns persönliche Daten gelöscht hatten. Am 25. August erscheint das YouTube-Video Tropes vs. Women in Video Games der feministischen Journalistin Anita Sarkeesian, in dem sie die Darstellung von Frauen in Computerspielen kritisiert. Sarkeesian moniert, dass diese nur schmückendes Beiwerk für die meist männlichen Hauptrollen seien und dass viele Spiele Gewalt gegenüber Frauen verkauften. Sie wird daraufhin zum zweiten prominenten Opfer des Hasses. Nur zwei Tage später, am 27. August, flieht sie aus ihrem Zuhause, weil sie sich wegen der Unmenge an Todes- und Vergewaltigungsdrohungen nicht mehr sicher fühlt. Zoë Quinn gibt am selben Tag bekannt, dass auch sie ihre Wohnung verlassen habe. Der Schauspieler Adam Baldwin twittert, ebenfalls am 27. August, über #GamerGate und verhilft dem Ganzen so zu seinem Namen. Am 28. August erscheint ein viel beachteter Text im Online-Magazin Gamasutra: Die Journalistin Leigh Alexander erklärt dort angesichts des tobenden Shitstorms: »Gamers are over«. Viele andere Medien greifen den Artikel auf – Wasser auf die Mühlen der Medienverschwörungstheoretiker*innen.

In dieser Schlagzahl könnte man weitermachen, man könnte aufzählen, welche Personen ebenfalls zu Opfern des »Hass-Mobs« werden, wie Quinn die Gamergate-Trolle nennt. Man könnte auflisten, welche Gamergate-Opfer, aber auch -Täter*innen gedoxt werden. Die Zahl freiwillig und unfreiwillig involvierter Personen ist riesig – allein die namentlich bekannter Personen. Die anonymen Trolle der *chans*, von *Reddit* und *BurgersAndFries* noch nicht mitgezählt. Doch diese Aufzählung braucht es nicht, denn schon die wenigen hier genannten Ereignisse zeigen, welche Sprengkraft jene Debatte hat, die sich vermeintlich nur um Computerspiele dreht. Die Folgen sind noch heute zu spüren – und sie reichen bis ins Weiße Haus.

Wie die extreme Rechte die Gamer umarmte – und nicht mehr losließ

Schon Ende August 2014 wird aus der Gamer-Debatte eine explizit politisch-strategische: Am 31. August schließt sich Mike Cernovich Gamergate an. Er ist Moderator bei der rechtsextremen und verschwörungstheoretischen Website *Infowars*. Einen Tag später macht auch Milo Yiannopoulos mit, der schräge Vogel der radikalen Rechten, der mit seiner offenen Homosexualität und seinem kuriosen Auftreten vor allem im eigenen Lager für Verwirrung sorgt. Auf der rechten Webseite *Breitbart* veröffentlicht er den Text »Feministische Mobberinnen spalten die Videospieleindustrie«. Einige Wochen später, am 22. September, hält Yiannopoulos einen Talk auf *8chan* und trägt weiter zur Bekanntheit des Forums bei, das zu diesem Zeitpunkt längst zum Schauplatz von Gamergate geworden ist. In der Folge springen zahlreiche Neonazis und White-Supremacists auf und entdecken ihre Gaming-Leidenschaft. In einem der ältesten rechtsextremen Foren, *Stormfront*, erkennen immer mehr Nutzer den Wert des Gamer-Aufstandes. Der Nutzer »WakeUpWhiteMan« schreibt: »Gamergate hat breite Unterstützung von jungen weißen Männern, denen politische Themen ansonsten egal sind. Das ist die perfekte Gelegenheit, ihnen langsam die Augen zu öffnen für die ›jüdische Frage‹.« Womit nichts anderes als die jüdische Weltverschwörung gemeint ist.

Als die extremen Rechten die Gamergate-Kontroverse kapern, folgen sie einem doppelten Kalkül: Es ist eine übliche Social-Media-Strategie, sich in virulente Debatten einzumischen, um selber Bekanntheit, also Follower*innen und Abonnent*innen, abzugreifen. Zweitens aber wittern rechte Demagogen wie Yiannopoulos und Seiten wie *Breitbart* ihre Chance: Wie »WakeUpWhiteMan« es beschreibt, hoffen sie, die sich wild politisierende Menge in ihre Richtung lenken zu können. In diesem Sinne greift *Breitbart*, das schon damals ein zentrales Organ der Rechten ist, einzelne Elemente der Gamergate-Kontroverse auf und generalisiert sie. Andrew Breitbart, Namensgeber und Gründer der rechten Seite, gab einst selbst die Doktrin aus: »Politik ist der Kultur nachgelagert. Ich will das kulturelle Narrativ verändern.« Die Gegenkultur der Gamer*innen scheint dafür wie gemacht. Eine Haltung zu Kultur und Politik, die uns noch häufiger begegnen wird. Denn nicht nur Breitbart, sondern auch die Neue Rechte in Deutschland sehen in der Kultur den Hebel für ihre konservative Revolution.

Der Journalist Matt Lees spricht von einem gängigen Vorgehen. Er nennt es »Broadening the war«. Im Deutschen würde man das wohl mit »Ausweitung der Kampfzone« übersetzen – eine Floskel, die die Neue Rechte gern benutzt. Die Strategie besteht darin, auf Einzelthemen aufzuspringen, sich das Vertrauen des Publikums zu erarbeiten und dieses dann in anderen Bereichen zu indoktrinieren. Im Falle von Gamergate ist die Masche voll aufgegangen, indem die Rechten eine sehr einfache Geschichte erzählten: Erst bedrohe der Feminismus die Videospielbranche – und dann die ganze Gesellschaft. Aus dem herbeifantasierten politisch korrekten Umbau der Gamingszene wird der politisch korrekte Umbau der Gesellschaft. Diese rhetorischen Muster finden wir heute sowohl in der Alt-Right als auch im deutschen rechten Diskurs.

Gamergate zielte auf die Zerstörung von Zoë Quinns Karriere. Sie sollte nicht mehr mitreden dürfen, schon gar nicht Computerspiele programmieren, und noch weniger sollte sie Geld damit verdienen. Sie und andere kritische Stimmen sollten zum Schweigen gebracht werden, die beteiligten Gamer*innen übten eine gewaltvolle Art der Zensur aus – und inszenierten sich dabei selbst beständig als Opfer. Nicht sie sind die Zensierenden, sondern die vermeintlichen Feminist*innen, die ihnen ihre Spiele madigmachen wollten. Dabei ist die feministische Kritik an Videogames ja keinesfalls deren Zensur. Im Gegenteil: Sie ist die Einbindung der Spielekultur in einen größeren gesellschaftlichen Kontext. Die Gamer*innen interessiert das nicht. Sie kehren das Täter*innen-Opfer-Verhältnis um und schaffen damit eine Schablone, die die Rechte häufig anwendet. Etwa dann, wenn Menschen, die Vielfalt hochhalten, als Rassist*innen bezeichnet werden, weil sie angeblich die »weiße Rasse« bedrohen. Oder wenn Menschen, die volksverhetzende Inhalte im Internet verbreiten und juristisch belangt werden, von Zensur sprechen.

Den Rechten gelingt im Zuge der Gamergate-Debatte etwas sehr Wichtiges: Sie können eine zunächst politisch ziellose Empörung für ihre Zwecke nutzen und ihr eine Richtung geben. Dass dies gelingt, liegt auch an tatsächlichen kulturellen Verschiebungen in der Gaming-Szene, die lange vor allem um Männer und Männlichkeit kreiste. Die Journalistin Leigh Alexander fasst die Quintessenz des damaligen Gaming-Mainstreams so zusammen: »Hab Geld. Hab Frauen. Besorg dir eine Knarre, dann besorg dir eine größere. Sei ein Außenseiter. Und feiere das. Besiege jeden, der dich bedroht. Du brauchst keine kulturellen Referenzen. Du brauchst nichts weiter als Gaming.«

Doch die Industrie verändert sich. Spiele wie jenes von Zoë Quinn sind Ausdruck des *Cultural Turn*, also der kulturellen Veränderung, wonach Computerspiele mehr können, als männliche Konsuminteressen zu stillen. Sie werden zu Kunstformen, werden für ihr romanhaftes Storytelling gelobt und sind Gegenstand literaturwissenschaftlicher Seminare. »Traditionelles Gaming schlägt seinen Panzer ab wie ein Käfer, kulturell und ökonomisch«, schreibt Alexander. Und der Journalismus folgt diesem Beispiel. Wenn Alexander also behauptet, »Gamers are over«, dann meint sie damit jene Entwicklung, die sich in der ganzen Gaming-Branche vollzieht und die Stellung des weißen männlichen Gamers erheblich schwächt. Sie müssen ihr Hobby fortan teilen mit Hausfrauen, Studierenden, Feministinnen. »Es ist hart für sie zu hören, dass ihnen nichts gehört – nicht mehr –, dass sie nicht mehr die wichtigsten demografischen Konsumenten sind«, so Alexander. Und genau hier liegt der Kern.

Eine ehemals privilegierte Gruppe, die sich in ihren Vorrechten bedroht sieht und deshalb zum Gegenschlag ausholt – kommt uns diese Erzählung nicht bekannt vor? Hier liegt der Anknüpfungspunkt für die radikale Rechte. Wieso wohl sorgen sich Leute wie Yiannopoulos und Cernovich plötzlich um die Befindlichkeiten weißer Kellerkinder, die Ballerspiele zocken? Wieso ergreift Ersterer plötzlich Partei für eine Subkultur, die er, wie er selbst schreibt, jahrelang missachtet hat? Weil sie erkannt haben, dass sich in Gamergate der Kulturkampf, den sie selber zu führen versuchen, im Kleinen vollzieht. Die *Breitbart*-Masche, das Ausweiten der Kampfzone, ist wie geschaffen, um die in ihrem Stolz verletzte Gaming-Szene über die ganz universellen Gefahren der *Political Correctness* und des Feminismus aufzuklären. Die vermeintliche Abschaffung »des Gamers« als einzig relevanter Kategorie in der Branche wird ausgeweitet auf die westliche Zivilisation, die »weiße Rasse« und die Vorherrschaft des männlichen Geschlechts.

Durch diese Öffnung der Kategorien – es können fortan nicht mehr nur Gamer*innen und Incels bei Gamergate mitmachen – ziehen die entsprechenden Foren fortan vermehrt radikale Rechte an. Der ohnehin grassierende Antifeminismus und der Rassismus in den *chan*-Boards werden verstärkt und vor allem verstetigt. Bisher eher unbekannte Rechtsradikale wie Yiannopoulos und Cernovich oder der britische YouTuber Carl Benjamin (auch bekannt unter seinem Pseudonym Sargon of Akkad) werden plötzlich zu relevanten Größen der Gaming-Szene, die nur auf sie aufmerksam wird, weil sie sich plötzlich für sie einsetzen – und in der Folge an die Ideologie der Alt-Right heranführen. Gamergate ist die Geburtsstunde der Alt-Right.

Die Alt-Right: Sieg Heil und Comicfrösche

»Alternative Right« ist die Selbstbezeichnung einer äußerst heterogenen Strömung. Ähnlich wie bei der Neuen Rechten in Deutschland soll der Name über die alt-rechten Ideologieelemente hinwegtäuschen und Altes neu erscheinen lassen. Anders als bei der Neuen Rechten in Deutschland aber werden bei der Schwesterbewegung aus den USA expliziter Rassismus und damit verbundenes Überlegenheitsdenken, der Nationalsozialismus und Antisemitismus deutlicher betont. So fordert etwa der prominenteste Vertreter und selbst erklärte Namensgeber der Alt-Right, Richard Spencer, einen »weißen Ethnostaat«. Jegliche »Vermischung von Rassen« lehnt er ab. Nach dem Wahlerfolg Donald Trumps rief er auf einer Veranstaltung »Hail Trump!« (Heil Trump!) und »Hail Victory!« (Sieg Heil!). Letzteres ist überhaupt Spencers bevorzugte Begrüßung. Viele Sympathisant*innen der Alt-Right verstehen sich als Identitäre. Die »Generation Identity«, der US-amerikanische Ableger der Identitären aus Europa, ist zwar kleiner als das europäische Vorbild, steht ihm aber sehr nahe. Sie rückt die weiße, westliche Tradition der USA in den Vordergrund, die es zu erhalten gelte.

Im März 2016 erscheint auf *Breitbart* ein Text von Milo Yiannopoulos und Allum Bokhari, der das Selbstbild der Alt-Right näher erläutert. *Breitbart* ist schon damals bekannt als extrem rechte Nachrichtenseite, und als ihr damaliger Chef Steve Bannon im Juli 2016 offiziell bekannt gibt, man sei die Plattform der Alt-Right, ist dies keine Überraschung mehr. Dass Steve Bannon nur einen Monat später, im August 2016, Wahlkampfchef des republikanischen Präsidentschaftskandidaten Donald Trump wird, wird uns in diesem Buch noch beschäftigen. Zunächst aber geht es um die Selbstbeschreibung der Alt-Right, die sich in besagtem Text von Yiannopoulos und Bokhari finden lässt. Es ist ein perfider Text. Die beiden Autoren geben sich neutral, als würden sie sich nicht mit der Bewegung identifizieren, um diese dann von den Vorwürfen des Rassismus, Antisemitismus und der Homophobie freizusprechen. Dabei sind beide Autoren angestammte Redakteure bei *Breitbart*, insbesondere Yiannopoulos tourt als Popstar der Alt-Right mit einer Show durch die Vereinigten Staaten. Aber der Text ist in anderer Hinsicht interessant, nämlich weil er ein breites Spektrum an Gruppen aufzeigt, die die beiden als Teil der Alt-Right sehen, und somit einen Eindruck ihrer Heterogenität vermittelt. Für sie hat die Bewegung vier Säulen: die »Intellektuellen«, die »natürlichen Konservativen«, das »Meme-Team« und die »1488er«.

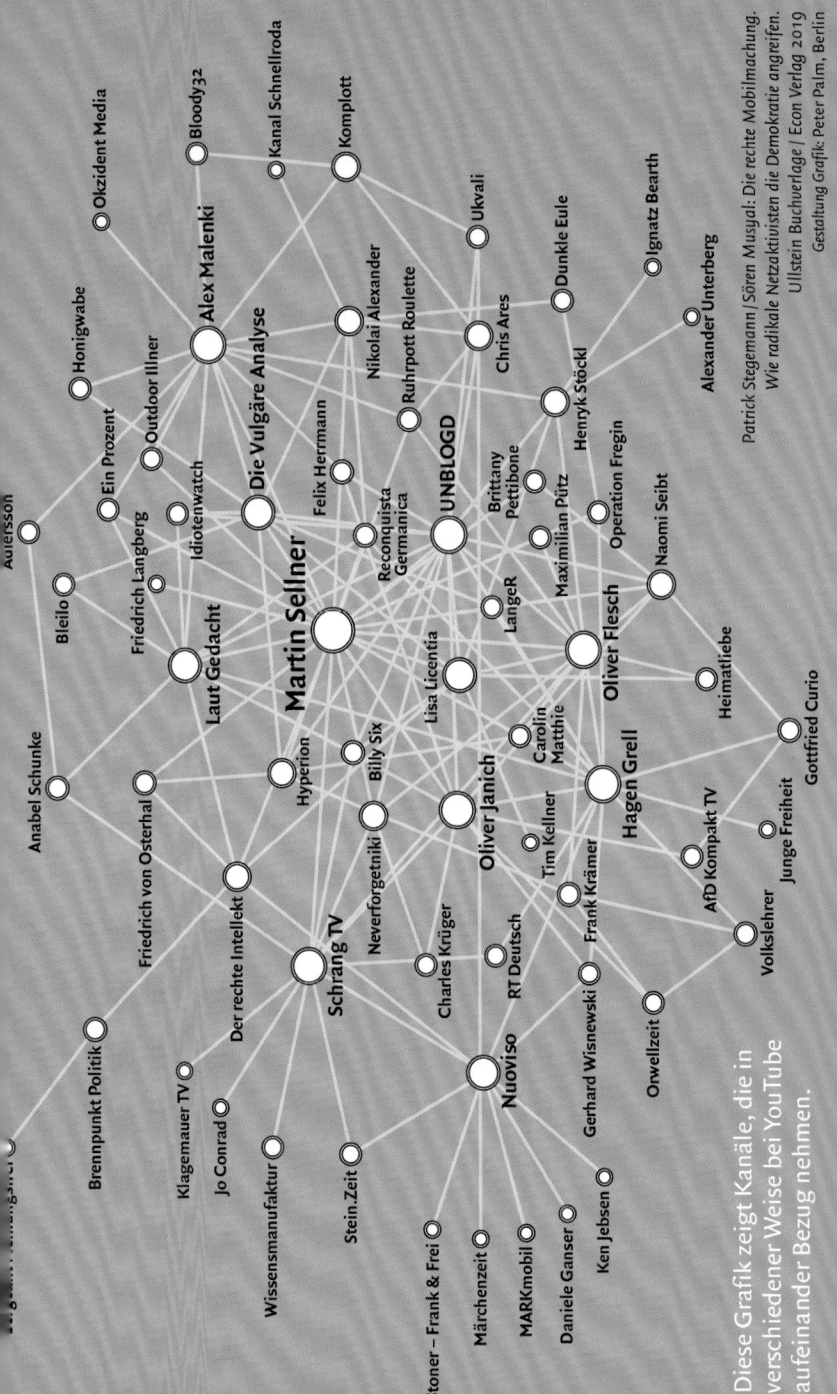

Diese Grafik zeigt Kanäle, die in verschiedener Weise bei YouTube aufeinander Bezug nehmen.

Patrick Stegemann / Sören Musyal: *Die rechte Mobilmachung. Wie radikale Netzaktivisten die Demokratie angreifen.* Ullstein Buchverlage / Econ Verlag 2019
Gestaltung Grafik: Peter Palm, Berlin

Nodes (labels):

Okzident Media · Bloody32 · Kanal Schnellroda · Komplott · Honigwabe · Ein Prozent · Outdoor Illner · Alex Malenki · Ukvali · Nikolai Alexander · Ruhrpott Roulette · Dunkle Eule · Ignatz Bearth · Chris Ares · Die Vulgäre Analyse · Felix Herrmann · UNBLOGD · Henryk Stöckl · Alexander Unterberg · Idiotenwatch · Friedrich Langberg · Reconquista Germanica · Brittany Pettibone · Bleilo · Auersson · Laut Gedacht · Maximilian Pütz · Operation Fregin · Naomi Seibt · Martin Sellner · LangeR · Anabel Schunke · Hyperion · Billy Six · Lisa Licentia · Oliver Flesch · Friedrich von Osterhal · Carolin Matthie · Hagen Grell · Heimatliebe · Der rechte Intellekt · Oliver Janich · Tim Kellner · Gottfried Curio · Schrang TV · Neverforgetniki · RT Deutsch · Frank Krämer · AfD Kompakt TV · Junge Freiheit · Brennpunkt Politik · Charles Krüger · Gerhard Wisnewski · Volkslehrer · Klagemauer TV · Jo Conrad · Wissensmanufaktur · Nuoviso · Orwellzeit · Stoner – Frank & Frei · Märchenzeit · MARKmobil · Daniele Ganser · Ken Jebsen · Stein.Zeit

Die Intellektuellen stellen das Pendant zur Neuen Rechten in Deutschland dar. Inspiriert von Autoren der Zwischenkriegszeit wie Julius Evola, Oswald Spengler oder der französischen *Nouvelle Droite* lieferten sie, so Yiannopoulus und Bokhari, das ideologische Fundament. Die »natürlichen Konservativen« seien jene Menschen, die ganz von selbst einen konservativen Instinkt hätten, die also quasi aus sich heraus für Homogenität statt für Heterogenität seien, für Hierarchie statt für Gleichheit, für das Bekannte statt für das Neue. Die »1488er« sind Neonazis. Die 14 steht für die vierzehn Worte eines rassistischen Slogans, demgemäß der Fortbestand der »weißen Rasse« oberste Priorität habe. Die 88 steht für das altbekannte Spiel mit dem achten Buchstaben aus dem Alphabet. Die 1488er tauchten unweigerlich auf, obwohl niemand sie wirklich haben wolle, schreiben die beiden *Breitbart*-Apologeten. Ihrer Meinung nach sei der liberale Mainstream darum bemüht, die gesamte Alt-Right als 1488er zu brandmarken und damit zu diskreditieren. Dabei hat es natürlich seine Ursache, dass sich Neonazis, die in ihrer Freizeit Hakenkreuzflaggen schwenken, von der Alt-Right repräsentiert fühlen dürfen.

Für Yiannopoulos und Bokhari liegt der Grund, warum die Alt-Right immer wieder mit Neonazis gleichgesetzt wird, jedoch in missverstandenen Scherzen. Denn für sie mache die vierte Gruppe, das »Meme-Team«, genau das: Scherze, die gegen die vermeintliche Political Correctness verstoßen. Weil man wisse, dass Rassismus und Frauenfeindlichkeit schlecht seien, mache man auf 4*chan* eben rassistische oder frauenfeindliche Witze. Die *chan*-Kultur wird von den Autoren als eine Art Rebellion der Jugend gegen den Mainstream dargestellt. In den Sechzigerjahren, meinen sie, wäre 4*chan* links gewesen, so wie es die 68er-Bewegung war. Die Schmuddelkinder der Imageboards seien demnach nur Grenzüberschreiter*innen, keinesfalls ernsthafte Rassist*innen. In dieser Lesart stellen die 68er eine Bewegung der Provokation dar: Wenn sie an Emanzipation interessiert waren, dann nur, um die Elterngeneration zu reizen. Indem die Alt-Right – wie die deutsche Neue Rechte – immer wieder den Bezug zu den großen Student*innenprotesten herstellt, rückt sie den Aspekt der Normüberschreitung in den Vordergrund. Alt-Right und Neue Rechte pflegen so ihr Selbstbild einer Gegenbewegung zur Mainstreamkultur.

So sieht es auch die irische Autorin Angela Nagle, die der *chan*-Kultur und auch der Alt-Right ein starkes Streben nach »Transgression« bescheinigt. Das beständige Überschreiten kultureller Grenzen sei das Ziel. Der deutsche Kulturwissenschaftler und Gaming-Experte Christian Huberts beobachtet die amerikanische und deutsche Spieleszene seit Jahren. Er meint: »Die Grenzüberschreitung, der derbe Witz – das haben Troll- und Gamingszene gemeinsam.« Die Grenzüberschreitung sei vor allem als Einstieg in die Szene attraktiv. »Komm zu uns, hier darfst du alles sagen und über alles Witze machen«, diese Botschaft sei gerade für junge Männer ein willkommenes Versprechen. Oft stehe es am Beginn von Radikalisierungsbiografien.

Die Alt-Right entsteht jedoch nicht allein durch die Umarmung der Gamer durch die extreme Rechte. Die Taktiken des Online-Mobs, die während der Gamergate-Kontroverse zum Einsatz kommen, gehen ein in das Arsenal des rechten Infokrieges und prägen so wiederum die Alt-Right. Das Organisieren und Koordinieren von Mobs, das Vernetzen unterschiedlicher Interessengruppen und ein reaktionärer Populismus sind heute fester Bestandteil des rechtsradikalen Agierens im Netz – in den USA, aber auch in Deutschland und anderswo. Auch verändert sich durch diese Annäherung von Rechtsextremismus und *chan*-Kulturen zusehends die Funktion der Imageboards selbst. Die einschlägigen

Boards waren einst Orte, an denen sich anonyme Nutzer ihres Frauenhasses und Rassismus versicherten. Nun sind sie zu Foren geworden, in denen eine politische Agenda vorgetragen und verfolgt wird.

Wer in rechtsextremen Foren unterwegs ist, wird einer Frage häufig begegnen: »Was war deine *Red Pill*?« Der Begriff kommt aus dem Film *Matrix*, in dem die Hauptfigur Neo von Morpheus vor die Wahl gestellt wird: Willst du die Welt mit offenen Augen sehen, dann nimm die rote Pille. Sie bedeutet aber auch: Du führst ein Leben im Widerstand. Willst du weiter in einer Illusion leben, dann nimm die Blaue. Der Moment des *Redpillings* ist also jener, in dem Menschen das wahre Wesen der Welt zu begreifen und der Scheinwelt des Establishments zu entkommen glauben.

4chan und artverwandte Seiten sind zu *Red-Pill-*Marktplätzen geworden. Neben der Incel-Rebellion, dem Aufstand der angeblich unterdrückten Männer, geht es nun auch um den Widerstand der Weißen, die Verteidigung der westlichen Zivilisation und die Endlösung der jüdischen Frage. Ein Datenleck in US-amerikanischen rechtsextremen Foren von 2017 belegt diese Radikalisierung und zeigt unter anderem, was Rechtsextreme selbst als Grund für ihre Radikalisierung angeben. 75 solcher Redpilling-Berichte haben der Journalist Robert Evans und das Recherchenetzwerk *Bellingcat* in einem Datensatz, den das Medienkollektiv *Unicorn Riot* gesammelt hat, gefunden. Wirklich überraschend ist kaum einer. Denn sieht man mal von den vier Leuten ab, die einen LSD-Trip als Ursache ihrer »Erweckung« angeben, bezieht sich die größte Gruppe auf: die *chan*-Foren. Der User »Drinkbleach« etwa gibt an, im */pol/*-Board auf ein *Redpilling*-Starterpack gestoßen zu sein. »Max« schreibt, er sei auf das Forum gestoßen, weil er nach Hitler-Memes gesucht habe. Was er dort fand, habe ihm die Augen geöffnet. »Mole (NL)« berichtet, dass ihm ein

Freund 4chan empfohlen und ihn sogar noch gewarnt habe: »Komm bloß nicht in diese ›Hitler tat nichts Falsches‹-Schiene!« Die Selbstverständlichkeit, mit der Männer in diesen Foren die chan-Kultur als maßgeblich für ihre persönliche Radikalisierung angeben, spricht Bände.

In den chan-Foren gibt es eine eigene Sprache, Codes, die nur versteht, wer schon tief in der Szene ist, und die dazu dienen, sich nach außen abzugrenzen. Immer wieder tauchen beispielsweise Begriffe wie »die Kekosphäre«, »Kekismus« oder einfach »Kek« auf. Sie reichen aus, um zu signalisieren, welchen Weg man selbst gegangen ist: »Kek« ist so etwas wie das Codewort für die Online-Welt der radikalen chan-Boards. Ursprünglich stammt es aus dem Computerspiel World of Warcraft. Dort gibt es zwei Spielerfraktionen, die nicht miteinander kommunizieren sollen. Tun sie es dennoch, wird ihre Konversation in Kauderwelsch übersetzt. »Kek« ist in diesem System die Übersetzung für »lol«, ein Internetwort, mit dem Lachen ausgedrückt wird. Ein Ausspruch, der Lachen bedeuten soll, steht in den rechtsextremen Foren für das Eingangstor zur Alt-Right, zur Holocaust-Leugnung und zum Antisemitismus. Aus der Geschichte der chans heraus ergibt das durchaus Sinn. Was als schwarzer Humor begann, führte über Gamergate zur Alt-Right. Dass es Nutzer gibt, die angeben, in Diskussionen anfangs nur ironisch Nazi-Argumente verwenden oder sich aus Spaß antisemitisch geäußert zu haben, steht quasi symptomatisch für die Entwicklung, die diese Foren durchlaufen haben.

Kek, das laute Auflachen, ist kein Spaß mehr. Es ist Symbol einer hochpolitisierten Ironiekultur geworden. Heute gibt es das Land »Kekistan«, eine Fantasienation, deren Flagge der deutschen Reichskriegsflagge nachempfunden ist. Das Rot wurde durch Grün ersetzt, das Hakenkreuz durch ein Kek-Palindrom und das Kreuz der Wehrmacht durch das 4chan-Logo. Inzwischen taucht diese Fahne auch außerhalb des Internets auf: auf Demonstrationen der radikalen Rechten in den USA – zum Beispiel bei der »Unite the Right Rally« in Charlottesville, bei der eine Gegendemonstrantin von einem Neonazi getötet wurde, als dieser mit seinem Auto in die Menge fuhr. Die Kekistanfahne ist ein weiteres Beispiel für die gängige Argumentation der chan-Nutzer*innen. Darauf angesprochen, würden die meisten wohl antworten, dass die Flagge lediglich jene »Social Justice Warriors« auf den Arm nehme, die den Verweis auf die Reichskriegsflagge erkennen. In bestimmten Foren aber bedeutet »Kekistan« mehr. Dort stehen die Buchstaben als Abkürzung für »Kill Every Kike, Immediately Start The Aryan Nation«. Töte alle Juden, gründe sofort die arische Nation.

Es ist diese Doppeldeutigkeit, die die chan-Kultur kennzeichnet. Rechte nutzen sie bewusst, um zu provozieren. Doch tragen Symbole eben auch dann eine Bedeutung in sich, wenn sie ironisch gezeigt werden. Selbst wenn »Kekistan« als Witz begann, ist es nun ein Symbol der Alt-Right. Das Praktische daran ist: Gegenüber Außenstehenden kann stets behauptet werden, es handle sich nur um einen Scherz. In der Gruppe aber werden diese Symbole selbstverständlich erkannt. Sie schaffen eine starke Abgrenzung nach außen und stärken das Gemeinschaftsgefühl. Sie erlauben es, mit dem Finger auf die anderen zu zeigen, auf die »Outsider«, die sich durch ihre Empörung quasi selbst als Feind markieren. Typische Embleme der Alt-Right sind oftmals inhaltlich offen, wie ebenjene Flagge, die auch von simplen Trollen benutzt wird. Auf diese Weise werden Memes ebenso von jenen weitergetragen, die sie vielleicht ganz anders kennen, meinen und verstehen.

Prominentestes Beispiel ist die Comicfigur »Pepe der Frosch«.

Matt Furie erfindet sie schon 2005, seinen Durchbruch aber feiert der grüne Geselle erst 2015, als 4chan ihn für sich entdeckt und zu einem der größten Memes im Internet macht. Vor allem das Board /r9k/ ist wohl dafür verantwortlich, dass eine unschuldige Cartoonfigur zum Symbol der Alt-Right geworden ist. Die Anti Defamation League, eine Nichtregierungsorganisation, die sich dem Kampf gegen wie auch immer gearteten Hass verschrieben hat, führt ihn seit 2016 offiziell als rassistisches Symbol. Dabei wird er durchaus auch von nicht rechten Internetnutzer*innen verwendet. Doch die Assoziation der Comicfigur mit rassistischen Inhalten sorgt dafür, dass es zusehends schwieriger wird, sie als politisch neutral zu verstehen. Pepe ist ohne die Variationen in SS-Uniform oder als Grenzschützer an der mexikanischen Grenze nicht mehr zu denken. Auf diese Weise wird die Internetkultur bewusst für das Memetic Warfare, die Kriegsführung mit Memes, instrumentalisiert.

Troll-Terrorismus mit neurechten Wurzeln

Nach dem Christchurch-Attentat dauert es nicht lange, bis Pepe in einem schwarzen Kampfanzug, mit Helm und dem rechtsradikalen Sonnenrad auf chan-Boards auftaucht. Mit der »Christchurch-Edition« des Frosches wird dem rechtsradikalen Täter gehuldigt. Genau darauf hat dieser gesetzt: Er kündigte seine Tat auf 8chan an und verwendet dabei das Meme eines australischen Shitposters. Während er den Anschlag live auf Facebook streamt, spielt er ein antimuslimisches Lied aus dem Jugoslawienkrieg – es grassiert seit Jahren im Netz und trägt dort den rassistischen Namen »Remove Kebab«, wobei Kebab für muslimische Menschen steht. Diese Aufschrift findet sich auch auf einer der Waffen des Attentäters. Und kurz bevor er in die erste Moschee eindringt, legt er seinen Zuschauer*innen nahe: »Subscribe to PewDiePie«. Ein Meme, das einst entstand, als ein indischer Bollywoodkanal den schwedischen Influencer »PewDiePie« von Platz eins der meistabonnierten YouTube-Kanäle zu verdrängen drohte. Dieser reagierte mit einer absurd riesigen Kampagne und startete so eine ironische Netzbewegung.

Der Attentäter legt also großen Wert darauf, Aufmerksamkeit von einer ganz bestimmten Zielgruppe zu bekommen. Der Christchurch-Attentäter adressiert direkt die chan-Kultur, entspricht mit seinem Livestream in Ego-Shooter-Optik der Gewalt- und Sensationslust der Community und hofft so auf eine möglichst große Resonanz in diesen Foren. Dort sieht er das meiste Potenzial für Nachahmungstaten und die Konservierung seiner Ideen. Der Terroranschlag von Christchurch zeigt überdeutlich die Verbindung zwischen Trollkultur und Rechtsextremismus. Er ist eine neue Form des Terrorismus, die nicht mehr nur auf Schrecken und Tod setzt, sondern mit den Mitteln der sozialen Medien direkt das zugeneigte Publikum sucht – live und in Farbe. Es ist Troll-Terrorismus.

Obgleich die politischen Inhalte des Täter-»Manifests« ganz eindeutig von rechtsextremen Ideologien inspiriert sind, sind sie zugleich mit popkulturellen Referenzen gepaart, die dafür sorgen sollen, dass sein Programm nicht einfach im Äther verschwindet. Dass Attentäter in der chan-Kultur ohnehin leicht Kultstatus erlangen, hat das Attentäter-Quartett gezeigt. Auch der Täter von Christchurch wird sicher bald darin auftauchen. Noch Monate nach der Tat werden täglich neue Memes, Huldigungen und Videoschnipsel aus dem Livestream in den einschlägigen Foren gepostet. Die User tauschen sich darüber aus, wo man den gleichen Helm kaufen kann, den der Täter trug, und – natürlich – ob nicht eigentlich der Mossad hinter allem steckt. Durch seine direkte Ansprache und das Zitieren dieser Onlinekultur schafft der Christchurch-Attentäter seinen eigenen Heldenstatus. An diesem baut er sogar beim ersten öffentlichen Auftritt nach seiner Verhaftung weiter. Fast nebenbei bringt er ein weiteres Meme auf den Pressefotos unter: das Taucher-Okay, das 2017 von 4channern in der *Operation O-KKK* wie andere Memes zuvor zu einem rechten Symbol umgedeutet wurde, weil sich die Anordnung der Finger als »WP« – für »White Power« – lesen lässt. Seine Fans quittieren es natürlich mit Begeisterung, bejubeln den eiskalten Sarkasmus des Täters. Die *Anti-Defamation League* sieht sich gezwungen, eine eigentlich unpolitische Geste als rechtes Hasssymbol in ihre Datenbank aufzunehmen.

Doch wäre das *chan*-gemäße Auftreten wirkungslos, wenn der Täter nichts erzählen wollte. Nicht nur die Tat an sich soll um die Welt gehen, sondern auch die Vorstellungen, die dahintergesteckt haben mögen – daher das »Manifest«. Von einem »Shitposter« geschrieben, muss es mit Vorsicht gelesen werden, es wimmelt von Lügen, Ironie und Memes. Dennoch hat es einen ernst zu nehmenden ideologischen Kern. So ist das 74-Seiten-Dokument ein Mix rechtsextremer Ideologien, die in gleicher Form in Europa und in Deutschland zu finden sind. Vielleicht werden sie hier etwas weniger radikal zum Ausdruck gebracht, doch das Programm der Identitären enthält vieles, wofür auch der Attentäter von Christchurch stand. Den Tod von 51 Menschen rechtfertigt er mit einer Ideologie, die die Identitären und die Neue Rechte seit Jahren hier in Europa propagieren.

Deutlich wird dies allein am Titel des Manifests, das mit »The Great Replacement« überschrieben ist – der große Austausch. So heißt auch die zentrale Ideologie und Verschwörungstheorie der Identitären in Europa. Ihr zufolge wird die europäische Bevölkerung nach und nach durch die gezielte Förderung von Migration ersetzt. Das Resultat sei das Ende der europäischen Völker. Beim Christchurch-Attentäter bedeutet es den Untergang der »weißen Rasse«. Der einzige Unterschied ist, dass er – im Gegensatz zu den europäischen Identitären – offen auf die Rassenlehre Bezug nimmt. Die Argumentation bleibt im Kern jedoch die gleiche. Im Manifest wird sie schon in der Einleitung zusammengefasst: »It's the birthrates.« Die Geburtsraten also seien das Problem, weil Migrant*innen eben eine höhere aufwiesen als die autochthone Bevölkerung.

Diese Parallele zwischen dem Neuseeland-Attentäter und der Identitären Bewegung wird nach dem Attentat im März schnell erkannt. Und ebenso schnell ist die Neue Rechte darum bemüht, diesen Zusammenhang zu bestreiten. Schließlich verweise der Attentäter nicht ein einziges Mal auf die Neue Rechte oder gar die Identitären, schreibt Patrick Lenart, ehemaliger Funktionär der österreichischen Abteilung, noch am selben Tag auf *Twitter*. Dass der Bezug auf den »großen Austausch« eindeutig ein solcher Verweis ist, verschweigt er. Eingeführt wurde der Kampfbegriff schon 2001 vom französischen Rechtsradikalen Renaud Camus. In seinem Buch *Le grand remplacement* beschreibt er ein geheimes Programm der »Umvolkung« (ein weiterer rechtsradikaler Begriff). Seitdem wird Camus vor allem in Frankreich und Deutschland rezipiert – von hier schwappt die Idee des Bevölkerungsaustauschs in den englischsprachigen Raum. Neben dem französischen Original gibt es bisher die vom Identitären Martin »Lichtmesz« Semlitsch übersetzte deutsche Fassung *Revolte gegen den großen Austausch*, die im neurechten *Antaios Verlag* erschienen ist. Englischsprachige Adaptionen, etwa die Website *www.great-re-placement.com* oder das *YouTube*-Video *The Great Replacement* der Alt-Right-Sympathisantin Lauren Southern, nehmen stets direkten

Bezug auf Camus. Es gibt also kein Konzept des »großen Austauschs«, das nicht direkt von dem der europäischen Identitären abstammt.

Der »große Austausch« ist nicht der einzige Berührungspunkt zur radikalen Rechten in Europa. So bezieht sich der Christchurch-Attentäter mehrmals auf die Vorstellungen des Ethnopluralismus, etwa wenn er schreibt, dass er allen Menschen nur das Beste wünsche, solange diese ihr Glück doch nur in ihren eigenen Ländern suchten. Der Attentäter bezeichnet sich zwar als »Ethnonationalist« und nicht – wie ein Identitärer es tun würde – als »Ethnopluralist«, der Bezug auf diese wichtige Theorie bleibt jedoch bestehen. Die Theorie des Ethnopluralismus wird in den 1970er-Jahren vom damals führenden deutschen Neurechten Henning Eichberg geprägt. Sie propagiert die Untrennbarkeit von Ethnie und Kultur. Jede Ethnie habe ihre eigene, unveränderliche Kultur, sodass Zuwanderung nicht nur eine Bedrohung der Ethnie, sondern auch der Kultur darstelle. Wer eine bestimmte Kultur zu erhalten vorgebe, müsse in der Konsequenz gegen Migration sein. Dass daraus der alte rechtsextreme Slogan »Deutschland den Deutschen, Ausländer raus« folgt, streiten heutige Anhänger*innen des Ethnopluralismus freilich ab. Trotzdem fordern sie »Re-Migration«, notfalls gewaltsam, und meinen damit nichts anderes als Abschiebung.

Im Manifest finden sich weitere Versatzstücke, die auf eine ideologische Nähe zum Vulgärkonservatismus der Neuen Rechten europäischer Prägung schließen lassen. Sei es der Bezug auf eine hierarchische Gesellschaftsstruktur (»Diversität ist ungleich, Hierarchien sind gewiss«), auf Homogenität (»Diversität ist Schwäche, Einigkeit ist Stärke«) oder auf einen vermeintlichen Heroismus und die Bejahung des Kampfes (»Erwarte den Kampf eines Soldaten und den Tod eines Soldaten«). All diese Begriffe und Motive spielen beispielsweise auch in den Schriften von Ernst Jünger eine Rolle, die für die Neue Rechte so wichtig sind.

Diese Nähe erkennen im März 2019 sowohl Medien als auch Ermittlungsbehörden. Die Identitäre Bewegung steht unter Druck, und wohl das erste Mal seit Jahren gerät die rechtsextreme Vereinigung in eine existenzielle Krise. Denn nicht nur, dass der Attentäter sich so offenkundig auf ein identitäres Weltbild beruft, er unterstützt die Identitäre Bewegung auch finanziell. An verschiedene Identitäre in Europa richtete er Spenden, darunter: Martin Sellner, Jahrgang 1989. Der Österreicher ist das prominenteste Gesicht der Identitären Bewegung in Europa und Mitbegründer der Gruppierungen im deutschsprachigen Raum. Er stellt beinahe täglich neue Videos auf seinen *YouTube*-Kanal, der von mehr als 150.000 Menschen abonniert wird, und versorgt auf seinem *Telegram*-Kanal sein Publikum quasi live mit politischen wie privaten Informationen. Wenn Sellner ruft, dann folgt die junge extreme Rechte. Auf Veranstaltungen signiert er seine Bücher, steht für Selfies zur Verfügung, schüttelt Hände von älteren Herren, die wirken, als hätten sie den Heiland getroffen. Kurz: Sellner ist das Musterbeispiel eines neurechten Influencers.

Am 25. März 2019, zehn Tage nach Christchurch, durchsucht die Polizei Sellners Wohnung in Wien. Der Grund ist eine Spende von 1.500 Euro, die er vom Attentäter erhalten hat. Diese Spende gehöre zum Plan des Attentäters, Repressionen gegen »Patrioten« zu verursachen, um so einen Bürgerkrieg zu entfachen, wird Sellner zu seiner Verteidigung sagen. Eine seltsame Verteidigung, denn ob mehr als 7.000 Euro, die Identitäre in ganz Europa vom Attentäter erhalten haben, wirklich so schädlich sind, ist fraglich. Wesentlich verheerender wäre es wohl gewesen, Sellner und die Identitäre Bewegung namentlich im Manifest zu erwähnen. Doch das ist nicht der Fall, und man kann die berechtigte Frage stellen:

Wieso fühlt sich ein Mensch, der in einer mit dem Sonnenrad bestickten Uniform zwei Moscheen stürmt und Dutzende Menschen ermordet, repräsentiert von einer Vereinigung wie den Identitären? Weil er alles falsch verstanden hat, sagen die einen. Weil hier sich Gleiches zu Gleichem gesellt, sagen die anderen und liegen damit wohl richtig, denn die hier gezeigten Parallelen im Denken deuten nicht auf ein falsches Verständnis des Attentäters hin, sondern lediglich auf seine Radikalisierung. Die Wurzeln seiner Radikalisierung sind auch im Internet und in jenen *chan*-Foren zu suchen, in denen er seine Tat ankündigte. Welches Gefährdungspotenzial dort liegt, zeigen die vielen *chan*-Attentäter der vergangenen Jahre.

Das gerate hier alles außer Kontrolle, das müsse ein Ende haben, sagt Caleb Cain in seinem Video über die Alt-Right. Für die Rechtsextremen der *chan*-Foren, der Alt-Right und der White Supremacists aber hat es gerade erst begonnen. Der Erfolg von Donald Trump ist ihr gemeinsamer Erfolg, die Tat von Christchurch ihre gemeinsame Tat, zumindest der Anfang einer langen Reihe ähnlicher Taten. Am 27. April 2019 tötet ein 19-Jähriger einen Menschen in einer Synagoge im kalifornischen Poway. Er versucht, seine Morde auf *Facebook* live zu übertragen, und veröffentlicht kurz vor der Tat ein Manifest auf *8chan*. Am 3. August 2019 tötet ein 21-Jähriger in El Paso, Texas, 22 Menschen aus rassistischen Motiven. Auch er postet auf *8chan* eine Ankündigung und ein Manifest. Am 10. August 2019 versucht ein Jugendlicher in Norwegen, ein Blutbad in einer Moschee anzurichten, wird jedoch von einem Gläubigen überwältigt. Seine Ankündigung postet er auf dem Imageboard *Endchan* – vermutlich, weil *8chan* zu diesem Zeitpunkt wegen des Shooting in El Paso vom Netz genommen wurde. Außerdem stellt er ein Bild ein, das ihn in einer

Reihe mit den Tätern von Christchurch, Poway und El Paso zeigt. Am 9. Oktober 2019 erreicht der *chan*-Terrorismus Deutschland, als ein Mann versucht, die Synagoge in Halle zu stürmen, um dort ein Massaker anzurichten. Als er zwei Tage später dem Haftrichter vorgeführt wird, gibt sein Anwalt zu Protokoll, dass er vor allem auf *8chan* unterwegs gewesen sei. Der Beschuldigte erklärt, dass er nach Christchurch angefangen habe, seine Tat vorzubereiten. Wie auch die anderen drei Nachahmer wollte er fortsetzen, was in Neuseeland begonnen wurde.

Der Massenmord von Christchurch hat augenscheinlich zu einer weiteren Radikalisierung in der Alt-Right und den *chan*-Foren geführt. Wie in Ego-Shooter-Spielen werden die »Kills« gezählt und mit dem neuseeländischen Vorbild verglichen: Es ist die Gamification des Terrors. Die Imageboards geraten nun immer mehr in den Fokus der Öffentlichkeit und der Behörden. Ein Internetanbieter stellt nach El Paso die Zusammenarbeit mit *8chan* ein – die Seite verschwindet daraufhin vorübergehend aus dem Netz. Sogar ihr Gründer Fredrick Brennan, der inzwischen allerdings nicht mehr ihr Inhaber ist, kündigt an, alles dafür zu tun, um die Seite offline zu halten. »Weil die Welt ohne sie besser dran ist.« Wie schon beim Gamergate, als die radikalsten *Channer* von *4chan* zu *8chan* abwanderten, ist auch jetzt davon auszugehen, dass sich neue Treffpunkte bilden werden. Mit *Endchan* steht ein Forum bereit, das die heimatlos Gewordenen aufnehmen will. Auf der Startseite heißt man die »*8ch*-Flüchtlinge« willkommen. Im Oktober 2019 geht mit *8kun* zumindest zeitweise ein identischer Nachfolger online. Es wird nicht der letzte Versuch gewesen sein.

Die Neue Rechte in Deutschland ist seit ein paar Jahren darum bemüht, diese Kultur des Hasses, der Menschenfeindlichkeit und der Lüge in den deutschsprachigen Raum zu importieren: »*Political Correctness*« ist schon lange das gemeinsame Feindbild der

Rechten, doch seit der letzten Bundestagswahl wird nun zum »Infokrieg« getrommelt: Memes als Schwerter, Frösche als Symbol, Hass und Verschwörung als täglich Brot. Nicht zuletzt mit den Mitteln der Alt-Right arbeitet die Neue Rechte in Deutschland an einer Kulturrevolution von rechts. Angesichts der Drastik der Ereignisse des Jahres 2019 – Walter Lübcke wird ermordet, rechtsextreme, waffenhortende Gruppen führen »Todeslisten« über ihre politischen Feind*innen, ein 4channer versucht, in einer Synagoge ein Massaker anzurichten –, angesichts all dessen ist davon auszugehen, dass der in den chan-Foren ausgerufene Kulturkampf auch in Deutschland schon länger tobt. Dabei ist nicht nur die Vereinnahmung von Internet- und Memekultur zentral, sondern ebenso die Tatsache, dass Gamergate und Alt-Right Bewegungen des Social-Media-Zeitalters sind. Sie wurden groß, als die sozialen Netzwerke Mainstream wurden, und sind dementsprechend stark von ihnen geprägt: Die sozialen Medien sind das Schlachtfeld des rechten Kulturkampfes, und sie geben die Art der Kriegsführung vor. Influencer*innen kommt dabei eine besondere Rolle zu. Auch in Deutschland ist zu beobachten, wie die Neue Rechte darauf setzt, bekannte Internetpersönlichkeiten aufzubauen.

2. Kapitel: Willkommen im Emo-Krieg

Die Neue Rechte in Deutschland will unsere Kultur erobern — online wie offline. Dafür führt sie einen Krieg mit alten Theorien und modernen Waffen, mit Carl Schmitt und Hochglanzbildern auf *Instagram*.

Martin Sellner steht auf einem Lautsprecherwagen in der Wiener Innenstadt, Fahnen der Identitären und ein paar Dutzend Anhänger um ihn herum. Die vorangegangenen Wochen des Frühjahrs 2019 sind für ihn und die Identitären in Österreich und Deutschland nicht gut gelaufen. Sellners Gesicht war häufig in der Zeitung und im Fernsehen – eigentlich sieht er sich dort sehr gern. Aber der Zusammenhang ist alles andere als positiv: Der neuseeländische Rechtsterrorist hatte vor seiner Tat Geld an Sellner überwiesen. Zum Dank lud ihn Sellner erfreut zu Kaffee oder Bier ein, sollte er mal nach Wien kommen. Ob sich die beiden je getroffen haben, ist ungewiss, aber ihre ideologische Nähe ist zweifelsohne groß. Was folgte, sind Hausdurchsuchungen bei Sellner, österreichische Zeitungen berichteten fast täglich über die Verstrickungen der Identitären, der ÖVP-Kanzler Sebastian Kurz bezeichnete die IB als »widerlich«, selbst einige Politiker der rechtspopulistischen FPÖ, die Verbindungen zu den Identitären pflegt, distanzierten sich. Aber Sellner wäre nicht Sellner, würde er glauben, sich für seinen Kontakt zu einem brutalen Attentäter entschuldigen zu müssen. Für ihn sind die Enthüllungen Mittel des »linken tiefen Staates«, mit denen die »patriotische Opposition zum Schweigen gebracht« werden solle – womit er die Verschwörungstheorie des *Deep State* bedient, die von einer versteckten Regierung innerhalb der rechtmäßig gewählten ausgeht.

Zu allem Überfluss muss sich Sellner dieser Tage für seine neonazistische Vergangenheit rechtfertigen; österreichische Medien hatten im Zuge der polizeilichen Ermittlungen herausgefunden, dass Sellner 2006 Hakenkreuze an eine Synagoge geklebt hatte. Dafür entschuldigt er sich nun an diesem kühlen Tag in Wien, allerdings nicht etwa bei der jüdischen Gemeinde, sondern bei seinen rechtsextremen Anhänger*innen: Sein früheres Verhalten sei eine Bürde für die Bewegung, weil es ihrem Image schade. Sellner versucht seit Jahren, sich und die Identitären zur Marke zu machen. Dafür musste er seine neonazistische Vergangenheit hinter sich lassen, sich von seinem früheren Mentor Gottfried Küssel lossagen, einem eifernden und mehrmals verurteilten Holocaustleugner. Doch im Kampf um die Rettung des eigenen Landes schienen ein neuer Haarschnitt und der Abschied von den Hakenkreuzen ein angemessener Preis zu sein.

Alles folgte einem Plan. Die Identitären, die er in Österreich und Deutschland maßgeblich mit aufbaute, sind am theoretischen Reißbrett entstanden. Gemeinsam mit dem rechten Vordenker und *Antaios*-Verleger Götz Kubitschek hatte Sellner die Schwesterbewegung in Frankreich besucht, den Erfolg linker Bewegungen ebenso studiert wie die Funktionsweise moderner Mediengesellschaften. Das Ziel war es, eine Bewegung zu bilden, die den Anschluss an junge, urbane, gebildete Milieus schafft. Die Identitären wollen schrittweise verändern, wie und worüber gesprochen wird, und sie betrachten sich als Vorfeldorganisation rechter Parteien, der FPÖ in Österreich und der AfD in Deutschland.

Diese Tage im Frühjahr 2019 sind verheerend für die Identitären, sie sehen den Kern ihres politischen Aktivismus angegriffen: ihr Image, ihre scheinbare Friedfertigkeit, ihre angebliche Distanz zu Terrorismus und Neonaziszene. Sellner ist mit seiner strategischen Arbeit weit gekommen. Die Identitären haben zwar heute in Wien nur ein paar Dutzend Leute versammelt, und insgesamt zählt die Gruppe nur einige Hundert Aktive in Österreich und Deutschland. Aber die Identitären wie Sellner haben sich längst andere Orte für ihre politische Auseinandersetzung gesucht: Sie haben den Infokrieg um die Vorherrschaft im Netz ausgerufen. Sellner folgen 150.000 Menschen auf *YouTube*. Als er diese goldene Marke von 100.000 im Juni 2019 erreicht, verkündet er in einem kurzen Video, er wolle den Schwung nutzen und sich ein eigenes Hauptquartier bauen, eigene »Reporter und Infokrieger« anstellen, die ihm bei seiner Medienarbeit helfen. Während er spricht, steht er in einem leeren Raum, der fortan sein Hauptquartier beherbergen soll; alles bereit, soll das Bild wohl sagen. Sein Vorbild sei Alex Jones, jener amerikanische Verschwörungstheoretiker, der in den USA mit kruden Theorien und einer ordentlichen Ladung Rassismus ein Millionenpublikum erreichte, bis alle Plattformen seine Profile löschten.

Für ihn sei dieser Plan ein Resultat der vergangenen Wochen, in denen man gesehen habe, welche »wirklichkeitssetzende Kraft« die Medien hätten, da müsse man eben gegenhalten. Sein *YouTube*-Kanal, sagt er, sei »ein starkes metapolitisches Werkzeug« – wie insgesamt die sozialen Medien für die Identitären. Trifft man in der realen Welt auf die IB, zeigt sich eine kleine, häufig eher peinlich nach Aufmerksamkeit heischende politische Gruppe. Aber das tut man ohnehin selten: Die Identitären haben in den vergangenen Jahren eine neue Art der Politik vorgeführt, die sich ganz auf den Kern rechter Mobilisierung zurückzieht: Propaganda — und diese findet heute nicht mehr primär analog statt. Es geht um Bilder, Geschichten, Gesichter und Gefühle, getriggert durch die Aktionen im Netz. In Strategiepapieren sprechen die Identitären ganz freimütig davon, dass sie die Öffentlichkeit kapern wollen, durch Emotionen und Polarisierung. Es ist die Einheit von »Theorie und Propaganda« – so nennen sie es selbst. Wie diese Propaganda funktioniert, zeigen sie jeden Tag in den sozialen Medien.

Die wichtigste Bezugsebene ihres Handels ist das Netz. Eine politische Aktion wird nicht mehr um ihrer selbst willen durchgeführt, um den paar Umherstehenden zu imponieren, sondern um Teil der neurechten politischen Kommunikation zu werden. Jede Aktion, sei es das Besteigen des Brandenburger Tors, ein Gedenkmarsch oder ein gechartertes Schiff im Mittelmeer zur »Kontrolle illegaler Migration« – all das wird allein aus einem Grund gemacht: um medial verbreitet zu werden. Ohne Medien gäbe es solche Aktionen nicht.

Mit dieser Politikauffassung möchten die Identitären Einfluss darauf nehmen, wie wir denken, handeln, wie wir die Gesellschaft sehen und unser Leben führen. Was wäre da besser geeignet, als Instagram, YouTube, Facebook und Twitter zu Plattformen für die eigene Ideologie zu machen? Viele Akteur*innen der IB sind außerhalb der eigenen Organisation gut vernetzt, die Neue Rechte hat die Reflexe des Medienzeitalters sorgfältig studiert. Wie gefährlich das ist, zeigt nicht nur der Attentäter in Neuseeland.

Als der Verfassungsschutz die IB in Deutschland auch offiziell als rechtsextrem bezeichnet, spricht Sellner in einem Kommentar von Lügen und Wahn des Systems, die Patrioten zu Verbrechern machten. Ein Nutzer kommentiert darunter: »Was kann man heute gegen die Todesdiktatur tun? [...] Machen wir uns nix vor: Das Regime will den Volkstot (sic) und setzt ihn notfalls mit brutaler Gewalt durch. Wie können wir das verhindern? Nicht mit Schreiben, nicht nur mit Reden – um den Krieg zu gewinnen, müssen wir anfangen, auch Schlachten zu gewinnen!!! Rein physisch.« Wie dieses »rein physisch« aussieht, weiß man inzwischen. Die schönen Selfies auf Instagram, der Glaube an den »nahenden Volkstod« und die Gewalt sind Teil des Weltbildes, das die Identitären antreibt.

Metapolitik: Wie Bart, Bier und Insta-Storys Politik machen

Live erleben wir Martin Sellner erstmals im Oktober 2017 auf der Frankfurter Buchmesse. Bei einer Veranstaltung des rechten Verlegers Götz Kubitschek hat es Tumulte gegeben, die Tagesthemen berichten. Und Sellner war mittendrin. Die Polizei musste eingreifen, Zeugen wollen »Sieg Heil«-Rufe gehört haben.

Eigentlich soll Sellner an diesem Samstag in Halle 4 aus seinem Buch Identitär! lesen, doch Sprechchöre umherstehender Demonstrant*innen und Auseinandersetzungen am Rande verhindern das. Für Sellner auf der Bühne ist das kein Grund, betrübt zu sein. Er lächelt freudig vom Podest herab und genießt die aufgeheizte Stimmung. Als sich die Messeleitung dazu entschließt, die Veranstaltung zu beenden und die Bühne räumen zu lassen, läuft er zu Hochtouren auf. Er wendet sich an sein Publikum, das vor der Bühne steht, und heizt es an: »Heuchler, Heuchler«, hallt es durch die Halle und dem Direktor der Messe entgegen. Als einige der etwa 80 bis 100 Anwesenden einstimmen, holt Sellner hastig sein Smartphone aus der Tasche und filmt. Wie ein Dirigent gibt er immer wieder Einsätze für das Publikum vor, stimmt Sprechchöre an, ordnet die Menge. Und filmt. Die Messeleitung zieht unverrichteter Dinge wieder ab.

Am Ende wird Sellner keine Zeile aus seinem Buch gelesen haben – und diesen Tag auf seinem *YouTube*-Kanal rückblickend dennoch als »vollkommenen und totalen Erfolg« bezeichnen, denn entscheidend sind die Bilder, die er für sein Publikum erzeugt. Die Eskalation, die Empörung, die Konfrontation – all das sei ein »metapolitisches Meisterstück«.

Es ist der Franzose Alain de Benoist, der den Begriff der Metapolitik in die französische *Nouvelle Droite* einführt, von wo er verstärkt in den Neunzigerjahren auch die deutsche Rechte erreicht. Sein Buch *Kulturrevolution von rechts* ist eine Handlungsanleitung, die ein einstmals linkes, aus dem Marxismus stammendes Konzept für rechte Akteur*innen nutzbar macht. Das 1985 im Deutschen erschienene Buch wurde zu einem der wichtigsten Werke der Neuen Rechten. Es ist die wohl genaueste Beschreibung eines Begriffs, den neurechte Akteure bei jeder Gelegenheit vor sich hertragen: Metapolitik. Gemeint ist damit ein Ansatz, die Welt aus einem eigenen Blickwinkel zu betrachten, sie mit eigenen Begriffen zu beschreiben, kurz: sie mit einer eigenen Ideologie zu fassen. In einem internen Strategiepapier der Identitären aus dem Jahr 2015 wird Metapolitik als »Software« bezeichnet, die »Kultur, Sprache, Ideen, Parolen, Emotionen und Moral« umfasse. Sie sei die »Seele«, die eine Einheit von politischer Theorie und Propaganda schaffe und jede Aktion und taktische Entscheidung in eine größere Strategie einfüge.

Benoist gilt bis heute als wichtiger Stichwortgeber der Neuen Rechten. Theoretisch bedient hat er sich vor allem bei dem italienischen Kommunisten Antonio Gramsci, der mit seinem Konzept der »kulturellen Hegemonie« versucht hatte, das Scheitern der kommunistischen Revolution in Mitteleuropa zu erklären. Er kam zu dem Schluss, dass eine politische Hegemonie nur dann errungen werden könne, wenn diese zuvor in der Zivilgesellschaft vorbereitet worden sei. »Es kann und muss eine ›politische Hegemonie‹ auch vor dem Regierungsantritt geben«, schreibt Gramsci in seinen Gefängnisheften.[3] Der politische Kampf ist also in erster Linie ein Kampf um die Köpfe. Benoist schließt daraus, dass die Übernahme der politischen Macht unmöglich sei, sofern nicht vorher auch die kulturelle Macht übernommen worden sei.

Für die Neue Rechte ist diese Idee zum Leitbild geworden – nicht erst dieser Tage. Bereits 1991 hatte der NPD-nahe Nationaldemokratische Hochschulbund ein durchaus einflussreiches Strategiepapier veröffentlicht: »Schafft national befreite Zonen«, so dessen Forderung. Andersdenkende und Ausländer sollten aus bestimmten Sozialräumen (die Neonazis meinten vor allem: Häuser, Straßen, Dörfer) verdrängt und eine rechtsextreme Vorherrschaft installiert werden. Ganz explizit bezieht sich das Papier auf Gramsci, spricht von »kultureller Hegemonie« sowie von einer »völkischen Graswurzelrevolution«. Die NPD nahm diese Gedanken in ihr »Vier-Säulen-Konzept« auf, in dem sie den Kampf nicht nur um die Parlamente, sondern auch »um die Köpfe, um die Straßen und um den organisierten Willen« ausrief – die Neonazi-Variante von »Metapolitik«.

Die theoretischen Versatzstücke, der Vulgär-Gramscismus, die »Intellektualisierung« des Herrschaftsdenkens: All das gab es auch schon in der NPD. Besonders erfolgreich war sie damit nicht. Heute aber ist die extreme Rechte, durch vielerlei Kulturangebote und neue Gesichter, anschlussfähig. Denn nahezu alles, was sie tut, betrachtet sie als »Metapolitik«, stets geht es um die Arbeit an der eigenen Weltsicht, an der eigenen Kultur. Bestandteil der Metapolitik ist nach dieser Logik die Theoriezeitschrift *Se-*

zession von Götz Kubitschek genauso wie die in der Szene beliebte *Vaporwave*-Musik, die eigene Biermarke und vor allem *YouTube*-Kanäle, auf denen die Sprache und Codes der Neuen Rechten etabliert und gepflegt werden.

Gramsci hatte verstanden, wie wichtig es ist, die Bevölkerung zum »Mitmachen«, zur Kooperation mit der Macht, zu bringen. Herrschaft, resümierte er, entstehe aus einer »Kombination von Zwang und Konsens«.[4] Die Einsicht Gramscis war so einfach wie durchgreifend: Die Menschen müssen an die herrschende Ordnung glauben. Eine Veränderung dieser Ordnung müsse also genau an diesem Glauben ansetzen, ihn erschüttern und neue Wertangebote unterbreiten. Politischer Kampf ist vorrangig ein Kampf um die Hegemonie von Ideen. Der Unterschied aber ist: Gramsci begreift dieses Ringen um die beste Deutung als demokratischen Akt; für ihn kommen die Vertreter*innen dieser Ideen, die er Intellektuelle nennt, aus der Bevölkerung. Jede soziale Schicht oder Bewegung bringe Personen hervor, die deren Interessen in Worte fassen und miteinander um die kulturelle Hegemonie ringen. Er nennt sie deshalb »organische« Intellektuelle. Benoist kehrt dieses Verhältnis um, als Denker der Rechten hat er eine Hegemonie von oben im Sinn. Ihm geht es nicht darum, dass sich verschiedene Auffassungen organisch herausbilden, sondern dass eine rechte Elite ihr eigenes Weltbild schärft und dann in vermittelbare Formen gießt. Metapolitik oder der »Kulturkampf von rechts« werden damit zu einem Agitationsunterfangen, dessen Ziel es ist, ein vorgefertigtes Weltbild unter die Leute zu bringen.

Da überrascht es nicht, dass die Neue Rechte nach effektiven Mitteln der »Kulturvermittlung« sucht. Und dies funktioniert, so Benoist, am besten, wenn man politische Inhalte nicht als solche erkennt. Ein Roman, ein Film, ein Theaterstück oder eine Fernsehsendung seien auf lange Sicht wirkungsvoller als etwa eine

Kundgebung, weil sie eine langsame Verschiebung der Mentalität von einem Wertesystem in Richtung eines neuen bewirken könnten. Kulturproduktion als Mittel der unauffälligen Agitation: Während die Intellektuellen bei Gramsci noch die Interessen bestimmter Gruppen vertraten, werden sie bei Benoist zu Vermittler*innen verschleierter Botschaften. Schließlich geht es darum, durch Unscheinbarkeit zu überzeugen. Während die Intellektuellen bei Gramsci »organisch« waren – so etwas wie die Stimme des Volkes, der Klasse oder des Protests –, werden sie bei Benoist zu Verführenden.

In dieser Rolle sehen sich die Akteur*innen der IB. Der ehemaliger Co-Leiter der Identitären in Österreich, Patrick Lenart, sieht soziale Medien als wichtiges Betätigungsfeld identitärer Politik. Influencer wie er seien die Intellektuellen unserer Zeit: »Metapolitik besteht nun darin, neue Influencer aufzubauen und etablierte Influencer zu überzeugen, um letztlich eine Verschiebung des gesellschaftlichen Klimas zugunsten der eigenen Ideen zu erreichen.« Influencer*innen sollen in dieser Logik das machen, was sie ohnehin tun: auf bestimmte Produkte und/oder Ansichten hinweisen sowie ihr Publikum von deren Vorzügen überzeugen. Influencer*innen sind demnach keine Intellektuellen in Gramscis Sinne, sondern Politkaktivist*innen mit zu verkündender Agenda und zu verkaufenden Produkten. Natürlich rücken die sozialen Medien ins Zentrum des Interesses, da sie mit relativ geringem Aufwand ein großes Publikum erreichen – vorausgesetzt, man hält sich an die Regeln und kennt die Mechanismen der Plattformen.

Dass vor allem die jungen Identitären dieses Spiel beherrschen, liegt zweifellos daran, dass sie einer Generation angehören, die mit digitalen Medien aufgewachsen ist. Darüber hinaus aber sind sie, wie radikale Rechte seit eh und je, viel stärker darauf angewiesen, selbst zum Kommunikator zu werden, weil ihnen andere Wege öffentlicher Kommunikation zumeist versperrt sind. Das rassistische Konzept des Ethnopluralismus, wonach jedem Volk eine quasi angeborene Kultur innewohnt, etwa lässt sich auf Social-Media-Kanälen unwidersprochen erläutern, in etablierten Medien ohne kritische Einordnung eher nicht. Um dennoch in den traditionellen Massenmedien vorzukommen, versuchen Akteur*innen der Neuen Rechten, die eigenen Ideen über geplante Provokationen dorthin zu bringen. Gerät eine Lesung auf der Buchmesse zum Eklat, werden große Medien berichten. Sie werden den Namen des Verlags nennen, Gesichter zeigen. Kontrollierte Provokation nennen die Rechten das.

Als wir Martin Sellner am Morgen nach den Tumulten auf der Buchmesse treffen, ist er noch immer ganz euphorisiert von den Geschehnissen des Vortags. »Dem Götz hat es auch sehr gut gefallen«, sagt Sellner – gemeint ist der rechte Verleger Götz Kubitschek, der neben ihm auf der Bühne stand – und zeigt uns ein paar der aufgenommenen Videoschnipsel. Noch Tage später diskutieren große deutsche Zeitungen über die Geschehnisse auf der Messe, über Grenzen der Meinungsfreiheit und über die Frage, ob man mit Rechten wie Sellner überhaupt reden solle, ob einer wie er an einem Ort wie der Buchmesse seine Ideologie verbreiten dürfe. Sellner kann über solche Fragen nur müde lächeln: Das spiele keine große Rolle, »weil wir selber eigene Kanäle und eigene Plattformen haben, die mittlerweile so stark geworden sind, dass wir die Mainstream-Medien bald gar nicht mehr brauchen werden«. Die Medienaufmerksamkeit jener Tage ist ihm recht, sie macht seine eigenen Kanäle bekannter. Wirklich wichtig aber ist, was später auf *Instagram* und *YouTube* von der Veranstaltung zu sehen sein wird.

Tatsächlich wird nicht nur Sellner selbst über das Ereignis berichten, in der neurechten Medienblase wird das Thema über Wochen diskutiert, der Abend als Erfolg gefeiert. Das Establishment, so die Lesart, hat kapituliert. Genauso formuliert Sellner es am Ende seines Videos zur Frankfurter Buchmesse: »Das ist ein metapolitischer Sieg, ein Sieg auf der Ebene der Ideen, der Bilder, Diskurse und Begriffe, die viel wichtiger sind als die Siege, die wir in Deutschland und Österreich jetzt errungen haben.«

Nach unserem Treffen fährt Sellner schnell nach Wien zurück, es sind Wahlen in Österreich. Die rechtspopulistische FPÖ wird ein fulminantes Wahlergebnis einfahren, das ihr die Koalition mit der ÖVP sichert. Sellner möchte den »blauen Erfolg« mitfeiern. Dennoch spricht er in diesem Herbst 2017 davon, dass Ereignisse wie jene Eskalation auf der Buchmesse wichtiger seien als die Regierungsbeteiligung der FPÖ oder der Einzug der AfD in den Bundestag. Denn sie seien es, die für die richtigen Bilder und Geschichten sorgten und tiefer gehende Veränderungen der Gesellschaft ermöglichten.

Sellner ist der Prototyp des rechten Influencers. Influencer*innen verkaufen Nähe und Authentizität, geben Einblicke in ihr Leben, vor allem auf *YouTube* und *Instagram*. Mit Millionen Fans und Klicks werden sie durch Webvideos und Hochglanzfotos reich. Im deutschsprachigen Raum wurden 2 017 560 Millionen Euro für Influencer-Marketing ausgegeben, also dafür, dass junge Social-Media-Stars Schuhe in die Kamera halten oder Drogerieartikel auspacken.

Das Geschäft von Martin Sellner und seinen Kampfgefährt*innen funktioniert ganz ähnlich: Bilder vom Waldspaziergang auf *Instagram*, ein Videotagebuch von der Reise nach England. Es ist kein Zufall, dass die zentrale Figur der Identitären auch ihr wichtigstes Gesicht in den sozialen Medien ist. Das Internet hat nicht nur die Art der Ansprache, der Mobilisierung, der Radikalisierung verändert. Es verändert auch die rechten Organisationen selbst. Politische Führung besteht heute ganz wesentlich darin, die richtigen Emotionen zur richtigen Zeit zu erzeugen, die richtigen Trigger zu bedienen. Die Anhänger*innen folgten keinen Befehlen, sondern Emotionen, die über soziale Medien verbreitet werden und zum Mitmachen ermuntern.

Sellner begründet sein politisches Engagement daher mit besonders starken Gefühlen: mit Angst und Wut. Als im Juni 2019 ein 27-jähriger Nigerianer in Dessau-Roßlau ein neunjähriges Mädchen vergewaltigt, schreibt Sellner an seine Follower*innen auf dem Messangerdienst *Telegram*: »Ich zittere vor Wut. Was ich für die politischen Eliten, die diesen Täter ins Land geholt und seine Abschiebung sabotiert haben, empfinde, kann ich nicht in Worte fassen«, um weiter unten zu enden: »Ich will, dass mein ganzes Leben nur aus Widerstand gegen diese unerträglichen Zustände besteht.« Sellners Nachricht enthält alle Großerzählungen der Rechten: Wir werden angegriffen, jedem kann es jederzeit passieren, die Politik ist dafür verantwortlich, und das in böser Absicht. Deswegen müssen wir aktiv werden.

Eine grausame und schreckliche Tat und ein traumatisiertes Opfer – die in Sellners Nachricht jedoch nur nebenbei eine Rolle spielen. Ihm geht es darum, ein lokales Ereignis zu einem globalen Phänomen zu verdichten und die Kritik an den Zuständen zu verallgemeinern. Die Gewalttat eines Nicht-Deutschen wird zum Sinnbild. Nicht nur der einzelne Täter ist schuldig, sondern vor allem die Politik. So wie die Opfer des Anschlags auf den Berliner Weihnachtsmarkt »Merkels Tote« waren, wie der AfD-Politiker Marcus Pretzell kurz nach der Tat schrieb.

Besonders stark werden solche Erzählungen, wenn sie von vielen verschiedenen Akteur*innen wiederholt werden. Weil das Bedrohungsszenario so einfach und gleichzeitig so emotional ist, wird es von sehr verschiedenen Gruppen weitergetragen: von der AfD und den Identitären, von verschwörungstheoretischen Gruppen oder schlicht sich in ihrer Sicherheit bedroht fühlenden Bürger*innen. Soziale Medien bieten sich an, weil sie vor allem über starke Emotionen funktionieren: Geklickt wird, was Aufmerksamkeit erregt. Studien haben gezeigt, dass Nutzer*innen häufig solche Inhalte teilen, die negative Gefühle auslösen. Das macht die sozialen Netzwerke zu perfekten Waffen im Infokrieg.

Der digitale Partisanenkampf

Das zu verstehen, darauf hat die neue Rechte viel Zeit verlegt. Besonders einflussreich in diesem Zusammenhang ist Götz Kubitschek. Der Inhaber des Verlages *Antaios* wird oft als Vordenker der Neuen Rechten bezeichnet. Und wenngleich Autoren wie etwa Volker Weiß in ihm nur einen intellektuell wenig ansprechenden Abklatsch faschistischer und rechtsextremer Autoren der Zwischenkriegszeit sehen, ist er mit seinem Verlag einer der wichtigsten Stichwortgeber für seinen »Freund Martin Sellner« (Zitat Kubitschek), die IB und weite Teile der AfD. Sein Büchlein *Provokation* avancierte zu einer Art Handbuch für rechte Propaganda. Schon 2007 breitet Kubitschek darin eine Art Strategie aus, deren Umsetzung wir heute vor allem in den sozialen Medien und bei Aktionen der Identitären beobachten können. Wie schon der Titel dieses Selbstbekenntnisses nahelegt, geht es vor allem um eines: Provokation. Für Kubitschek die einzige Methode, mit der eine Minderheit ihren Ideen im Medienzeitalter Aufmerksamkeit verschaffen kann. Und das stimmt zweifellos: Im Vergleich zur freiheitlich-demokratischen Mehrheitsgesellschaft ist die Neue Rechte schwach. Ihre gesellschaftliche Gestaltungskraft ist begrenzt. Und so schreibt Kubitschek: »Wer keine Macht hat, bereitet sich lange und gründlich vor, studiert die Reflexe des Medienzeitalters und erzwingt durch einen Coup öffentliche Wahrnehmung. Denn daran muss sich der Provokateur messen lassen: Was nicht in den Medien war, ist aus der Welt, hat nicht stattgefunden, nicht verfangen.«[5]

Wenn man so denkt, ist es egal, ob ein rechtsextremer Kleinstverlag wie der von Kubitschek auf der Buchmesse neben einem Groschenroman-Stand seine Bändchen feilbietet. Es ist egal, ob ein Philosophiestudent wie Sellner sich dazugesellt. Es ist auch kein politisches Fanal für eine demokratische Regierung, wenn es vereinzelt zu schrecklichen Gewalttaten kommt. All das ist erst dann politisch wirkmächtig, wenn es skandalisiert wird, wenn es knallt. Wer gekonnt provozieren will, muss die Mechanismen der Medien verstehen und sie für seine Zwecke zu nutzen wissen. Dazu muss das eigene Handeln danach ausgerichtet werden, ob es medial verwertbar ist, es wird so von Medien geleitet.

Durch gezielte Provokationen will Kubitschek Aufmerksamkeit generieren, in die *Tagesschau* und auf die Titelseiten kommen. Seinen eigenen Namen in der Zeitung zu lesen reicht allein jedoch nicht aus, nein, der mediale Diskurs als solcher soll durch Zuspitzung und Konfrontation verändert werden. Die Buchmesseepisode ist eine Lektion in Sachen gelungene Provokation: Hätte die »Lesung« nicht ihren unseligen Verlauf genommen, hätte sich wohl niemand für Kubitschek und *Antaios* interessiert. Nun sind Verlag und Verleger plötzlich Teil des Redens über die Buchmesse, über eine Institution, die die Neuen Rechten als Bollwerk der linksliberalen Mehrheitsgesellschaft betrachten. Nach dem Zwischenfall wird in Frankfurt indes kaum noch über Bücher gesprochen, sondern vor allem über Kubitschek, Sellner und Co.

Das Ziel ist die rechte Kulturrevolution, die Idee, das Denken der anderen zu verändern. »Für uns ist Provokation keine Verkaufsstrategie«, schreibt Kubitschek, »unser Ziel ist nicht die Beteiligung am Diskurs, sondern sein Ende als Konsensform, nicht ein Mitreden, sondern eine andere Sprache, nicht der Stehplatz im Salon, sondern die Beendigung der Party.«[6] Schluss mit den Diskussionen, Schluss mit den auf Verständigung und Einigung zielenden Debatten, Schluss mit der deliberativen Öffentlichkeit. Kubitschek und die Neue Rechte, sie wollen ihre eigene Party – was letztlich heißt: ein autoritäres politisches System.

Kubitschek geht es jedoch nicht nur um die Wirkung provokativer Kommunikation auf die Mehrheitsgesellschaft, sondern auch um die Wirkung nach innen. Sie ziele darauf, Anhänger*innen zu mobilisieren und zu rekrutieren. »Eine gelungene provokante Aktion ist ein Beispiel für Kreativität, Organisationsfähigkeit, Durchsetzungskraft und persönlichen Mut. Im günstigsten Fall mobilisiert sie Nachahmer oder originelle Kräfte und weckt ein Milieu, eine Szene aus der Lethargie.«[7] Die mediatisierte Rebellion gegen den Mainstream, die hier Provokation genannt wird, soll »Unentschlossene« und »Suchende« mitnehmen. Dazu passt, dass Sellner in genau jenem Moment, als die Situation auf der Bühne eskaliert, sein Smartphone zückt: Die entstandenen Bilder behaupten eine Lufthoheit, eine Dominanz der Rechten, die sich auf seinem YouTube-Kanal und auf Instagram sehen lässt. Denn eigentlich geht es nicht um die 80 Leute im Publikum, sondern um die 30.000, die später das Video anklicken.

Eine gute Provokation wirkt also in zwei Richtungen: nach außen, auf die Mehrheitsgesellschaft, die es aufzuwühlen gilt, und nach innen, wo Aufgeschlossene angesprochen und gebunden werden sollen. Je stärker der Feind und je größer seine Empörung, desto besser für den inneren Zusammenhalt. Als besonders beliebtes Feindbild hat sich zuletzt die schwedische Klimaaktivistin Greta Thunberg erwiesen. Kein rechter Kanal, der sich nicht an ihr und ihren Mitstreiter*innen von *Fridays for Future* abgearbeitet hat. Der junge YouTuber *Neverforgetniki* etwa wird von Identitären gern als Gegen-Greta inszeniert. Seine erfolgreichsten Videos: »Enthüllung: Greta Thunberg komplett entlarvt« und »Die Zerstörung von Friday for Future«. Auch das identitäre »Nachrichtenformat« *Laut Gedacht* fragt: »Ist Klima-Greta Fake?« In solchen Veröffentlichungen geht es weniger um eine inhaltliche Auseinandersetzung als um mögliche Hintermänner, die mediale Inszenierung und ihren Autismus. Allseits beliebte Story: Ein armes, behindertes Mädchen wird von durchtriebenen Strippenziehern (George Soros, Thunbergs Eltern) als Werbemaskottchen verkauft. Die geheuchelte Einfühlsamkeit gepaart mit dem Glauben an eine mystische Verschwörung verbreitet sich gut und wird in einem breiten Spektrum rechter Online-Erzählungen wiederholt. Kein Wunder, dass dieses Narrativ auch den Weg in die Parlamente fand. Marc Jongen, der einst als »intellektueller Stichwortgeber« der AfD tituliert wurde, klang in seiner Bundestagsrede im März 2019, als läse er aus Skripten wie denen von *Laut Gedacht*. Er sprach von findigen NGOs und einer mächtigen Klimalobby, die ein »krankes Kind« instrumentalisierten. Man müsse doch, so seine Schlussfolgerung, etwas genauer hinschauen bei »der Klima-Greta« und ihren »Hintermännern und -frauen«. Greta Thunberg wird für die Rechte zur Projektionsfläche aller möglicher Gefahren für Nation, Kultur und Werte.

Das Spiel ist perfektioniert und wiederholt sich Dutzende Male: Ein sehr eingängiges Narrativ wird von sehr verschiedenen Akteuren wie *Laut Gedacht* auf *YouTube*, der AfD im Bundestag oder Pegida auf der Straße wiederholt und weitergedichtet. Es erscheint den geneigten Zuschauer*innen dann ganz gewöhnlich. Die Auseinandersetzung mit Thunberg ist gerade für die jungen

Rechten extrem wichtig, denn *Fridays for Future* zeigt, wie massenwirksam junger Protest sein kann. Ihre eigene Mobilisierung wirkt neben Hunderttausenden Klimastreikenden im September 2019 eher peinlich. Alexander Kleine, einer der Macher von *Laut Gedacht*, sagte uns im Gespräch: »Greta kann nicht cool sein, das ist kein Widerstand. Merkel will doch das Gleiche.« Die Selbstinszenierung als der »wahre Widerstand« muss notwendig alle politischen Differenzen jenseits der extremen Rechten verwischen. Die regierungskritische Thunberg wird kurzerhand Teil des Systems.

Der demokratische Grundgedanke, dass widerstreitende Ansichten grundsätzlich wünschenswert seien, existiert für die Neue Rechte nicht, deswegen ist die oppositionelle Haltung Greta Thunbergs so ein ideales Ziel. Die Welt in ein Freund-Feind-Schema zu pressen ist eine vielfach erprobte Masche, um die Identität der eigenen Gruppe zu schärfen, und sie ist tief im rechten Denken angelegt.

Das Freund-Feind-Denken der Neuen Rechten

Prägend dafür ist die Theorie des Juristen Carl Schmitt, der wegen seiner nationalsozialistischen Überzeugung und der theoretischen Rechtfertigung der Machtergreifung Hitlers auch als »Kronjurist des Dritten Reiches« bezeichnet wird. Sein Denken ist antiliberal und antidemokratisch, spielt jedoch nicht nur in der Rechten eine wichtige Rolle. Seine Idee des »Ausnahmezustandes«, vor allem aber seine im *Begriff des Politischen* geprägte Unterscheidung von Freund und Feind werden an Universitäten weltweit gelehrt. Die Freund-Feind-Unterscheidung leitet Schmitts politisches Denken. Sich selbst könne man überhaupt nur begreifen, wenn man seine Feinde kenne. Politik sei es, genau diese Markierung des Feindes vorzunehmen. Entsprechend schreibt Kubitschek in seinem Buch *Provokation*, die Aufgabe neurechter Intellektueller bestehe darin, den Gegner auszumachen. Diese Kennzeichnung leite letztlich das Handeln. Denn im Weltbild der Neuen Rechten befindet sich die Gesellschaft im Bürgerkriegszustand oder, wie es Kubitschek noch 2007 nannte, im »Vorbürgerkrieg«, der das deutsche Volk zu vernichten drohe. Auf diese Krise gelte es nicht nur zu reagieren, sondern sie zu begrüßen. Sie ermögliche es, den Gegner klar zu benennen und die Begriffe zuzuspitzen. »Ich bin strikt dafür, dass der Riss noch tiefer wird, dass die Sprache noch deutlicher wird«, forderte Kubitschek 2018 in seiner Rede auf einer Pegida-Kundgebung in Dresden. Mehr Zuspitzung bietet mehr Raum für Hass, für Ressentiment, für Radikalismus. Eine existenzielle Krise bedeutet, dass ganz andere Methoden legitim werden: Ist das Vaterland bedroht, sind alle Mittel recht.

Reibung erzeugen, Kontroversen konstruieren, Empörung produzieren, all das ist Bestandteil jeder Social-Media-Strategie. »Beef«, also Streit, schafft Aufmerksamkeit, das wissen auch die rechten Influencer*innen. Für ihre Blase ist der wichtigste Effekt: Beef macht sie einem anderen Publikum zugänglich. Wohl auch deshalb arbeiten sich rechte *YouTube*-Kanäle besonders gern an *funk* ab, dem Contentnetzwerk von ARD und ZDF. Als Teil des öffentlich-rechtlichen Angebots lässt es sich zum einen hervorragend in ein Narrativ »der Systemmedien« einfügen, und zum anderen bringen einige Kanäle, wie der des Polit-YouTubers Rayk Anders, durchaus beachtliche Reichweite mit. Die Masche ist durchsichtig: Die Follower*innen dieser Kanäle – je größer ihre Zahl, desto besser – sollen auf die rechten Inhalte aufmerksam gemacht werden.

Eine Analyse, die wir im Rahmen unserer Recherchen für den Film *Lösch Dich: So organisiert ist der Hass im Netz* für funk erstellt haben, zeigt deutlich, dass sich das Publikum von rechten Kanälen und von Inhalten aus dem funk-Kosmos oft überschneidet. Kein Wunder: Die Zielgruppe von funk ist auch die der rechten Influencer*innen. Indem diese sich an den Protagonist*innen, Formaten und Inhalten der reichweitenstarken öffentlich-rechtlichen Kanäle abarbeiten, bedienen sie auch die Bedürfnisse ihrer Fans: Diese kommentieren rege die eigenen Inhalte und die anderer, die Reaktionen der Gegenseite sorgen für Aufmerksamkeit – all das macht die rechten Nischenkanäle groß, auch weil *YouTubes* Algorithmus viel geklickte Inhalte anderen eher vorschlägt. Es ist der Weg aus der eigenen Bubble.

So kommt hier abermals zusammen, was die rechte Online-Radikalisierung so erfolgreich macht: Die ohnehin vorhandene Affinität zu Konflikt, Krieg und »Beef« fördert die Verbreitung und die Selbstvergewisserung. Das kriegerische Denken rechtfertigt vor allem aber einen pragmatischen Umgang mit der Wahrheit, mit Manipulation und Hass. Die Erzählung von der existenziellen Krise, von der Nation in Gefahr, dient der Legitimation der Waffen. Kein Wunder also, dass Martin Sellner Trolling und Hass als »ganz normale Manöver im Infokrieg« bezeichnet.

Instagram und *YouTube* sind gewissermaßen Gegenöffentlichkeiten: Orte, an denen der Ton rauer ist, wo rassistische, antisemitische oder verschwörungstheoretische Dinge noch sagbar sind, und an denen die »Schlacht um die Deutungshoheit« noch gewonnen werden kann. *YouTube* ist, das haben wir am Beispiel der Buchmesse gesehen, für Rechte und Identitäre eine politische, eine metapolitische Waffe im Infokrieg. Hass und Hetze im Netz sind keine Kollateralschäden, Hass ergießt sich nicht einfach und spontan. Er ist häufig organisiert und gesteuert. Im

Infokrieg bündeln sich die theoretischen Fragmente der Neuen Rechten zu einer kulturpolitischen und digitalen Strategie.

Auf die Frage, was »Infokrieg« für ihn bedeute, antwortet Sellner uns, dass es eine Realität gebe, über die zwei krass unterschiedliche Deutungen existierten, die am medialen Markt konkurrierten. »In dieser Auseinandersetzung haben unsere Gegner – ich nenne sie Multikultis, die die Wirklichkeit sehr falsch und fahrlässig interpretieren – alle Schaltzentralen, alle Monopole. Unsere Reconquista ist der Aufbau einer Gegenöffentlichkeit, von Gegen-Alternativen.« *Twitter* und *YouTube* seien hierfür unerlässlich.

»Unerlässlich« deshalb, weil sich Inhalte in den sozialen Netzwerken an traditionellen Gatekeeper*innen vorbei verbreiten lassen. Und weil sie im Partisanenkampf, in dem sich die Neue Rechte wähnt, der eigenen Vernetzung dienen. Dem Trollen und Angreifen Andersdenkender auf *YouTube*, *Facebook* oder *Twitter* kommt eine Doppelrolle zu. Als »normale Manöver im Infokrieg« sollen sie natürlich einschüchtern, überwältigen und zum Schweigen bringen, kurz: Dominanz im Diskurs vortäuschen. Doch dient das kollektive Agieren im Netz auch der Demonstration und vor allem Verstetigung von Organisation.

Im Netz gibt es im Grunde keine klaren Grenzen zwischen Aktivist*innen, Mitgliedern, Mitläufer*innen. Wer mitmacht, ist dabei. Die Internetsoziologin Zeynep Tufekci hat das »Leading the Leaderness« genannt: das Führen der Führerlosen. Im Vergleich zu früheren Organisationen der extremen Rechten sind diese Bewegungen fragil, ohne klare Befehlsstruktur, müssen immer wieder neu über emotionale Verbindungen hergestellt werden. Die sozialen Netzwerke ermöglichen solche Strategien und horizontalen Strukturen überhaupt erst. Deswegen sind organisierte Hassattacken und Shitstorms nicht nur »normal« für die rechten Infokrieger*innen, sondern notwendig. Glückt es beispielsweise, einen Hashtag auf Twitter zu kapern, also mit den eigenen Inhalten zu fluten, so schafft das einen Gruppenzusammenhalt, ein Gefühl von Erfolg und Selbstwirksamkeit. Die rechte Online-Organisation entsteht im Handeln, wird beständig neu erzeugt. Und je mehr es ihren Akteur*innen gelingt, Leute einzubinden, desto größer das Netzwerk, die Wirkung und die Mobilisierung. Eine Kriegsübung auf Twitter, Facebook und Co., eine gemeinsam gewonnene Schlacht im Infokrieg, die kollektive Gefühle weckt und Gruppenidentität erzeugt.

Die Aufgabe rechter Influencer*innen ist es, immer wieder an diese Gefühle der Gegnerschaft nach außen und Gemeinschaft nach innen zu appellieren: Der Feind, der bekämpft werden muss, und die eigene tragende Rolle dabei stehen fortwährend im Mittelpunkt. Sellner schreibt beispielsweise an seine Telegram-Gefolgschaft: »Der Widerstand hat keinen Soros, keine EU-Fördergelder, sondern nur euch!« Das ist Carl Schmitt in Reinkultur: Dort der angeblich von George Soros und der EU finanzierte Mainstream, hier der aufrechte Widerstand.

Soros ist im rechten bis verschwörungsgläubigen Spektrum eines der liebsten Feindbilder. Soros wurde 1930 in Budapest in eine wohlhabende jüdische Familie geboren, überlebte die Shoah, ging nach London und später nach New York an die Wall Street. Seit 1979 lässt er einen Großteil seines Geldes in Stiftungen fließen, die heute in den Open Society Foundations (OSF) zusammengeführt sind. Der ungarische Ministerpräsident Victor Orbán, selbst einst Stipendiat Soros', begann bereits 2003 damit, Soros zu dämonisieren. Soros erscheint dabei als Strippenzieher des Kapitals, als Initiator des »großen Austauschs«, der die nationale Souveränität untergraben wolle. Mit genau diesen strukturell antisemitischen Klischees spielt Sellner, um eine aufrechte

Gemeinschaft des Widerstands zu konstruieren und Identifikation zu erzeugen. Der Feind wird nicht anhand manifester Verbindungen kritisiert. Im Gegenteil: Sellner reproduziert einen altbekannten Mythos einer weltenlenkenden Elite, die diffuse Geschichte, dass es hier einen angeblichen Gesamtzusammenhang gebe, gegen den es anzukämpfen gilt.

Dieser Mythos von Krieg, Krise und Widerstand ist der Kern rechten Denkens. In seinem Buch verweist Sellner selbst darauf, dass »jede Bewegung einen Mythos und eine Vision braucht«.[8] Diese Idee geht zurück auf den französischen Denker Georges Sorel, der in Ablehnung des Liberalismus und Parlamentarismus Lenin und Mussolini gleichermaßen bewunderte. Besonders Letzterer erwiderte die Bewunderung, schließlich arbeitete er gerade an seinem eigenen Mythos. Diesen nämlich beschrieb Sorel als etwas, das nicht über den Inhalt zu definieren ist, sondern über die Fähigkeit, Gemeinschaft zu bilden und emotionale Kräfte zu mobilisieren. Wie Mussolini und die faschistischen Bewegungen des vergangenen Jahrhunderts tut die Neue Rechte genau das: Sie betont Krise und Krieg und beschwört so den Sorel'schen Mythos.

Was auf dem Spiel steht, ist nicht weniger als das Überleben, die schiere Existenz. Die Vernichtung droht immer auch rein medial: Der sächsische Identitäre Alexander Kleine glaubt, in den »digitalen Gulag« geschickt worden zu sein, wenn seine Beiträge wegen Hassrede gelöscht werden. Sellner spricht vom »Damoklesschwert« der Löschung; immer drohen Zensur, Auslöschung. Kein Wort, kein Superlativ scheint zu groß.

Was im Kleinen die Angst vor der medialen Bedeutungslosigkeit, ist im Großen die Verschwörung des »großen Austausches«, an dessen Ende der Volkstod stehe. Der »große Austausch«, diese konstruierte Krise, die den Krieg gegen das Bestehende notwendig mache, erlaubt den Einsatz aller erdenklichen Mittel. In Erwartung der eigenen Vernichtung sieht sich die Neue Rechte in der Position des Angegriffenen, der sich nur selbst verteidige. Im Denken des erwähnten Carl Schmitt nimmt diese Position der Partisan ein. In seiner *Theorie des Partisanen* beschreibt er das militärische Vorgehen strukturell schwächerer Kriegsparteien im Partisanenkampf: Der Partisan sei ein politisch motivierter Widerstandskämpfer, der aufgrund seiner Unterlegenheit zu irregulären Aktionen verdammt ist. Um siegreich sein zu können, muss er den Feind durch den Bruch mit den Konventionen des Krieges seiner Stärken berauben. »Der Partisan kämpft irregulär«, schreibt Schmitt. »So fügt er der Fläche des regulären, herkömmlichen Kriegsschauplatzes eine andere, dunklere Dimension hinzu, eine Dimension der Tiefe.«[9] Mit dem Infokrieg oder dem *Memetic Warfare* haben rechte Agitator*innen der öffentlichen Auseinandersetzung zweifelsohne eine neue, »dunklere Dimension« hinzugefügt.

Wie Schmitt dem Partisanenkampf attestiert, dass er die Strategien und Taktiken der Armeen ändere, so können wir seit einigen Jahren beobachten, wie die Politik versucht, das partisanenhafte Vorgehen im Internet in den Griff zu bekommen. Plattformen werden in regelmäßigen Abständen angehalten, gegen Desinformation und *Hate Speech* vorzugehen. Analyst*innen untersuchen jeden größeren Shitstorm, um in Erfahrung zu bringen, inwiefern er organisiert ist und welche Rolle Social Bots, also automatisierte Accounts, spielen. Und letztendlich ist auch dieses Buch Ausdruck jener Veränderung: Es wäre nicht notwendig, wenn nicht Rechte auf der ganzen Welt auf neue Strategien setzen würden, um Demokratien zu destabilisieren. Lüge, technische Manipulation der öffentlichen Meinung und die Mimikry von Influencer*innen sind Instrumente in der politischen Auseinandersetzung geworden. Menschenfeindlichkeit ist unter dem Deckmantel des Humors und in Form von Memes zu einer Propagandawaffe geworden.

Der Verein *Ein Prozent*: Warum ein rechter Verein ein *YouTube*-Netzwerk aufbaut

Unentdeckt kann Alexander Kleine nicht durch Leipzigs Straßen gehen, behauptet er. Der 27-Jährige ist ein »Gesicht aus dem Internet«, wie er selbst sagt. Auf der Straße und im Fitnessstudio, im Supermarkt an der Kasse sprächen ihn Leute auf seine Sendungen an. Kamerateams aus Deutschland, Belgien, den Niederlanden und nun sogar aus Taiwan haben Kleine interviewt. »Das ist natürlich klasse, ich sag meinen Kommilitonen: Ich geh mal eben rüber und geb ein Interview. Klar find ich das gut«, sagt er. Wir sprechen mit ihm in einem Leipziger Café, unweit seiner Hochschule. Er hat Personalmanagement gelernt, studiert BWL und spricht häufig auch so: von Potenzialen, Chancen, Menschenführung.

Kleine, der sich den Künstlernamen Malenki gegeben hat (russisch für »klein«), postet im Sommer 2019, als der Verfassungsschutz die IB nach Jahren der Beobachtung als »gesichert rechtsextremistische Bestrebung« einstuft, ein Bild von sich auf *Instagram*, das viel darüber erzählt, wie er sich selbst sieht: mit Basecap und T-Shirt auf einem Balkon sitzend, das Schnitzmesser in der Hand, im Hintergrund ein bunter Bienenkasten. Darunter steht: »VS überwacht, ich schnitze weiter Spielfiguren, Bienenhotel ist leider immer noch nicht besiedelt – ganz normaler Sommer in einem Land, wo jeder sagen kann, was er möchte. Außer dir natürlich.« Die Erzählung von sich als Mitglied einer unterdrückten Minderheit, von Staat und Gesellschaft verfolgt, während man nur friedlich schnitzend und Bienen anlockend auf dem Balkon sitzt, kommt bei Kleine in unzähligen Varianten vor. Sich selbst zu den wahren Demokraten zu machen ist eine Taktik rechter Agitation, die Adorno schon 1967 mit Blick auf die NPD erkannt hat: »Man beruft sich auf die wahre Demokratie und schilt die anderen antidemokratisch.«[10]

»Meinungs- und Redefreiheit wird doch massiv beschränkt, es wird zensiert, das geht in die Richtung Vormärz«, erklärt uns Kleine. Eine clevere historische Verbindung, die er da zwischen sich selbst und der deutschen Nationalbewegung zieht, die 1848 beim Versuch, einen gemeinsamen deutschen Staat zu gründen, scheiterte. Allerdings nicht ganz treffend, denn Kleine kann all das ja sagen, am helllichten Tage in einem Leipziger Café, er kann es in Videos, Zeitungsartikeln und im Internet sagen – und tut es auch richtig gern: »Ich war schon immer eher so der Quatscher.« Wie er sich eine intakte Demokratie vorstelle, fragen wir ihn. »Wenn es schlimmer wird, müsste ich nach Ungarn auswandern.« Massive Einschnitte in die Pressefreiheit, zentralisierte Medien – Ungarn ist in den vergangenen neun Jahren unter Victor Orbans Herrschaft auf der *Rangliste der Pressefreiheit* von *Reporter ohne Grenzen* um 24 Plätze zurückgefallen. Nur Bulgarien wird innerhalb der EU als unfreier eingeschätzt. »Probleme mit Meinungsfreiheit in Ungarn? Zumindest mir jetzt noch nicht irgendwie zu Ohren gekommen«, sagt Kleine.

Wie Kleine selbst Einfluss auf das Meinungsklima nehmen möchte, weiß er ziemlich genau. Er betreibt einen eigenen *YouTube*-Kanal, auf dem er den heimatverbundenen Naturburschen gibt oder Wahlplakate kommentiert. Auf *Instagram* postet er gerne Bilder von sich in der Natur, von seiner Familie, den zwei Kindern. Seine Freundin ist die rechte Aktivistin Ines Weiß, auch sie stellt das heimelige Familienleben gern auf *Instagram* dar. Sonntags, kurz vorm *Tatort* im *Ersten*, nimmt Kleine seine 7.000 Insta-Follower*innen mit in seine Welt: In einem Livestream berichtet er von den Vorbereitungen für die neue *Laut-Gedacht*-Sendung, von seinem Studium, vom Wochenende – bis sein Account im Sommer von *Instagram* gelöscht wird. Netter Typ, könnte man meinen.

Das alles ist natürlich Teil der Strategie. Mit Schaum vorm Mund gewinnt man keine Herzen, mit lustigen Videos und freundlichen Paarfotos schon eher. Kleine macht beides ziemlich gekonnt. Das hat auch die rechte PR-Agentur *Ein Prozent* erkannt und verkündet im September 2016: »Sowohl das Fernsehen als auch weite Teile der Medienlandschaft – selbst auf offenen Portalen wie *YouTube* – sind links dominiert. Das soll sich mit diesem explizit an die Jugend gerichteten Format nun ändern.« Gemeint ist der *YouTube*-Kanal *Laut Gedacht*, den Kleine neben seinem privaten gemeinsam mit seinem Kompagnon Philip Thaler betreibt. Wöchentlich möchten die beiden von nun an nach eigenem Bekunden »aktuelle Themen aus Medien und Politik satirisch und überspitzt« kommentieren.

Philip Thaler und Alex »Malenki« Kleine sitzen in T-Shirt oder Karohemd in einem Studio, in dessen Hintergrund ein alter Röhrenfernseher und alte Fensterläden herumstehen. Es könnte ein x-beliebiges Studio eines ganz gewöhnlichen YouTubers sein. Inzwischen haben ihre Videos über fünfeinhalb Millionen Views, der Kanal hat 50.000 Abonnent*innen. Alternative Nachrichten wollen sie aufbereiten, sagen sie in einem ihrer ersten Clips. »Ist doch kein Ding, machen wir's einfach«, meint Malenki bewusst beiläufig in der Ankündigung, damit sein Co-Moderator Thaler sagen kann: »Aber professionell muss es aussehen.« Und das tut es.

Mithilfe von *Ein Prozent* bauten die beiden ein professionelles Studio mit guter Ton- und Bildqualität. Das Intro des Formats wirkt bewusst locker – mit ziemlich *YouTube*-typischer Einspielmusik. In ihren Videos arbeiten sie sich mit vorbereiteten und von einem Autor*innen-Team erstellten Texten an mehr oder minder aktuellen politischen Themen ab. Zwischen zwei und zwanzig Menschen sind an der Produktion beteiligt, erzählt uns Kleine. Zu sehr will er sich nicht in die Karten schauen lassen. Besonders beliebte Themen: Verbrechen von Migrant*innen, der Islam oder Greta Thunberg. »Im politischen Diskurs macht niemand einen Scherz über Greta. Bei uns gibt's den aber eben doch.«

So wollen sie wahrgenommen werden – als eine der letzten Bastionen der Meinungsfreiheit. Schließlich hatte es *Ein Prozent* drei Jahre zuvor so angekündigt: Es gebe Sprechverbote, Unsagbares, einen ungeheuren Konformitätsdruck etablierter Medien, dem nur sie endlich etwas entgegensetzen würden. Das ist natürlich absurd – insbesondere was Greta Thunberg angeht. Von eher linker bis konservativer Seite gibt es wohlmeinende bis harsche Kritik an der schwedischen Schülerin und ihren Mitstreiter*innen. Aber die Behauptung, ein ansonsten gleichförmiges Medienangebot zu ergänzen, verleiht Kleine und Thaler ihre Daseinsberechtigung und zieht zudem einen klaren Trennungsstrich: dort der gleichgeschaltete Mainstream, hier die alternativen Medienmacher. Anders als Kleine im Interview behauptet, geht es nicht darum, den Meinungskanon vielfältiger zu machen, nein, es geht darum, den Mainstream zu bekämpfen, die Bedeutung anderer Medien zu sabotieren.

In seinem Buch schreibt Martin Sellner, dass die Eroberung der Machtmittel »in der Austrocknung, Unterminierung und Isolierung der herkömmlichen Mainstreammedien« sowie der »gleichzeitigen Schaffung einer alternativen Gegenöffentlichkeit«[11] liege. Die Diskreditierung von Medien ist Strategie. Das dürfte ein Grund dafür sein, warum Akteur*innen der Neuen Rechten auch stets für Interviews bereitstehen. Zum einen bringt es sie und ihre Ideen in die Öffentlichkeit. Zum anderen aber können sie die Medien im Nachhinein als »Lügner« darstellen, die ihre Sicht nicht angemessen wiedergegeben hätten. Das Gerede von der »Lügenpresse« ist eine gezielt beförderte Kampagne gegen die etablierten Medien, um im nächsten Schritt auf die eigenen verweisen zu können.

Die AfD ging diesen Weg von Anfang an mit, wenngleich sie zumeist den radikaleren Begriff der »Lügenpresse« durch die Euphemismen »Lücken-« oder »Pinocchiopresse« ersetzt. Der enorme Aufwand, den rechtspopulistische Parteien in den sozialen Medien betreiben, erklärt sich genau hier. Die Rechte wähnt sich in einem Kulturkampf, den sie umso eher gewinnen kann, je freier sie das eigene Weltbild kommunizieren kann. Je mehr Menschen sie auf den eigenen Kanälen ohne lästige Gatekeeper erreicht, umso größer die Aussicht auf ein Umdenken. Je stärker das Misstrauen in etablierte Medien, umso größer die Wahrscheinlichkeit, dass die Menschen sich fortan alternativer Quellen bedienen. Die »alternative Gegenöffentlichkeit«, die hier geschaffen werden soll, ist ein Auffangbecken für jene, die erfolgreich den Medien der liberalen Gesellschaft entfremdet wurden.

Thaler und Kleine behaupten gerne, sie seien bei *Laut Gedacht* einfach YouTuber, die eben so redeten, wie es ihnen einfalle. »Null Prozent Aktivismus« stecke hinter dem Format, behauptet Kleine. »Das Format steht in keinem Zusammenhang mit der Identitären Bewegung«, sagen die Macher. Das ist für zwei Menschen, die immer und überall die Beeinflussung der Medien herbeifantasieren, eine erstaunlich plumpe Selbsteinschätzung. Thaler und Kleine sind auf der Internetseite der Identitären als

Aktivisten geführt, Kleine ist einer der prominentesten Köpfe in Deutschland, Leiter der Identitären in Leipzig. Bei IB-Aktionen sind Thaler und Kleine nicht selten dabei, etwa 2016 bei der sogenannten Besetzung des Konrad-Adenauer-Hauses in Berlin. Zwei bekennende Identitäre, deren *YouTube*-Format von der Organisation *Ein Prozent* finanziert wird, die von Kadern der AfD und Neuer Rechter gegründet wurde, behaupten: Sie seien einfach nur YouTuber. Eine bemerkenswerte Selbstverleugnung.

Tatsächlich ist die Gründung des *YouTube*-Kanals ein explizit politischer Akt, so hatte es ja der Produzent und Financier *Ein Prozent* auch verkündet. Die Verniedlichung der eigenen Agenda gaukelt eine Offenheit vor, die für die Verbreitung der eigenen Inhalte enorm wichtig ist. Mittels eines mehr oder minder zeitgemäßen YouTuber-Daseins können sie über die enge Kernzielgruppe hinaus wirken. Solche Effekte hat die Neue Rechte in Deutschland in den vergangenen Jahren konsequent ausgenutzt. Der Verein *Ein Prozent* spielt dabei eine Hauptrolle.

Ein Prozent vereint lehrbuchmäßig alle metapolitischen Ambitionen: Es geht um Aufmerksamkeit, Öffentlichkeitsarbeit und kulturellen Einfluss. *Ein Prozent* ist vor allem eine PR-Agentur in eigener Sache – von Beginn an. Als der Verein Anfang 2016 in Berlin vorgestellt wird, kündigt Mitbegründer Kubitschek eine Verfassungsbeschwerde gegen die »Politik der Masseneinwanderung« an – die erste Kampagne der Gruppe. Was nach großer politischer Aktion klingt, versandet wenige Monate später erfolglos. Doch darum geht es *Ein Prozent* wohl auch nicht in erster Linie. Entscheidend ist die Imitation der eigenen Wirkmächtigkeit. Besonders wichtig ist dabei die Medienarbeit: »Wir schauen hin, wo die alten Medien wegschauen«, heißt es stolz auf der Internetseite. Von liberalen oder linken Initiativen grenzt der Verein sich scharf ab und ahmt sie teils dennoch nach. So wolle man beispielsweise eine Alternative zum öffentlich-rechtlich Jugendangebot *funk* schaffen. In einem Rundbrief des Vereins hieß es im März 2018: »Stück für Stück werden wir uns unser Land zurückholen – in den Parlamenten, auf der Straße, in den Betrieben und Schulen, an jedem Ort.« *Ein Prozent* möchte Wurzeln in allen gesellschaftlichen Teilbereichen schlagen – Metapolitik eben.

Initiiert wird der Verein 2015 von Götz Kubitschek, dem Publizisten Jürgen Elsässer, dem Staatsrechtler Karl Albrecht Schachtschneider sowie dem AfD-Landtagsabgeordneten Hans-Thomas Tillschneider aus Sachsen-Anhalt. Die Geschäfte als Vorsitzender führt aktuell der 28-jährige Burschenschaftsfunktionär, Autor und Verleger Philip Stein. Der Verein verkauft sich selbst als »patriotische Bürgerinitiative« und »professionelle Widerstandsplattform«. Die namensgebende Idee ist simpel: Ein Prozent der Bevölkerung reichte, um das Land zu verändern. In ihrer fremdenfeindlichen Haltung heißt das: Abschiebungen, Förderung eines imaginierten Deutschtums, Schutz des wie auch immer definierten »Volkes«.

Kubitschek bezeichnete den Verein als eine »eine Art ›NGO‹ für Deutschland«, ein »Greenpeace für Deutsche«, das mit »juristischen, medialen und politischen Aktionen« den Widerstand stärken möchte. Laut Eigenangabe soll die Initiative über 40.000 Unterstützer*innen haben sowie 2018 380.000 Euro eingeworben und verteilt haben. Unabhängig prüfen lässt sich das nicht.

Ein Prozent möchte »Wurzeln schlagen« (wie die Eicheln, die der Verein zum Dank Ende 2018 an seine Förderer verschickte). Dafür unterstützen sie Aufrufe zu Demonstrationen, leisten Rechtsbeistand, finanzieren Magazine, eigene YouTube-Formate und eigene »Recherchen«. Damit seien sie »das größte patriotische Bürgernetzwerk« – angeblich ganz »parteiunabhängig«. Wie gründlich die vereinseigenen Recherchen sind, zeigte der Verein

2019, als er eine Broschüre über Gewalt von Ausländer*innen veröffentlichte. Mit falschen Zahlen wurde hier ein vermeintlicher Anstieg der Ausländerkriminalität aufgedeckt. Das Bundeskriminalamt, dessen Zahlen Ein Prozent bemühte, wies öffentlich auf die Falschinformation hin.

Auch mit der Parteiunabhängigkeit ist es nicht weit her. Der Verein erfüllt eine wichtige Scharnierfunktion in der rechten Szene und verbindet die AfD mit anderen Teilen der Bewegung, Mitbegründer Götz Kubitschek ist als Verleger und Herausgeber neurechter Bücher und Schriften bekannt, er gilt als einer der strategischen Köpfe hinter dem völkischen »Flügel« der AfD, ohne selbst dort Mitglied zu sein. Kubitschek gibt sich gern als rechter Intellektueller, während sein Mitbegründer Jürgen Elsässer mit seinem Querfront-Magazin Compact nach eigenen Angaben eher »die Friseuse« bedienen wolle. Elsässer ist mit seinem Magazin durchaus erfolgreich, die Auflage wird auf etwa 40.000 Exemplare geschätzt.

Wie eng die Verbindungen zum »Flügel« um die Frontfiguren Björn Höcke und Andreas Kalbitz sind, zeigte sich anlässlich der Landtagswahlen 2019. Ein Prozent rief mit Radiospots, Plakatwänden und Onlinewerbung zu »Wahlbeobachtungen« auf und nutzte dabei den AfD-Slogan aus den ostdeutschen Wahlkämpfen: Wende 2019. Auch Kleine macht auf YouTube und Instagram Werbung für Ein Prozent und die AfD. Im Video Wahlkampf in Sachsen sieht man ihn, in schnellen Schnitten, durch Leipzig laufen und natürlich »ganz neutral« Wahlplakate bewerten. Für die AfD findet er lobende Worte: »Die AfD-Plakate sind stumpf designt, aber mit anständigem Inhalt. Aber das hat halt auch eine Ehrlichkeit, weil das sieht so aus, als hätten die Jungs das selber gemacht und nicht irgendeine Agentur.« Das ist in Bezug auf eine Partei, die 2017 im Zusammenhang mit der Europawahl mit dem Digital-Berater Vincent Harris zusammenarbeitete, der auch UKIP und US-Republikaner berät, ein ziemlich schräges Lob. Trotz aller Fürsprache für die AfD möchte Kleine sich nicht als einer ihrer Aktivisten bezeichnen lassen: »Ich wähle die, die haben coole Persönlichkeiten, gehen voran. Mir persönlich ist das aber zu langweilig. Wir sind rebellisch auf der Straße, die AfD im Parlament.«

Politische Themen zielgruppen- und plattformgerecht aufzubereiten, das hat *Ein Prozent* tatsächlich mit einigen Formaten geschafft. Indem der Verein Gesichter und Marken aufbaut, die zunächst unverfänglich daherkommen, schafft er niedrigschwellige Zugänge zur eigenen Propaganda. Die Strategie, radikale Inhalte hinter hipper Fassade, in leicht entschärfter Sprache und über viele verschiedene Kanäle zu präsentieren, hat Martin Sellner in einem Text in der *Sezession* als »Themeninvasion« beschrieben. Diese sei nur »durch ständige Wiederholung und Normalisierung eines Begriffs und seiner Idee, die sich vom Rand ins Zentrum fortpflanzt, möglich«. Ziel sei es, »eine durchgehende Ideenstafette, die man sich auch als sanft ansteigende Rampe vorstellen kann«, zu erzeugen, die neue, extreme Dinge sagbar macht.

Ein Prozent versucht genau das: Indem es mehrere junge Formate wie *Laut Gedacht* unterstützt, eigene Kampagnen organisiert, die nahtlos an AfD-Narrative anknüpfen, baut es eine solche Rampe. Häufig unverfänglich wirkende Themen in lockerer Aufmachung werden gesteigert bis zu blankem Rassismus. Im erfolgreichsten Video des Jahres 2018 geht es um eine Doku des öffentlich-rechtlichen Kinderkanals, in der ein junges deutsch-syrisches Paar porträtiert wird. Der Film löste eine orchestrierte rechte Empörungswelle aus. Thaler kommentiert die Geschichte mit den Worten: »Trennungen enden im arabischen Raum oft schmerzhaft«, Kleine stimmt ein und zitiert Fälle, in denen junge

Frauen von Geflüchteten ermordet wurden. Was hier transportiert wird, ist klar: Muslimische Männer seien per se unter Tatverdacht zu stellen, eine Liebe zwischen einer deutschen Frau und einem Muslim mithin anstößig, artfremd, falsch.

Im gleichen Video machen sich die beiden darüber lustig, dass Noah Becker, Sohn von Tennislegende Boris Becker, sich in einem Interview beschwerte, er werde rassistisch diskriminiert. Für Aufsehen hatte das Interview vor allem gesorgt, weil der AfD-Bundestagsabgeordnete Jens Maier es auf *Twitter* mit den Worten kommentierte: »Dem kleinen Halb-N* scheint einfach zu wenig Beachtung geschenkt worden zu sein.« Thaler und Kleine verkünden, Maier irre sich, um dann anhand eines rassistischen Stammbaums Noah Beckers aufzuzeigen, dass dieser doch nur ein »Viertel-N*« sei. Klare NS-Rhetorik, die an die rassistische Definition von »Halbjuden« erinnert.

In einer anderen Folge heißt es über die Berliner Staatssekretärin Sawsan Chebli: »Was Kakerlaken fürs Dschungelcamp, ist Chebli für die Berliner Politik.« Nicht immer tritt der Rassismus so offen zutage. Viel häufiger nutzt *Laut Gedacht* Anspielungen, lässt seine Zuschauer*innen weiterdenken. So endet eine Folge mit der Frage: Was haltet ihr von Flüchtlingen in Zügen? Die Zuschauer*innen verstehen das als Anspielung auf den Holocaust und kommentieren entsprechend.

Die Vorgehensweise ist klar: Mit einer zeitgemäßen, professionellen, sehr YouTube-typischen Aufmachung sollen breitere Zielgruppen angesprochen werden. Im ständigen Changieren zwischen »Ist doch nur Spaß«, Rassismus und lockerer politischer Kommentierung wird das eigene extrem rechte Weltbild transportiert, ohne unbedarfte Besucher*innen sofort abzuschrecken. *Laut Gedacht* bietet seit Frühjahr 2018 auch einen gleichnamigen Audiopodcast an, der unter anderem auf *Spotify* zu hören ist. Kleine sieht das Format gar als Vorbild. »Wir machen ja hier Speerspitzenarbeit. Das sind Sachen, wo wir wie Pioniere in ein neues Gebiet reingehen.« Tatsächlich unterstützt der Verein Ein Prozent noch weitere YouTube-Formate und junge rechtsextreme Kulturprodukte.

Mit Gesichtern und Geschichten in den Emo-Krieg

Die neurechten Social-Media-Aktivist*innen haben sich geschickt Taktiken des traditionellen Influencer-Marketing angeeignet. Eine davon ist, bekannte andere Influencer*innen einzuladen oder in deren Kanälen aufzutauchen. Auch diese Strategie beherrscht die Online-Rechte: Kaum ein rechter Spartenkanal, der nicht im Gespräch mit Martin Sellner war. Die Abonnement-Entwicklungen zeigen, dass die Taktik funktioniert.

Alexander Kleine beispielsweise lud den Dresdner YouTuber Adlersson auf seinen Kanal ein. Adlersson hat über 300.000 Follower und erzählt in seinen Videos davon, wie er Pfand sammelt, Computerspiele spielt oder Messer auspackt, er macht Vlogs von Sturzsuffpartys oder davon, wie er grölend durch die Innenstadt von Dresden zieht. Hin und wieder rutscht ihm oder seinen Freunden ein »Vergas ihn« raus. Einem interessierten Publikum ist Adlersson bekannt, weil 2018 die beiden jungen Filmemacher Pablo Ben Yakov und André Krummel auf dem Dokumentarfilmfestival in Leipzig einen Film über ihn und seine Clique präsentierten und damit den Hauptpreis gewannen. Der Film zeigt sehr intim und ohne Kommentar das Leben von Adlersson und seinen Freunden und verschweigt auch nicht deren Nazi-»Humor«.

Kleine taucht mehrfach in den Insta-Stories von Adlersson auf, während dieser umgekehrt mit einem 40-minütigen Interview auf

Kleines Kanal porträtiert wird. Für Kleine ein Coup: Zwar stand *Adlersson* nach dem Dokumentarfilm wegen seiner Nähe zu Nazi-Symbolik und -Vokabular öffentlich in der Kritik, Teil organisierter rechter Strukturen ist er aber offenbar nicht. Kleine macht sich nun dessen Followerschaft bekannt, erschließt neue Zielgruppen, indem er bei ihm durch die Kamera läuft. Das weiß auch Kleine: »In Ostdeutschland, da kennt den jeder«, sagt er über *Adlersson*.

Eine eigene Marke sein, Verbindungen zu anderen aufbauen, neue Zielgruppen erschließen – all das ist Tagesgeschäft im Influencer-Marketing, in der Radikalisierungsstrategie der extremen Rechten jedoch neu. Häufig heißt es über die Identitären, ihre Medienarbeit sei besonders erfolgreich und reichweitenstark. Genau genommen aber ist die Followerschaft der klar als IB-eigen zu erkennenden Kanäle gar nicht auffallend groß (im Durchschnitt haben die *YouTube*-Videos der IB selbst keine 50.000 Zuschauer*innen). Es sind Kanäle von einzelnen identitären Aktivist*innen und anderen Neuen Rechten, denen es immer wieder gelingt, Inhalte reichweitenstark zu platzieren. Indem Kleine und Thaler, identitäre Rapper oder Martin Sellner nicht als Identitäre auftreten, sondern »bloß« als YouTuber, bieten sie mehr Anknüpfungspunkte für potenzielle Zuschauer*innen. Sie sind die sympathischen Jungs von nebenan, die ganz nebenbei politisch aktiv sind.

Diese Strategie ist Ergebnis einer ziemlich klaren Analyse. In unserer visuell geprägten Welt funktioniert politische Mobilisierung ganz vorrangig über Bilder und Emotionen. Martin Sellners *Instagram*-Account schmückte lange ein Zitat von Martin Heidegger: »Der Grundvorgang der Neuzeit ist die Eroberung der Welt als Bild.«[12] Der Satz stammt aus Heideggers Vortrag über *Die Zeit des Weltbildes*, den er 1938 in Freiburg hielt. Heidegger, der selbst glühender Antisemit war und bis 1945 NSDAP-Mitglied, legt darin seine Haltung zur Konstruktion von Weltanschauungen dar. Sellner nun schmückte seinen *Instagram*-Kanal mit diesem Leitspruch »als Bekenntnis und Eingeständnis«.[13] Soll heißen: *Wir* wollen die Welt durch Bilder erobern. (Zudem passt der vor sich hergetragene Heidegger zum intellektuellen Image, das die Identitären gerne bedienen.) Die Dauerpräsenz vieler Identitärer auf *YouTube* und *Instagram* ist die Antwort auf eine zunehmend visuelle politische Kultur. Bilder sind Ausweis von Authentizität, sie machen glaubwürdig, lassen uns eine emotionale Verbundenheit spüren: »Pics or it didn't happen.«[14]

Sellner zeigt sich auf seinem *Instagram*-Account, der heute nur noch als »Parodie-Account« getarnt läuft, um nicht gelöscht zu werden, und rund 10.000 Menschen erreicht, Kaffee trinkend, in der Sonne sitzend, im Anzug, im Windbreaker oder mit seiner Ehefrau Brittany Sellner (ehemals Pettibone), einer rechten amerikanischen Influencerin. Nur sehr wenige Hinweise verraten, dass es sich nicht um den Account eines unpolitischen Studenten handelt. Selbst seine Verlobung fand ihre Widerspiegelung auf *Instagram*: Pettibone postete das Foto eines Banners mit der Aufschrift »Will you marry me«, links und rechts davon zwei Bengalos. Und in einer *Telegram*-Videobotschaft von der Hochzeit wünscht Sellner seinen Follower*innen: »Ich wünsche jedem, dass er auch so einen wundervollen Menschen an seiner Seite findet.«

Was rechten Aktivist*innen lange fehlte, waren Gesichter, Geschichten, Emotionen – kurzum: positive Identifikationsfiguren. Genau diese möchte die Neue Rechte schaffen. Sellners scheinbar unpolitische Bilder sind durchaus politisch, die Liebesgrüße und Selfies Teil des Krieges gegen die liberale Ordnung.

Klingt übertrieben? Der Stratege Sellner, der bei Kubitschek gelernt hatte, schreibt selbst: »Unsere Eitelkeit ist politisch.« Er und andere versuchen damit, emotionale Barrieren abzubauen, nahbar zu sein. Wenn Rassismus so nett aussieht, kann er ja so schlimm nicht sein. Bilder – bewegt oder nicht – haben einen wesentlichen Vorteil: Sie sind Emotionsauslöser. Bilder bewegen Menschen viel stärker, als Texte es tun. Sellner sieht sich und seine Bewegung nicht nur in einem Infokrieg, sondern auch in einem Krieg der Emotionen. Nicht die Überzeugung durch Fakten und Argumente steht im Fokus der Strategie, sondern die emotionale Überwältigung. »Wir brauchen eine moralische Rechtfertigung unserer Position viel dringender als einen Beweis ihrer faktischen Richtigkeit«, [15] kann man in Sellners Buch Identitär! lesen. Schließlich ist das Problem mit den Fakten, dass man über sie streiten kann. »Zu jedem rationalen Argument gibt es einen möglichen Gegenstandpunkt (...) Für die Gefühle von Empathie und emotionaler Überzeugung gibt es allerdings kein ›Gegenargument‹, da sie auf einer anderen Ebene ablaufen.« [16] Hintergrund dessen ist ein Aspekt des Infokrieges, den Sellner wiederum in seinem Buch beschreibt: der »Emo-Krieg«.

Wir erinnern uns: Der Partisan, hatte Carl Schmitt geschrieben, fügt dem Krieg eine neue Dimension hinzu – hier ist es die emotionale, der man mit rationalen Argumenten nicht beikommen kann. Die sozialen Medien sind für die Neue Rechte also nicht nur ein Schlachtfeld, auf dem um Inhalte gerungen wird. Sie sind ebenso ein Ort, an dem Inhalte bewusst vermieden werden, um neue Anhänger*innen zu rekrutieren, die eigene »Kontrakultur« anzupreisen und sich der Kritik der Öffentlichkeit zu entziehen. »Der patriotische Widerstand braucht Gesichter und Geschichten, die unsere Intention nachvollziehbar machen. (...) Diese Einladung zur Empathie ist der schlimmste Feind der medialen Dämonisierung«, [17] schreibt Sellner. Niemand verliebt sich in eine Organisation, baut emotionale Nähe zu ihr auf. Organisationen taugen nicht als Influencer*innen.

Die Strategie, möglichst zahlreiche und möglichst unterschiedliche Gesichter aufzubauen, ist da schon Erfolg versprechender; auch sie ist aus traditionellen Influencer*innen-Kreisen bekannt: Kaum jemandem sagen YouTuber-Netzwerke wie *Studio71* oder *TubeOne* etwas. Die Influencer*innen aber, die diese Netzwerke vertreten, werden millionenfach geschaut. Dies vor allem, weil sie jeweils eine möglichst klare Zielgruppe anzusprechen versuchen. Es gibt in der Welt der Influencer*innen Beauty-Kanäle, die Kosmetikprodukte vorstellen, neben solchen, die einen alternativen, konsumarmen Lebensstil promoten, es gibt Gaming-Kanäle, die vor der Kamera Computerspiele spielen und live kommentieren, ebenso wie Vlogs, in denen YouTuber um die Welt reisen. Enge Zielgruppen, die klar definierte demografische Gruppen ansprechen, schaffen eine höhere Identifikation, geben mehr Anlässe, zu interagieren, generieren Traffic. Wer aber alle und jeden erreichen will, erreicht am Ende niemanden – eine Einsicht, die zentral für alle Formen von Marketing und auch bei der Neuen Rechten angekommen ist. Ihr Ziel ist es, durch viele kleine Angebote eine möglichst zusammenhängende Kultur zu schaffen, die für jedes Mainstreamangebot eine rechtsextreme Entsprechung hat. Kochshow und Comedy auf *YouTube*, eigenes Bier und eigene Musik sind nur der Anfang.

Mit Kontrakultur gegen die Mehrheit

Buchmesse, Klaviermusik und Frühlingsangrillen – das gehört zum Programm der »Werkstatt Europa«. Geladen hat der *Flamberg e. V.* aus Halle – sein Sitz ist die Adam-Kuckhoff-Straße 16. Dort steht jenes Gebäude, das lange unter dem Namen »Kontrakultur« firmierte. Hier wohnen Aktivist*innen der Identitären Bewegung. Daneben beherbergt es ein Büro des Vereins *Ein Prozent*, des *Instituts für Staatspolitik* und ein Bürgerbüro des AfD-Politikers Hans-Thomas Tillschneider. Es ist eines der Zentren der Neuen Rechten in Deutschland.

In der *Werkstatt Europa*, zu der der Verein Flamberg e.V. im März 2019 einlädt, sollen neurechte Konzepte für die Gestaltung des Kontinents erörtert werden. Den Kern der Veranstaltung bildet eine kleine Buchmesse – quasi als Gegenveranstaltung zur Buchmesse in Leipzig, auf der die rechten Verlage nach den Eskalationen der Vorjahre nicht mehr erwünscht sind. An diesem Wochenende in Halle können sich einschlägige Verlage wie *Antaios*, *Manuscriptum* oder *Jungeuropa* präsentieren. Dem geneigten Publikum wird die Bandbreite der neurechten Literaturproduktion vorgeführt. Dazu gibt es Klaviermusik und Bier aus Rostock: »Pils Identitär«, schlanke 25 Euro das Sixpack. Man wolle auch zeigen, dass man nicht spaßbefreit sei, wird der neurechte Autor Benedikt Kaiser später in einem Imagefilm sagen. Knapp zwei Monate später findet am selben Ort ein Familienfest mit Kunstausstellung statt – inklusive ganztägiger Kinderbetreuung durch Alexander Kleine.

Veranstaltungen als Brücke in die Gesellschaft – das ist nichts Neues, schon immer haben rechte Parteien und Gruppen zu Sommerfesten oder zum Nachbarschaftsgrillen geladen, um den Kontakt zur Bevölkerung herzustellen. Doch an den Veranstaltungen im Haus der Identitären ist etwas anders – nicht nur, weil die Gefolgschaft über *Instagram* und *YouTube* quasi live dabei sein kann. Die Feste im Flamberghaus dienen nicht nur der Demonstration von Offenheit, sie sind Schaufenster für ein neurechtes Kulturangebot, an dem seit Jahren auf Hochtouren gearbeitet wird.

Beim Verlagstreffen sind es Bücher samt obligatorischem Jutebeutel, bei der Kunstausstellung Künstler*innen aus dem neurechten Spektrum, die der Öffentlichkeit präsentiert werden. Das
Signal: Wir haben uns selbst, wir haben unsere eigene kleine Kultur.

Man könnte diese als Subkultur bezeichnen, als eine Modi-
fikation der Kultur der Mehrheitsgesellschaft also, in der eigene
Codes und Symbole gelten. Doch dagegen verwehren sich die
Aktivist*innen der Neuen Rechten. Im Nachwort eines identitären Wörterbuches, das genau diese Kultur zu fassen versucht,
schreibt Martin Sellner: »Seit ich ihn zum ersten Mal gehört habe,
mag ich den Begriff Subkultur nicht.«[18] Er sei hedonistisch, indi-
vidualistisch und beliebig. Eine »Gegenkultur« hingegen sei politisch, gemeinschaftlich und zielorientiert. Das Buch, in dem Sellner dies schreibt, heißt dementsprechend *Kontrakultur*. Verfasst
hat es Mario Alexander Müller, zu diesem Zeitpunkt Bewohner
des Hauses in der Adam-Kuckhoff-Straße in Halle mit neonazistischer Vergangenheit. Alphabetisch geordnet schreibt er über eine
scheinbar willkürliche Mischung an Dingen, die für die identitäre »Gegenkultur« wichtig erscheinen: vom ausrasierten Schei-
tel (»Haarspray ist für Schwuchteln. Ein Gentleman benutzt Po-
made«) über Goethes Faust bis hin zu neurechten Schlüsselbe-
griffen wie »Metapolitik« und »großer Austausch«.

Getragen ist auch dieses Buch von der zentralen Annahme,
dass Kultur nicht unpolitisch, dass sie Gegenstand der Metapolitik sei: »Wir haben erkannt, dass nichts, was wir tun, bloß ›harmlose‹ Kultur ist. Nahezu alles kann Werte vermitteln und eine politische Botschaft bereithalten.«[19] Wenn Müller in Abgrenzung zu
den verachteten Hipstern schreibt, dass man, falls man Bärte und
Tätowierungen trage, es tue »wie unsere Großväter, die in Schüt-
zengräben lagen, zur See fuhren oder nach Sibirien verschleppt

wurden«[20], dann wird damit nicht nur die eigene Traditionsliebe demonstriert, sondern gleich noch en passant ein eklatanter Geschichtsrelativismus betrieben. Denn tätowierte deutsche Großväter dieser Generation waren entweder Täter und trugen etwa 20 Zentimeter über dem linken Ellenbogen ihre Blutgruppe. Oder sie waren Auschwitz-Überlebende und wurden bis zu ihrem Tod durch die Häftlingsnummer auf ihrem zumeist linken Unterarm an ihr grausames Schicksal erinnert. Ein nicht unwesentlicher Unterschied, den Müller natürlich nicht begreifen will.

Wenn er von seinen eigenen Tätowierungen spricht, dann meint er vermutlich die aus dem NS-Lied *Rebellen* stammende Zeile, die seinen Oberschenkel ziert: »Haben Tod und Teufel zum Gesellen«, steht da. Im Lied heißt es weiter: »Den einen Schwur, den wir schwören, der soll dem Führer gehören!«

Die identitäre »Kontrakultur« tritt intellektuell und elitär auf, jugendlich und hip, alternativ und oppositionell – kurz: äußerst attraktiv für junge Menschen, die nach einem Identifikationsangebot suchen. Dabei muss die rechte Jugendkultur sich notwendigerweise in einem Widerspruch bewegen. Denn obwohl sie sich selbst als anders, als neu, als genuin politisch verkauft, muss sie sich den Regeln des Marktes und der Kulturindustrie unterwerfen. Auch für sie gelten ökonomische wie kulturelle Zwänge, etwa dann, wenn sich ihre Protagonist*innen nach Zuschauer*innen-Gewohnheiten richten, um Reichweite zu erzielen. Wenn also Sellner in Bezug auf Subkulturen moniert, dass deren Rebellion von der Vermarktung letztendlich entschärft und zu einem Konsumgut gemacht worden sei, dann entbehrt das nicht jeglicher Ironie. Schließlich ist Sellner zusammen mit Patrick Lenart lange selbst Betreiber eines der größten Merchandise-Shops des neurechten Spektrums. Die Rebellion der Identitären, er verkauft sie im wahrsten Sinne des Wortes. Und nicht nur er: Götz Kubitschek betreibt den wohl bekanntesten Verlag für neurechte Literatur, und in Rostock gestaltet eine identitär geführte Produktionsfirma fleißig den Look der Neuen Rechten.

Das Ziel der »Gegenkultur« ist es, in jeder Sparte Angebote bereitzuhalten – eine geschlossene Welt rechtsextremer Kultur. Schließlich ist »Kontrakultur« der Gegenentwurf zur verkommenen liberalen Gesellschaft, die die Identität Deutschlands bedroht. Sie befindet sich also in expliziter Gegnerschaft zur Mainstreamkultur und rechtfertigt sich mit der Unzulänglichkeit des kulturellen Lebens der Mehrheitsgesellschaft. Neurechte »Kulturschaffende« führen gerne die Worte von Philippe Vardon im Munde, einem führenden Kopf der französischen Identitären: »Wir müssen unsere eigene Kultur schaffen, denn unsere Werte sind nicht die des Systems, und wir müssen alle Möglichkeiten nutzen, um diese unsere Kultur zu verbreiten.«[21]

Jegliches Handeln ist darauf ausgerichtet, die eigene Weltsicht in die Köpfe der Gesellschaft zu bringen – mithilfe geeigneter Marketinginstrumente. Das soll einerseits die eigene Klientel in ihren Überzeugungen bestärken, andererseits aber bedarf es der Ausdehnung in die Mehrheitsgesellschaft, um die kulturelle Hegemonie vorzubereiten. Das Flamberghaus in Halle soll genau dafür das Flaggschiff sein. Ein Hausprojekt nach linkem Vorbild, direkt am geisteswissenschaftlichen Campus der Universität Halle. Es soll demonstrieren, dass man angekommen ist in den Theorieschmieden des Establishments. Das Haus ist der Versuch, ein nach außen attraktives Angebot zu schaffen, um den Kreis potenziell Aktiver zu erweitern. Auch die alternative Buchmesse im März 2019 war solch eine Einladung: Seht uns an! Wir sind ganz normal!

Inzwischen aber konstatiert selbst einer der zentralen Initiatoren des Projektes, der hessische AfD-Landtagsabgeordnete Andreas Lichert, dass das Hausprojekt gescheitert sei. Gegenüber dem *Hessischen Rundfunk* sagt er: »Es ist nicht geglückt, einen Kontaktpunkt für Leute außerhalb unserer Kernklientel zu schaffen.« Erreicht würden nur Menschen, die man ohnehin schon kenne. Und das Familienfest im Mai? Das Foto eines Gegendemonstranten auf *Twitter* zeigt einen leeren, regennassen Infostand der Identitären. Das selbstverständlich im Nachgang vom *Flamberg e. V.* verbreitete Imagefilmchen beschäftigt sich auffallend lange mit Graffiti-Spraydosen und Flammkuchen statt mit begeisterten Besucher*innen. Die Veranstaltungen in Halle werden fast ausschließlich von eigenen Kadern besucht, das Haus ist in der Stadtgesellschaft vollkommen isoliert. Das Unterfangen der Offline-Kontrakultur ist gescheitert. Dass dem so ist, ist auch der Hallenser Zivilgesellschaft und der Arbeit vieler politischer Gruppen zu verdanken, die sich mit dem Haus und seinen Akteur*innen kritisch auseinandersetzten.

Was offline misslingt, funktioniert online besser: Den neurechten Influencer*innen gelingt es häufiger, aus dem eigenen kleinen Kreis auszubrechen, sie nutzen dabei, wie gezeigt, die Funktionsweisen von Netzwerken. Die Akteur*innen verweisen beständig auf sich, generieren Aufmerksamkeit. Ein Vorteil dieser Strategie ist es, nach innen starke Netzwerkeffekte zu bilden. Im Universum der identitären Medien ist das besonders eindrucksvoll zu sehen.

Das »Szenemagazin« *Arcadi* ist so etwas wie das *Bento* der Neuen Rechten. Durch große Bildkacheln und eher kurze Texte erfährt man in dem Online-Magazin zum Beispiel, dass *König der Löwen* eigentlich rechts sei, oder es gibt einen Bericht über *Star-Wars*-Fans, die ihre Lieblingsstreifen retten und Filmrollen scannen. Aber auch Porträts von Martin Sellner, Beiträge von Leugner*innen des menschengemachten Klimawandels oder über Aktivist*innen der AfD-Jugendorganisation *Junge Alternative* kann man dort luftig aufbereitet lesen. Seit 2016 gibt es die Seite, gefördert wird sie ebenfalls von *Ein Prozent*. Seit Oktober 2017 erscheint das Magazin auch in gedruckter Form – mit Schlagzeilen wie »Jung. Schön. Rechts. Immer mehr Frauen werden politisch aktiv« oder »Als junge Frau bei der jungen Alternative. Doch warum?«.

Gründer der Printversion ist Yannick Noé, der nicht nur als sein Chefredakteur auftritt, sondern auch Sprecher der AfD in Leverkusen ist. Getragen wird das »neue Kultur- und Lifestyle-Magazin« von dem Verein *Publicatio e. V.*, der 2016 in Leverkusen ins Leben gerufen wurde. An der Gründungsveranstaltung und weiteren Sitzungen nahmen allerhand Mitglieder der AfD sowie ihrer Jugendorganisation teil, neben Noé zum Beispiel Zacharias Schalley, der Beisitzer im Landesvorstand der *Jungen Alternative* NRW ist. Im Brandenburger Landtagswahlkampf 2019 vertrieb der AfD-Landesverband Wahlkampfmaterialien wie Kugelschreiber oder Schlüsselbänder online – über den *Arcadi*-Onlineshop. Die Nähe zur AfD ist kein Geheimnis, zu groß sind die personellen Überschneidungen zwischen Trägerverein, Autor*innenschaft und Partei.

Frauen kommen im Blatt meistens nur als hübsche Covergirls vor. Brittany Pettibone, die amerikanische ultrarechte Influencerin und Ehefrau Martin Sellners, schmückte die *Arcadi* ebenso wie Model und AfD-Kreisvorsitzende Marie-Thérèse Kaiser. Besonders gern berichtet *Arcadi* über Influencer. Das Spiel ist so durchschaubar wie Erfolg versprechend. *Arcadi* porträtiert einen rechten YouTuber, der erwähnt das Magazin in einem seiner nächsten Videos, weist auf das Printprodukt und den Artikel über ihn hin.

Bezeichnend ist die Auswahl an Anzeigen, die sowohl auf der Webseite als auch im Magazin zu finden sind. Der neurechte Verlag *Jungeuropa* ist ebenso dabei wie die von Sellner gegründete Modemarke *Phalanx Europa*. Aber auch Akteure der Neonazi-Szene wie der Versandhandel *Sonnenkreuz* werben auf der Seite. *Arcadi* ist ein Medium der Identitären, und das ist politisch durchaus brisant: Der *Arcadi*-Verein *Publicatio e. V.* wird ganz wesentlich von AfD-Mitgliedern getragen, das Blatt auf dem Bundesparteitag 2017 der AfD kostenlos verteilt. Auf der Seite schreiben unter anderem AfD-Mitglieder. Ebenso eng aber ist die Verbindung zur Identitären Bewegung.

Intern mag das kein Problem sein, die ideologischen Schnittmengen sind nämlich groß. Tatsächlich aber gibt es seit 2016 einen Unvereinbarkeitsbeschluss der Bundespartei, mit dem sie sich verbal ganz klar von der vom Verfassungsschutz beobachteten Identitären Bewegung abgrenzt. Die Fälle, in denen dieses Verbot auf organisatorischer wie personeller Ebene folgenlos umgangen wird, sind zahlreich.

Der fließende Übergang zur AfD ist für *Arcadi* jedoch Strategie. Das Magazin ist Teil eines kulturell-politischen Kontinuums, eine Abbildung des eigenen geschlossenen Kulturbegriffs, in dem politisch nichts an der AfD vorbeiführt. Neben der Themensetzung im Heft zeigen das besonders deutlich die *Arcadi*-Feste, die 2017 und 2018 gefeiert wurden. Anwesend waren dort zentrale Köpfe der IB: Martin Sellner ebenso wie der vorbestrafte Gewalttäter und *Kontrakultur*-Autor Mario Alexander Müller. 2018 traten unter anderem der identitäre Rapper *Komplott* sowie die IB-Aktivistin Melanie Schmitz auf dem Fest auf. Die beiden gaben dem rechten YouTuber Johannes Thiesen später auf seinem Kanal *Philosophie Workout* ein beachtliches Interview, das mittlerweile gelöscht ist. Darin definiert Schmitz, was Kontrakultur für sie heißt: »komplett auf die normale Gesellschaft zu verzichten und die Gegenkultur anzunehmen«. Eigene Kleidung, eigene Wohnformen, all das müsse die Gegenkultur bieten. Genau diesen Anspruch bilde das Arcadi-Fest ab.

Gegenkultur ist Politik. Das Verständnis von Kultur, das Arcadi offenlegt und das auch Melanie Schmitz so freimütig preisgibt, ist vollkommen instrumentell. Kultur als Werkzeug, als Waffe. Es gibt darin keine kritischen Stimmen gegenüber der Partei, keine Abgrenzungsversuche. Ganz im Gegenteil, fast alle rechten Influencer*innen rühren die Trommel für die AfD. All diese Kanäle bilden persönliche, unterschiedlichste Zugänge zur Partei, sind Einfallstore in eine rechte Welt – Schmitz und der Rapper Komplott zeigen das besonders eindrucksvoll.

Den Mainstream hacken: Wie rechte YouTube-Inhalte bekannt werden

»Kommt ein Nafri, macht es Papapapam«, singt-rappt Melanie Schmitz in dem Video Hetz-Tape in die Kamera. Sie ist Mitte 20, trägt schwarz gefärbtes, zum Zopf gebundenes Haar, schwarzes T-Shirt, kurze schwarze Jeans mit Strumpfhose. Schmitz ist jung, schlank, hohe Wangenknochen, runde Ohrringe, und hat ein Piercing im Gesicht. In einer Unibibliothek würde sie kaum auffallen.

»Du weißt, ich bin rechts, Babe. Will, dass du jetzt hetzt, Babe. Scheiß doch auf den Rest, Babe, wir machen ein Hetz-Tape.« Dabei läuft sie einen Feldweg entlang, links ein paar Häuser, irgendwann fährt ein Trecker im Hintergrund durchs Bild. Diese Szene entstammt einem YouTube-Video. Es ist geradezu professionell produziert. Schmitz macht ihre Sache gut, tänzelt den Feldweg entlang, performt, flirtet mit der Kamera. Ab und an tauchen links und rechts zwei junge Männer auf: Kai Alexander

Naggert und Marius König. Auf deren *YouTube-Kanal Ruhrpott-Roulette* wurde das Video im Frühjahr 2019 erstmals veröffentlicht, bis *YouTube* es aus urheberrechtlichen Gründen löschte. Man kann es dennoch bis heute dort sehen, treue Fans haben das Video vor der Löschung heruntergeladen und wieder eingestellt. Zwar werden auch die Kopien immer wieder gelöscht, erreichen aber dennoch teilweise einzeln bis zu 100.000 Klicks. Das *Hetz-Tape* dürften mittlerweile rund eine halbe Million Menschen gesehen haben – eher wegen des rassistischen Inhalts als trotz.

Dass das Video so erfolgreich ist, mag auch mit dem erwähnten Urheberrechtsproblem zusammenhängen: Die identitäre Melanie Schmitz hat nämlich, so meint sie, eine »Parodie« geschaffen. Das Lied *Hetz-Tape*, ein echter Ohrwurm, ist ihre Version des viralen Videos *Sex-Tape* der sehr reichweitenstarken deutschen YouTuberin Katja Krasavice, die sich vor allem dadurch auszeichnet, ausgiebig über ihr Sexleben zu berichten. Ihr Video *Sex-Tape* wurde gut ein halbes Jahr nach Veröffentlichung schon mehr als 26 Millionen Mal angeschaut. Es war damit eines der erfolgreichsten deutschsprachigen Videos der Jahre 2018/2019. Darin läuft sie, sehr leicht bekleidet, eine befahrene Landstraße entlang und lässt die Zuschauer*innen wissen: »Statt in den Apfel beiß ich in die Eier rein.« Melanie Schmitz macht daraus: »Statt in den Börek beiß ich in die Bockwurst rein.«

Melanie Schmitz bekennt sich offen zur Identitären Bewegung. Sie ist, so nannte sie der Spiegel 2017, das »Postergirl der neuen Rechten«. Dort sind Frauen in der klaren Minderzahl, von ihnen ist Melanie Schmitz wohl die prominenteste: Man sieht sie häufig auf Aktionen der Identitären in der ersten Reihe. Noch häufiger aber findet man sie in den sozialen Medien. Dort betreibt sie bereits seit 2008 ihren privaten *YouTube-Kanal MademoiselleEnvie*. Bis zum Sommer 2019, als *Intagram* ihren Kanal löschte, war sie außerdem eine der reichweitenstärksten deutschsprachigen rechten Influencerinnen.

Schmitz ist gewissermaßen über die sozialen Medien zu den Identitären gekommen, sagt sie zumindest. Gerne erzählt sie die Geschichte ihres Erweckungserlebnisses – das auf *YouTube* stattfand. Patriotin sei sie schon immer gewesen, doch das Video der *Génération Identitaire*, der französischen Identitären, habe sie zur Aktivistin gemacht. Die Botschaft der französischen Nationalist*innen ist nur zweieinhalb Minuten lang, hat es aber in sich. Sie trägt den Titel *Die Kriegserklärung der französischen Jugend*. In Ultranahaufnahmen beklagen junge Franzosen und Französinnen: »Wir sind die Generation des ethnischen Bruchs. Die Generation des totalen Scheiterns der Koexistenz, der erzwungenen Mischung der Ethnien.« Und sie versprechen: »Ihr seid von gestern und wir sind von morgen [...] Glaubt nicht, dies sei ein einfaches Manifest. Es ist eine Kriegserklärung.«

Jene Kriegserklärung bringt Schmitz also zur IB. Sie wird bei der deutschen IB aktiv, zieht von ihrer Heimatstadt Essen nach Halle, wohnt dort in der Adam-Kuckhoff-Straße. Dort entsteht 2016 jenes Video, das Schmitz' Bekanntheit einen großen Schub gibt. Es nennt sich schlicht *AfD-Song*.

Melanie Schmitz sitzt, mit schwarzem Spitzenkleid, roten, langen Haaren und rotem Lippenstift auf einem Stuhl. Im Hintergrund ein junger Mann mit dem Rücken zu ihr am Klavier, auch er ist altmodisch gekleidet, mit weißem Hemd, schwarzer Weste, einer Schiebermütze. Im Stil eines Fünfzigerjahre-Schlagers textet Schmitz: »Am Ende dieses fulminanten Multikulti-Traumes, da wartet auf uns der Verlust des öffentlichen Raumes. Gegen diese Invasion hilft nur eins: Remigration!« Später im Lied heißt es dann: »Deshalb heißt die Direktive: Wir wählen Alternative!« Jetzt wendet sich der Pianist endlich dem Publikum zu und ergänzt: »für Deutschland«. Es ist der Hallenser Identitäre Till-Lucas Wessels.

Der Song wird innerhalb weniger Wochen 400.000 Mal angesehen: Das sind eine Menge Zuschauer*innen für einen bis dahin vollkommen unbekannten Kanal und ein Video, in dem zwei altmodisch gekleidete Menschen vor einem Klavier sitzen. Schmitz veröffentlicht es im September 2016, eine Woche vor der Landtagswahl in Mecklenburg-Vorpommern, bei der die AfD mit fast 21 Prozent erstmals in das Landesparlament einzieht. Im Vorfeld der Wahl hatte die bekannte Popsängerin Jennifer Rostock mit ihrem Anti-AfD-Song einen viralen Hit gelandet. Im Video sitzt sie mit einem Bandkollegen im Wohnzimmer und singt mit Blick auf die AfD: »Nur die dümmsten Kälber wählen ihre Metzger selber.«

Dieses Lied nimmt Schmitz zum Anlass, ihrerseits einen AfD-Song aufzunehmen und bei *YouTube* hochzuladen, auf ihrem privaten Kanal. Sie knüpft damit an das an, was sie auch zuvor dort tat, als sie noch in Essen in ihrem Jugendzimmer saß und Coversongs sang. Diesmal ist alles ein bisschen professioneller: Das Licht ist gesetzt, der Hintergrund abgestimmt, sie und ihr Pianist haben sich in Schale geworfen. Nur fünf Tage zuvor hat Jennifer Rostock ihren Anti-AfD-Song ins Netz gestellt, Zeitungen berichten, in den sozialen Medien verbreiten Menschen, Parteien, Initiativen das Video, reagieren darauf; rund 10.000 Nutzer teilen es auf ihren *Facebook*-Seiten und erreichen so allein dort 1,2 Millionen Menschen. Das mediale Grundrauschen ist groß, die Aufmerksamkeit da.

Melanie Schmitz und ihr Team knüpfen geschickt daran an. Auch das ist eine Taktik, die wir aus dem Influencer*innen-Marketing kennen. Besonders erfolgreiche Inhalte werden wieder und wieder von anderen YouTuber*innen aufgegriffen, sie reagieren auf die Inhalte, parodieren das, was bei anderen gut funk-

tioniert hat, in der Hoffnung, etwas von der Aufmerksamkeit ab-
zubekommen. Nicht selten sind sie damit sehr erfolgreich. Die
Algorithmen von *YouTube*, *Instagram* und Co. befördern diesen Effekt. Die Plattformen möchten alle das Gleiche: dass ihre Nutzer*innen so viel Zeit wie nur irgend möglich auf ihnen verbringen und mit den Inhalten interagieren, sie teilen, kommentieren,
liken. Denn mehr Zeit und mehr Interaktion bedeutet mehr Gele-
genheiten, Werbung zu sehen, und damit verdienen *Facebook* und
Google ihr Geld. Wenn also Inhalte (wie das Video von Jennifer
Rostock) viele Menschen erreichen, wird *YouTube* ähnliche Inhalte
eher anderen Nutzer*innnen empfehlen. Denn der Algorithmus
versteht, dass die Wahrscheinlichkeit hoch ist, dass diese Inhalte
Aufmerksamkeit (also Nutzungsdauer) generieren.

Weil der Song von Jennifer Rostock bereits stark wahrgenommen wurde, steigt für Inhalte, die daran anschließen, die Wahrscheinlichkeit, selbst Aufmerksamkeit zu bekommen. All diese
Effekte treten bei dem AfD-Song von Melanie Schmitz zutage.
Kurz: ohne vorherigen Anti-AfD-Song und die anschließende Beachtung kein Pro-AfD-Song.

Schmitz' Song erscheint in der Woche vor der Landtagswahl
in Mecklenburg-Vorpommern. Insgesamt 2.800 Mal wurde das
Video auf *Facebook* geteilt. Eine große Zahl, bedenkt man, wie un-
bekannt Schmitz damals ist. Weitergeleitet wird das Video von
Hunderten AfD-Unterseiten (AfD Brandenburg, AfD MV, AfD
Chemnitz usw.), von rechten Seiten wie Pegida, *Wir haben die
Schnauze voll* oder *Merkel muss weg*, von AfD-Abgeordneten oder
vom Pegida-Gründer Lutz Bachmann.

Soziale Medien sind Identitätsmaschinen, wir stellen uns dort
dar, wollen uns repräsentieren, uns Gruppen anschließen und zu-
gehörig fühlen. Es gibt wenige Mittel, die besser geeignet sind,
als die Abgrenzung zu anderen Gruppen. Schmitz' *AfD-Song* ist

also so beliebt, weil er in Opposition zu den vermeintlichen Gutmenschen geht, die zuvor das Jennifer-Rostock-Video geteilt hatten. Besonders wirkmächtig ist es, weil es unabhängig wirkt. Für die Betrachterin sind Melanie Schmitz und ihr Pianist einfach nur zwei junge Menschen, die ein Lied singen. Allein, in diesem Falle stimmt es nicht.

Der junge Mann, der im Video am Klavier sitzt, war einige Jahre zuvor auch bei der Gründungsversammlung der AfD-Jugendorganisation *Junge Alternative* in Saale-Unstrut anwesend. Das Haus, in dem Schmitz und er das Video aufnehmen und in dem beide zu diesem Zeitpunkt leben, wird von *Ein Prozent* mitfinanziert. Die AfD in Mecklenburg-Vorpommern ist derart entzückt über die Wahlkampfunterstützung, dass sie das Duo zu einem Auftritt am Wahlabend in Schwerin einlädt. Es gibt einen Unvereinbarkeitsbeschluss der Partei. Identitäre dürfen nicht Mitglied der Partei werden. Doch allzu weit her scheint es nicht zu sein mit der Abgrenzung zwischen AfD und IB.

Drei Monate nach der Pop-Wahlkampfhilfe wird der YouTube-Kanal *Varieté Identitaire* gegründet. Nach Selbstbeschreibung ein »patriotisches Kabarett-Vlog und Musikprojekt [...] Immer nonchalant, manchmal heiter, manchmal ernst, aber nie politisch korrekt«. Betrieben wird es von Melanie Schmitz und Till-Lucas Wessels. Der Financier: *Ein Prozent*. Ihr erstes Video ist ein Gruß an den Verfassungsschutz, der Schmitz und das Hallenser Hausprojekt beobachtet. Schmitz singt freimütig: »Ihr fürchtet uns zu Recht.«

Die Inszenierung ist ähnlich wie beim Anti-AfD-Song: Schmitz im schwarzen Kleid im Vordergrund, Wessels im altmodischen Cordjackett am Klavier. Das Video wurde bis heute 275.000 mal angeklickt. Nutzer*innen kommentieren darunter: »Die Sängerin ist so unfassbar hübsch« oder »Singt den Kulturmarxismus in Grund und Boden. Mögen eure Worte die Frankfurter Schule erschüttern«, oder auch noch deutlicher: »Dieser Widerstand gefällt mir. Wir haben keinen Respekt vor Flachzangen, Wichtigtuern, Schleimern, Volksverhetzern und der System-Mafia.«

Das erfolgreichste Video des Duos ist eine deutsche Version von *Avanti ragazzi di Buda*. Es ist ein antisowjetisches Lied in Erinnerung an den niedergeschlagenen Aufstand 1954 in Ungarn. Rechtsextreme Fußballfans in Italien singen es bis heute – gerne in Verbindung mit dem Hitlergruß. Schmitz und Wessels machen daraus eine heimelige Liederabendvariante. Mittlerweile scheint das Projekt *Varieté Identitaire* zu ruhen, es gibt keine neuen Inhalte auf dem Kanal. Doch ohnehin erweist sich dieser Tage ein anderes Musikgenre als wesentlich besser geeignet, um die Jugend im Internet anzusprechen. Die drei meistgesehenen *YouTube*-Videos in Deutschland im Jahr 2018 waren Rap-Videos. Insgesamt waren in den Top Ten sechs Rap-Songs vertreten. Wer die Jugend sucht, findet sie im Hip-Hop.

Rechts-Rap: Punshlines für das Vaterland

Als »Vorzeige-Rapper der Identitären« galt lange *Komplott*, mit bürgerlichem Namen Patrick B., der unter anderem in Marburg lebte. Er trat im Kontrakulturhaus in Halle auf und steuerte mit seinem Song *Europa* eine Demo-Hymne zum identitären Liederkanon bei. Auf einen austauschbaren Billig-Beat rappt er im Refrain: »Europa weint, Europa schreit / Nach dem Ende der Wende / Es ist an der Zeit / Zum Verteidigen des Eigenen / Macht euch bereit und / Reicht euch die Hände in Einigkeit.«

Im Wesentlichen besteht *Komplotts* Rap darin, Parolen der

Identitären in eine Art Reimstruktur zu pressen. Die Erzählungen von Untergang, Widerstand und Überfremdung werden vielfach wiederholt. (Im oben zitierten Track sorgt sich *Komplott* – wie der Kulturkritiker Jens Balzer süffisant bemerkt – zusätzlich um den Denkmalschutz: »Ich seh' romanische, gotische, klassizistische Bauten / Langsam zerfallen zu 'nem toten abgerissenen Haufen / Und alle Werte, so wie Ehre, Stolz und Identität, sind / Restlos entfernt und aus Geschichtsbüchern draußen.«) Dennoch wird *Europa* heute gerne auf identitären Demos gespielt. *Ein Prozent*, das sein Album *Weiszes Kaninchen* finanziert hat und vertreibt, bewirbt den Song als »inoffizielle Hymne der Jugend ohne Migrationshintergrund«.

Rechter Rap ist in der Szene nicht unumstritten. Erste Versuche, die vor allem schwarz geprägte Hip-Hop-Kultur für eigene Zwecke zu nutzen, gab es aber schon in den Nullerjahren. Häufig waren es hier Nebenprojekte von rechten Liedermachern oder Hardcore-Bands, die sich im Genre versuchten. Auch auf einigen Schulhof-CDs fand sich die ein oder andere gerappte Zeile. Wirklich warm wurde die extreme Rechte mit dem Genre allerdings nicht. Als *Komplott* 2016 von dem jungen Investigativ-Format *Jäger & Sammler* in einem Beitrag über rechten Rap gefragt wird, ob es nicht widersprüchlich sei, sich gerade der Rap-Musik mit ihren vielfältigen Wurzeln zu bedienen, antwortete *Komplott*, als würde er zum ersten Mal über diese naheliegende Frage nachdenken: »Stimmt, Rap ist gar nicht besonders deutsch, wenn man so will.« Das kam in der Szene nicht gut an. Später entschuldigt er sich auf seinem *Facebook*-Kanal für seine Aussage und lässt wissen – neben einiger Hetze gegen die Journalistin Nemi el-Hassan und das öffentlich-rechtliche *funk*: »Ich war an dem Tag sehr friedlich und viel zu liberal gestimmt.«

Die eigenen Widersprüchlichkeiten bei der Aneignung von

Rap scheinen auch die Leute von *Ein Prozent* zu spüren, wenn sie auf ihrer Seite für ihren Schützling werben: »Es ist kein Geheimnis, dass vielen jungen Menschen die Musik von Rappern wie Bushido und Haftbefehl heute vertrauter ist als Bachs Brandenburgische Konzerte oder Wagners Tannhäuser. Über Geschmack lässt sich bekanntlich streiten, doch gehören gewisse Musikgenres mittlerweile fest zu ›unserem Zeitgeist‹ und damit zur Lebenswelt vieler junger Menschen. Warum sollte man also diese Art von Musik nicht einmal auf patriotische Art und Weise interpretieren?«

Auch Mario Alexander Müller hat offenbar andere Vorlieben. In seinem Buch *Kontrakultur* wirbt er für soldatische Lieder der Zwanziger, »einfach weil es fetzt«, ebenso wie für den »Jägermarsch«, »Stepppolka« und das »lebendige Brauchtum« des Volkstanzes. [22] Dass mit einer solch aberwitzigen »Kultur«-Definition keine jungen Herzen zu gewinnen sind, scheint den Strategen in Halle indes bewusst zu sein. Die Aneignung von Rap ist in vielerlei Hinsicht wichtig: Hip-Hop und Rap sind heute die wichtigsten Jugendkulturen, und Musik galt lang als wichtigster Zugang in die rechte Szene. Aber um dem Anspruch zu genügen, eine geschlossene Kultur mit allen Substituten des Mainstream anbieten zu können, muss es schon der eigene Rap sein.

2018 dichtet *Komplott* der Kontrakultur eine weitere »Hymne«: In *Counterculture Eastside* beschwört er den Widerstandsherd Ostdeutschland. *Ein Prozent* und *Komplott* selbst verkaufen sich gern als ostdeutsche Gewächse, gerade Letzterer soll dem siechenden Hausprojekt in Halle wohl etwas Glanz verschaffen. Tatsächlich trat er in der Vergangenheit vor allem in westdeutschen Studentenstädten in Erscheinung, etwa in Heidelberg, wo er selbst studiert. Eine tiefere Verbindung nach Halle ist schwer zu erkennen, leichter zu recherchieren ist seine neonazistische Vergangenheit. Patrick B. war in Marburg Mitglied der nationalistischen und völkischen Burschenschaft *Germania Marburg*. Dort lernte er vermutlich auch Philip Stein kennen, der als Chef von *Ein Prozent* später Patrick B. alias *Komplott* förderte. Die Marburger Burschenschaft gilt als Kaderschmiede der völkisch-nationalen Gruppen – auch in der AfD. Seit Oktober 2019 Abgeordneter im Thüringer Landtag ist beispielsweise der 1991 geborene Torben Braga, der auch Pressesprecher der Thüringer AfD und enger Vertrauter von Björn Höcke ist.

Bevor Patrick B. von *Ein Prozent* als *Komplott* gefördert wurde, war er bereits seit 2012 als *Subverziv* unterwegs. Von ihm stammt ein Mobilisierungslied für den neonazistischen »Antikriegstag« 2012 in Dortmund. Der Aufmarsch wurde von Neonazi-Szenegrößen wie dem Dortmunder »SS-Siggi« Siegfried Borchardt organisiert, später aber verboten. In dem Lied lebt Patrick B. ganz unverhohlen einen sehr plumpen Antisemitismus aus: »Sieh diese Welt an, siehst du den Weltenbrand / Dieses Land da im Westen mit Geltungsdrang / Und dieser Staat da am Toten Meer mit dem Hexagramm / Stecken für Macht und Geld die ganze Welt in Brand.«

Als *Komplott* verzichtet Patrick B. auf solche offen antisemitischen Ausfälle, spielt aber weiter mit den einschlägigen Stereotypen. Eine Liedzeile heißt etwa: »Weil die Hochfinanz deutscher Politik das Loch stopft.« »Hochfinanz« ist in rechten Kreisen eine Metapher für eine zumeist jüdische, die Welt beherrschende Finanzelite. Solche Verschwörungstheorien halten die rechte Szene freilich nicht davon ab, *Komplott* zu ihren Veranstaltungen einzuladen. Er trat in den vergangenen Jahren unter anderem bei identitären Veranstaltungen in Halle oder Linz auf. Identitäre YouTuber wie Alexander Kleine bewarben sein Album, weil, wie er sagt, es ja allgemein »bekannt ist, dass Deutschrap schwul geworden ist, nur noch angepasste Systembengel«.

Aktuell scheint ein anderer im Begriff zu sein, *Komplott* als rechten Vorzeige-Rapper abzulösen: der Münchner *Chris Ares*. Der rechtsextreme Aktivist, mit bürgerlichem Namen Christoph Aljoscha Zloch, wohnt nach eigenen Angaben in München in einer patriotischen WG, hat enge Verbindungen sowohl zur AfD als auch zur IB. Der bayerische Verfassungsschutz bezeichnet ihn als »identitären Rapper«, er selbst gibt sich gerne »überparteilich«.

Zloch gründet 2019 das rechte Rap-Label NDS. *Neuer Deutscher Standard* und nimmt sofort den Identitären Kai Alexander Naggert unter Vertrag, der sich den Rap-Alias *Prototyp NDS* gibt. In der Vergangenheit ist *Ares* auch mit Komplott aufgetreten. Für Label und Album spielt er gekonnt die Aufmerksamkeitsklaviatur: Erst gab er *Spiegel* TV ein Interview, und als die Journalisten dann wahrheits- und erwartungsgemäß über Ares' geschichtsrevisionistische Haltungen und seinen Hang zu Gewalt berichteten, warb er erst für seinen großen Auftritt in den »Mainstream-Medien«, um dann ein weiteres Video zu produzieren, das *Spiegel* TV der »Verunglimpfung« überführen sollte. Anschließend durfte er sich über die 7.000 neuen Abonnent*innen freuen, die ihm der Beitrag gebracht habe, und legte noch einen Spiegel TV-Song nach. Auslöser der Berichterstattung war die Chart-Platzierung von Christian Ares. In den *iTunes*-Charts rangierte seine EP für einen Tag auf Platz 10. Ein großer Erfolg, den Ares ausgiebig in seinen Social-Media-Kanälen besprach, um dann die Empörungswelle gegen die folgende Löschung seines Albums zu reiten. Das bekannte Narrativ: Er sei »völlig grundlos« von der Plattform verbannt worden, »weil ich es wage zu sagen, dass ich meine Heimat liebe«. Tatsächlich dürfte der offene Hass, den Ares in seinen Rap-Songs verbreitet, ausschlaggebend für die Löschung gewesen sein. Natürlich geht es auch bei ihm um Bürgerkrieg und Widerstand. Offener als seine identitären Kollegen bei *YouTube* wirbt er allerdings für Gewalt. An seine politischen Gegner sendet er die Botschaft: »Eure vollvermummten Punkvisagen werden mittels Panzerwagen durch das ganze Land gejagt« (*Defend Europe*). An die Presse: »Schämt euch, ihr Lügner / Sagt, glaubt ihr denn selbst /Dass man euch bei der Wahrheit als Nazis entstellt / Der Tag null wird kommen und nicht nur die richten / Die selber Schuld tragen, sondern falsch berichten« (*Niklas*). Mittlerweile sind die Songs übrigens wieder auf allen bekannten Plattformen zu bekommen.

Ares' Strategie ist so eingeübt und durchschaubar wie erfolgreich: Er versucht, Empörungsanlässe zu schaffen, die er dann in sein Narrativ von Bürgerkrieg und Unterdrückung einfügen kann. Sein Kurzzeiterfolg bei *iTunes* zeigt vor allem die Mobilisierungsfähigkeit innerhalb der neurechten Blase. Ares spielt, wie alle rechten Influencer*innen, seine Nähe zu AfD und IB herunter. In einem *Instagram*-Livestream sagt er: »Ich bin Rapper, kein Politiker. Ich möchte mich vor keinen Karren spannen lassen.« Dabei war Ares unter anderem bei AfD-Wahlpartys oder trat bei IB-Konzerten in Halle und Dresden auf. Sein Co-Rapper, Kai Alexander Naggert, ist ein identitärer Aktivist und eines der Gesichter des ebenfalls von *Ein Prozent* finanzierten *YouTube*- und *Instagram*-Kanals *Ruhrpott-Roulette*, wo das *Hetz-Tape* von Melanie Schmitz erstmals erschien. In anderen Videos versuchen sich die beiden Protagonisten darin, rechte Sketche zu spielen. *Ruhrpott-Roulette* trat live beim Sommerfest der Identitären in Halle und bei Pegida in Dresden auf. Besonders bei *Instagram* zeigen sie sich bestrebt, mit der Community in Kontakt zu treten, und loben etwa Gewinnspiele aus, bei denen die Community Leuten erklären soll, warum »wir rechts sind«. Es winkt ein »heftiger Preis. Ob Rap, Reiseblog, Hetz-Tape – das Ziel bleibt immer, ein möglichst vollständiges Angebot der Gegenkultur zu bieten, das die eigenen Narrative normalisiert.

Nicht selten begeben sich Identitäre dabei in einen Konflikt zwischen dem Anspruch, für möglichst viele Menschen attraktiv zu wirken und zugleich der eigenen politischen Agenda gerecht zu werden. Melanie Schmitz stellt in einer *Instagram*-Story treffsicher fest: »Das neurechte Spektrum ist so facettenreich, dass für jeden Typ etwas dabei ist. Es muss nicht jedem bedingungslos alles gefallen, aber es wäre nett, wenn wir uns alle vertragen könnten.« Tatsächlich gibt es in der neurechten Influencer*innen-Bubble Konflikte darum, wie sehr man sich an den Mainstream anbiedern darf, ohne seine Ideale zu verraten.

Das Ziel aller Akteur*innen, darauf verweist auch Schmitz in ihrer *Insta*-Story, bleibt es, den politischen Kampf in vielfältigen Schattierungen in die sozialen Medien zu bringen, emotionale Nähe und Reichweite zu erzeugen. Indem sie ihre Inhalte plattformspezifisch zuspitzen, erreichen sie zumindest potenziell Menschen außerhalb der eigenen Kernzielgruppe. Perfekt funktioniert hat diese Online-Strategie, wenn Unbeteiligte auf der Suche nach Inhalten auf Videos der extremen Rechten treffen. In dieser Strategie versucht sich wieder einmal Martin Sellner auf *YouTube*, wenn er dort zum Beispiel die »IBster-Küche« präsentiert. »IBster« ist eine Wortschöpfung aus Hipster und IB. In einem Video bereitet er ein Wiener Schnitzel mit Endivien-Salat zu. Nicht nur, dass er ein erfolgreiches *YouTube*-Format kopiert, das es schon vielfach gibt, die Kochshow. Laut *PEW-Research* ist eine der Hauptmotivationen von *YouTube*-User*innen, dort Dinge zu lernen – zum Beispiel, wie man ein Schnitzel brät. Sellner nutzt also einen doppelten Trend, Kochshows bei *YouTube* und den Informationswunsch der Nutzer*innen, und lädt ihn politisch auf. Er gibt sich – ganz Influencer – nahbar, erklärt, wie das Fleisch besonders zart wird, steht in seiner Studentenküche, trinkt Bier. Politisch wird es erst im Verlauf des Videos und zwischen den Zeilen.

Wenn Sellner die Kartoffeln schält, lässt er seine Zuschauer*innen in breitem Wienerisch wissen: »Diese heiße Kartoffel und die Stärke, die an den Fingern klebt, ich mag das nicht.« Um dann hinzuzufügen, dass ein Anthroposoph ihm einst erklärt habe, dass die Kartoffel nicht für Mitteleuropäer*innen gemacht sei: »Sie kommt aus dem Ausland.«

Diese Szenen zeigen wie in einem Brennglas die Taktik dieser Videos und die politische Pose, die dahintersteckt. Das Video knüpft an die Lebensrealitäten seiner Zuschauer*innen an, bietet ihnen einen lebensweltlichen Mehrwert. Ihm gelingt es so, Anknüpfungspunkte an Zielgruppen zu schaffen, die für seine politischen Videos (noch) nicht bereit sind. Er verlässt ganz bewusst die Ebene vordergründiger Politik. Erfolgreich wäre eine solche Strategie, wenn ein Außenstehender auf der Suche nach einem Rezept bei Sellners Kochshow landet und so über das Schnitzel zu anderen Inhalten gerät. Vieles, was die Identitären in ihrem Infokrieg tun, ist erst auf den zweiten Blick ideologisch unterfüttert und entzieht sich so einer politischen Bewertung.

Es sieht nicht gut aus für die Identitären im Jahr 2019. Der neuseeländische Terrorist, der sich als Vollstrecker ihrer Ideologie sah, hat der Welt gezeigt, wohin das identitäre Denken in letzter Konsequenz führt: zu Mord und Terrorismus. All die schönen Selfies, die Kochshows, die klapprigen Beats der rechten Rapper können nicht überdecken, dass die Identitäre Bewegung eine rassistische und rechtsextreme Vereinigung ist, die ideologisch, organisatorisch und strategisch in der Tradition faschistischer wie neonazistischer Gruppen steht. Wer vom »unnachgiebigen Zurückdrängen des feindliches Geistes und kompromisslosen Einfordern und Verteidigen des Bodens« spricht, einen Kult um »die angebliche Schuld der Deutschen und die angebliche Schuld der weißen Rasse« herbeifantasiert und die Deutschen heute »in der dunkelsten Stunde unserer Geschichte«[23] sieht (alles Passagen aus dem Gesprächsabend Sellners mit dem Identitären Walter Spatz), der begibt sich ganz bewusst nicht nur theoretisch in jene Tradition, die tatsächlich in die dunkelsten Stunden der Geschichte Deutschlands und der Menschheit überhaupt führte.

Es ist, wie der Publizist Micha Brumlik es nannte: das »alte Denken der Neuen Rechten«. Auch viele Protagonist*innen der IB haben eine Vergangenheit in neonazistischen Organisationen. Selbst ihre Gedanken zu »Metapolitik«, »Konterkultur« und »Infokrieg« kursieren spätestens seit den Neunzigerjahren in der extremen Rechten. Und dennoch gelang es den Identitären, viel stärker in öffentliche Debatten einzugreifen und mehr junge Menschen zu erreichen, als das die NPD und freie Kameradschaften jemals taten. Das hat unserer Auffassung nach zwei Gründe; einer ist das Internet und wurde ausführlich dargelegt, der andere findet erst einmal außerhalb des Netzes statt.

Ganz analog haben sich die gesellschaftlichen Verhältnisse zugespitzt: Menschen in Europa fühlen eine neue Dimension der Unsicherheit, des Verlustes von Kontrolle über ihr Leben, sind vom Politischen entfremdet und durch das ökonomische System benachteiligt. Wir leben, so hat es der Soziologe Wilhelm Heitmeier genannt, im »entsicherten Jahrzehnt«. Begründete Ängste, auch die realen Defizite in der Demokratie und die ebenso realen sozialen wie ökonomischen Krisentendenzen, münden in einer »autoritären Versuchung«. Die Rechte weiß diese Ängste zu mobilisieren, das gesellschaftliche Klima zuzuspitzen, will die »Vertiefung der Krise«, die »geistige Verschärfung«. Der Erfolg neurechter Ideologien liegt auch in ganz realen gesellschaftlichen Veränderungen und in einer Verschärfung des Diskurses in Medien und Parlament begründet.

Teil dieser Verschärfung ist aber auch das Internet: Zum einen, weil die Mechanismen sozialer Medien zur Konfrontation beitragen, weil sie Emotionsmaschinen sind, weil sie zu Lagerbildung beitragen und weil sie für den auf Fakten und Kompromiss basierenden Diskurs selten Platz haben. Die Ideen der schrittweisen Radikalisierung, der Themeninvasion, der Versuch, über Emotionen und Geschichten eine extreme Agenda zu normalisieren – all das zirkuliert in rechtsextremen Kreisen schon lange. Der Siegeszug der sozialen Medien ermöglicht es, sie wahr werden zu lassen. In den vergangenen Jahren ist beides zusammengewachsen: eine politisch extreme Rechte, die Zuspitzung und Spaltung will und auf Verschleierung setzt, und soziale Medien, die genau diese Art der Kommunikation befeuern.

Was gesellschaftlich sagbar ist, hat sich verschoben. Teilweise war das das Werk der Rechten, teilweise hat die demokratische Gesellschaft sich offenbar selbst radikalisiert, wie das schrittweise Einsickern rechter Begriffe und deren Verwendung durch einige Politiker*innen und Medien zeigen. Diese Verschiebung hat einen Namen: Gerade Neurechte sprechen gerne vom *Overton Window*. Der Anwalt Joseph P. Overton beschrieb das Fenster, das das gesellschaftlich Sagbare umrahmt. Es umfasst zunächst Ideen, die als realistisch angesehen werden oder in der Bevölkerung als populär gelten. Darüber hinaus aber gibt es einen Bereich außerhalb des *Overton Windows*, in dem Ideen als radikal, unvernünftig und unakzeptabel gelten. Wer sie äußert, riskiert, so die Annahme, aus der öffentlichen Debatte ausgeschlossen zu werden.

Für Sellner markiert das *Overton Window* deshalb den moralischen Rahmen der Metapolitik, also des Kampfes um die kulturelle Hegemonie. Aus diesem herauszufallen, bedeutet in dieser Logik, nicht mehr auf die öffentliche Meinung einwirken zu können, der Kampf um die kulturelle Vorherrschaft wäre verloren. Auch deshalb ist die Neue Rechte in ihrem Auftreten stets darauf bedacht, nicht zu sehr über die Stränge zu schlagen. Es geht um eine »Mischung aus Schock und Normalisierung«, wie Sellner in der *Sezession* schreibt. Die Methode der AfD, zwei Schritte vorzupreschen, um dann wieder einen Schritt zurückzugehen, ist inzwischen fester Bestandteil des politischen Diskurses geworden und Ausdruck dieses Vorgehens. Zwei Schritte vor: Schockieren. Einen zurück: War nicht so gemeint, wir sind noch Teil des »normalen« Diskurses. Was dabei mitschwingt: »Aber hey, denkt doch mal über das Nicht-Gemeinte nach!«

Als Martin Sellner im April 2019 auf einem Lautsprecherwagen in der Wiener Innenstadt steht und sich für seine Hakenkreuzschmierereien entschuldigt, kämpft er seiner Ansicht nach genau darum: nicht aus dem Fenster zu fallen. Vieles ist sagbar geworden, er und die Seinen haben daran kräftig mitgewirkt. Eine neonazistische Vergangenheit aber, Hakenkreuze an Synagogen, auch der Tod von 51 Menschen in Neuseeland: Das ist den meisten dann doch zu viel

Mag sein, dass die IB in Österreich verboten wird, sich von den Löschungen in den sozialen Netzwerken nicht erholt oder an ihrer Hybris und internen Zwistigkeiten scheitert. Ihr relativer medialer Erfolg aber sollte der offenen Gesellschaft eine Lehre sein – auch weil er Vorbild für andere radikale Kräfte ist.

3. Kapitel: Auf Empfehlung radikalisiert

Ein riesiges Netzwerk rechter Influencer*innen schafft auf YouTube ein System der Radikalisierung. Im Kampf gegen die Demokratie verbünden sich dabei die unterschiedlichsten Lager der radikalen Rechten.

Dass es ostdeutsche Städte in die *New York Times* schaffen, kommt eher selten vor. Dass es manchmal doch passiert, hat im Fall von Chemnitz auch mit *YouTube* zu tun. Nachdem in der Nacht auf den 26. August 2018 in Chemnitz ein 35-jähriger Deutscher von mutmaßlich zwei Männern syrischer und irakischer Herkunft mit einem Messer tödlich verletzt wird, kommt es zu einer Welle rechtsextremer Ausschreitungen. Die Angriffe auf Migrant*innen – oder Menschen, die für solche gehalten werden – sind wochenlang in aller Munde und führen über ein paar Umwege zu einer Regierungskrise. Der damalige Verfassungsschutzpräsident Hans-Georg Maaßen bestreitet öffentlichkeitswirksam in der *Bild*, dass es Hetzjagden gegeben habe. Gleichzeitig kursiert ein eindeutig aus Chemnitz stammendes Video, das eine solche Jagdszene zeigt. Im Hintergrund ist eine Frau zu hören, die offenbar ihren Partner davon abhalten will, sich an ebenjener zu beteiligen: »Hase, du bleibst hier!« Der Clip wird bekannt als das »Hase-Video«.

Die AfD mobilisiert bereits am Tag des Todes, am 26. August, zu einem ersten Trauerzug. An die hundert Menschen kommen. Die Nachrichten wird jedoch ein größerer Aufmarsch dominieren. Die in der rechtsextremen Szene bekannte Hooligan-Gruppe *Kaotic Chemnitz* hatte am selben Tag auf *Facebook* dazu aufgerufen, zu »zeigen, wer in der Stadt das Sagen hat«. Bis zu 800 Rechtsextreme kommen, ziehen marodierend durch die Stadt und rufen »Ausländer raus« oder »Wir sind Fans von Adolf Hitler«. Es sind Bilder, die die Republik fassungslos zurücklassen: fassungslos angesichts der schnellen Mobilisierung, der Radikalität, der Überforderung der Polizeikräfte.

Über Tage demonstrieren besorgte Bürger*innen, Neonazis, Hooligans, AfD-Mitglieder und -Funktionär*innen. Szeneintern und in der großen Öffentlichkeit wird Chemnitz zum Symbol – wahlweise – einer wegen der »Masseneinwanderung« gestiegenen Kriminalität oder aber eines rechten Mobs, dem die Polizei nichts entgegenzusetzen hat. Mehrere große Demonstrationen zeigen, wie schnell und durchgreifend die Rechte auf der Straße mobilisieren kann: Im Gedächtnis bleiben die Bilder der AfD-Politiker Björn Höcke, Andreas Kalbitz und Uwe Junge, die am 1. September einen »Schweigemarsch« anführen, an dem neben den Pegida-Gründern Lutz Bachmann und Siegfried Däbritz auch Martin Sellner teilnimmt. Zuvor haben sich dem Zug die Reste der aufgelösten Demonstration der rechtspopulistischen Kommunalpartei »Pro Chemnitz« angeschlossen, sodass letztendlich wohl über 5.000 Rechte in Chemnitz marschieren. Ihnen gegenüber stehen nach offiziellen Angaben rund 3.500 Gegendemonstrant*innen. Es ist ein in Deutschland überaus seltenes Bild: Die Rechten sind auf der Straße in der Überzahl.

Innerhalb der Szene werden die Ereignisse von Chemnitz anerkennend mit der »Unite the Right Rally« in Charlottesville 2017 verglichen – eine Eskalation rechter Mobilisierung und Gewalt, die Dominanz und Geschlossenheit zeigen soll. Diese Stärke und Mobilisierungsfähigkeit offenbaren sich auch online: Als wir in den Tagen der Eskalation in Chemnitz im Netz nach Informationen suchen, sehen wir, wie gründlich rechte Influencer*innen dort Stimmung machen. Und welches Bild sie von den Ereignissen zeichnen: Wir lesen, dass das Opfer zwei deutsche Frauen vor Asylbewerbern habe beschützen wollen und bestialisch mit 25 Messerstichen niedergestreckt worden sei. Sogar von zwei Todesfällen ist anfänglich die Rede, obwohl es dafür keinerlei Belege gibt. Hier hören wir, dass sich bei den Demonstrationen am Abend allenfalls ein paar unverbesserliche Randalierer unter die große Zahl der braven Bürger*innen gemischt habe. Und natürlich werden wir darüber aufgeklärt, dass es schon seit Langem No-go-Areas mitten in der Chemnitzer Innenstadt gegeben habe – wegen der sich ständig prügelnden und gegenseitig hetzjagenden Ausländer. Dies seien ohnehin die einzigen Hetzjagden, die es in Chemnitz gegeben habe.

Das Bild, das unbedarfte Nutzer*innen in diesen Tagen zum Beispiel auf *YouTube* von den Ereignissen bekommen, deckt sich nur wenig mit der Wirklichkeit. Die krasse Lufthoheit, die rechte Inhalte in diesen Tagen online erreichen, schafft es sogar in die *New York Times*: »As Germans Seek News, YouTube Delivers Far-Right Tirades« (»Wenn die Deutschen Nachrichten suchen, liefert *YouTube* rechtsextreme Tiraden«). Denn die Videos, die hier von Hunderttausenden angeklickt werden, stammen fast ausschließlich aus dem Netzwerk rechter Influencer*innen. Sie sind nicht nur die Ersten, die mit Videos auf die Geschehnisse in der ostdeutschen Großstadt reagieren – sie sind quasi die Einzigen. Geradezu zwangsläufig stößt man mit dem Suchwort »Chemnitz« auf die Kanäle von rechten YouTubern wie Oliver Flesch, *Chris Ares* oder der Gruppe *Nuoviso*. Sie alle landen mit ihren Inhalten – gemessen an ihrer sonstigen Reichweite – Riesenerfolge.

Auch wir sehen damals zufällig ein Video des Leipziger *YouTube*-Formats *Nuoviso* mit Frank Stoner, es ist eines der ersten Suchergebnisse. Ein ziemlich abgehalftert wirkender Typ mit Dreadlocks sitzt in einem Ledersessel und soll als Chemnitzer seine Sicht auf die Dinge schildern. Stoner wählt seine Worte scheinbar mit Bedacht, gibt sich neutral. Schon nach kurzer Recherche wissen wir aber: Der Typ, der da bei *Nuoviso* sitzt und seine Einschätzung abgibt, ist ein rechter Verschwörungstheoretiker. Normalerweise diskutiert er über die angeblich keineswegs gesicherten Selbstmorde von Hitler und Goebbels oder darüber, ob die Erde wirklich rund ist oder 9/11 wirklich ein Anschlag von Terroristen war. Nun will er die wahren Vorfälle in Chemnitz aufdecken. Das Video *#CHEMNITZ – Ein Insiderbericht* erscheint am 28. August – also am Tag nachdem die rechtspopulistische Partei *Pro Chemnitz* eine große Demo veranstaltet hat. Statt der angemeldeten 1.000 kamen laut Polizei wegen der bundesweiten Mobilisierung 6.000 teils rechtsextreme Teilnehmer*innen. Bei *Nuoviso* gibt sich der zwielichtige Frank Stoner als besorgter Bürger, neutraler Beobachter. Natürlich seien nicht alle Migranten gewalttätig, aber alle Gewalttätigen seien eben Migranten. Tatsächlich präsentiert Stoner falsche Fakten, verharmlost die Randale und rassistischen Übergriffe des rechten Mobs, der an den Abenden zuvor durch die Chemnitzer Straßen gezogen ist, und bedient die übliche Geschichte der kriminellen Ausländer, die von der Politik auf die Bevölkerung losgelassen würden. Zwei Tage nach Veröffentlichung ist es bereits über 400.000 Mal angeklickt worden. Es ist eines der ersten Videos zu Chemnitz auf der Plattform, die ein größeres Publikum finden.

Auch der rechte Rapper *Chris Ares* nutzt die Gunst der Stunde und lädt unter anderem einen empörten Monolog auf *YouTube* hoch. »Ich muss versuchen, objektiv darüber zu berichten beziehungsweise meine Meinung dazu kundtun, auch wenn ich am liebsten brüllen oder schreien würde«, sagt *Ares*, der sich ganz formlos als Chris vorstellt. Im Auto sitzend hebt er zu einer Wutrede an. Der Zorn, der ihn zu diesem Video motiviert hätte, ist *Ares* ins Gesicht geschrieben. Er erzählt vom angeblichen »täglichen Schlachten und Aufschlitzen« und vom »täglichen Vergewaltigen«, deren Folge nun Chemnitz sei. Auch in diesem Video ist von zwei Toten die Rede. Nach einem Tag hat der Clip über 400.000 Klicks; für mehrere Stunden schafft er es auf Platz 1 der deutschen *YouTube*-Trends.

Es sind zwei Beiträge, die stellvertretend für die Videoproduktion eines rechten Netzwerkes auf *YouTube* stehen. Die Vorfälle in Chemnitz zeigen, dass gut vernetzte rechte Influencer*innen in der Lage sind, binnen Stunden eine Empörungswelle zu inszenieren und damit die politische Debatte zu beeinflussen. Sie alle erzählen Variationen der gleichen Geschichte: Der Todesfall in Chemnitz sei nur einer von vielen, das Land und seine Menschen seien bedroht. Die Videos bleiben nicht folgenlos, die Verwirrung ist perfekt. Sören Uhle, Geschäftsführer des Chemnitzer Stadtmarketing, wird später der *New York Times* gegenüber zu Protokoll geben, dass ihn in den Tagen nach dem Tod von Daniel H. mehrere Anrufe von Journalist*innen erreichten, ob er den Tod einer zweiten Person kommentieren könne. Ob es richtig sei, dass es um den Schutz zweier Frauen gegangen sei. »Das ist mir noch nie zuvor passiert, dass mich etablierte Medien – deutsche Zeitungen und Fernsehsender – zu falschen Nachrichten und Propaganda befragen. Das alles war offensichtlich so überzeugend, dass die Leute es schlicht glaubten«, wird Uhle in der *New York Times* zitiert.

Glaubhaft konnten diese Falschinformationen werden, weil es zu dieser Zeit – zumindest auf *YouTube* – keinerlei Korrektiv gibt. Es sind fast ausschließlich YouTuber*innen aus der rechten bis rechtsextremen Bubble, die wie am Fließband Content zu Chemnitz produzieren. Wer hier zu den Vorkommnissen sucht, kann nur auf sie stoßen. Und: Die schiere Masse von sehr ähnlichen Inhalten suggeriert schnell, dass es sich hier um valide Tatsachen handelt.

Das bestätigt auch die Analyse von Ray Serrato. Der Politikwissenschaftler hat die Beiträge unter dem Begriff »Chemnitz« auf *YouTube* untersucht. Mehr als 200 Videos seien unter diesem Schlagwort in den Tagen nach dem Tod von Daniel H. auf *YouTube* hochgeladen worden – das erste schon am Morgen nach der Tatnacht. Sein Urheber Oliver Flesch ist fester Bestandteil der deutschsprachigen *YouTube*-Rechten; er war als »freier Medienmacher« Gast der AfD im Bundestag.

Früher war Flesch einmal Journalist. Er arbeitete für die *Hamburger Morgenpost* und die *Bild*, inzwischen lebt er auf Mallorca und betreibt mit 1984 sein eigenes »liberal-konservatives Nachrichten-Magazin«. In seinen Videos gibt Flesch in der Regel eins zu eins Positionen der AfD wieder, indem er schlicht Reden aus Wahlkämpfen hochlädt. Oder er kommentiert auf der Veranda sitzend das aktuelle politische Geschehen. In seinen Videos zu Chemnitz verbreitet auch er die Falschinformation, dass das Opfer deutsche Frauen vor Ausländern habe beschützen wollen.

Durch Chemnitz wird damals ein Netzwerk auf *YouTube* sichtbar, das in der Lage ist, in kurzer Zeit große Mengen Content zu produzieren und so Stimmung im Netz zu machen. Die Ereignisse von Chemnitz weisen alle Zutaten auf, die rechte Empörungswellen erfolgreich machen: Ein starkes, emotionales Einzelereignis kann verdichtet und in die eigene Untergangserzählung eingefügt werden (Niemand ist mehr sicher! Nirgends!), ein klares Feindbild (der Staat, die Polizei, Merkel, Ausländer!) kann dafür verantwortlich gemacht werden, und es ist ein Thema von nationaler Bedeutung, über das auch große Medien berichten – und das bei teilweise schlechter Informationslage. Die Funktionsweise von Plattformen wie YouTube tut ihr Übriges dazu, die Inhalte erfolgreich zu machen. Und die rechten YouTuber*innen sind versiert darin, mit ihnen umzugehen.

Die Rechten und ihre Zentren

Das rechte YouTube-Netzwerk ist riesig. Es gibt unzählige Accounts verschiedener Größenordnungen – und irgendwie sind sie alle miteinander verbunden. Wir haben uns einen Überblick über wichtige Kanäle verschafft und ihre Verbindungen nachgezeichnet. Die vorne abgebildete Karte zeigt: Vor allem einige wenige Knoten halten die Spektren zusammen und bilden so Tore in die diversen Bereiche der rechten Blase auf YouTube. Kanäle wie etwa Unblogd oder jene von Oliver Flesch und Oliver Janich scheinen stets darum bemüht, unterschiedlichste Akteur*innen einzuladen und/oder über deren Aktivitäten zu berichten. Auf diese Weise verbinden sie für ihr Publikum zahlreiche Nischen, die ansonsten nicht direkt miteinander in Kontakt stehen würden.

Wir haben uns angesehen, welche Kanäle, sei es durch Videos, Gastauftritte, Interviews oder Kanalempfehlungen, aufeinander verweisen. Das sich daraus ergebende Netzwerk wandelt sich ständig, neue Knoten kommen hinzu, andere verschwinden – unsere Analyse gibt einen Eindruck über die Mannigfaltigkeit des rechten Angebots auf YouTube und zeigt dabei nur einen Ausschnitt. Die Größe der einzelnen Knoten in der Grafik sagt dabei nichts über die Klicks oder Abonnent*innen aus, sondern über die Zahl der Kontakte zu anderen Kanälen. Jene Kanäle, die stärker vernetzt sind, werden dementsprechend größer abgebildet.

Bei unserer Recherche fiel unmittelbar ins Auge: Nicht nur sind die einzelnen rechten Szenen in sich stark vernetzt, sie halten auch zu den jeweils anderen engen Kontakt. Dass eine Akteurin der Identitären etwa auf dem Kanal eines anderen Identitären auftaucht, mag weniger überraschen als Gastaufritte von Martin Sellner beim Verschwörungstheoretiker und »GEZ-Verweigerer« Heiko Schrang. Gleiches gilt für sich als libertär betrachtende YouTuber wie Charles Krüger, der über die vorübergehende Stilllegung von Sellners Kanal berichtete. Auf *YouTube* gibt es keine Berührungsängste: Verschwörungstheoretiker*innen, Esoteriker*innen, rechtsextreme Kader und AfD-Aktivist*innen arbeiten Hand in Hand. Die häufigen ideologischen Widersprüche wissen die Aktivist*innen gut zu überdecken; konkrete Positionen wie die Haltung zu Russland, den USA oder zu Wirtschaftsfragen treten angesichts des gemeinsamen Feindes, der liberalen Mehrheitsgesellschaft, in ihrer Bedeutung zurück. Wie der Fall Chemnitz zeigt, können Klimaskeptiker*innen, Impfgegner*innen, Antifeminist*innen oder Identitäre schnell zusammenkommen, wenn es ein gemeinsames Feindbild gibt. Es ist eine »Allianz der Antagonist*innen«, wie es der Harvard-Kommunikationswissenschaftler Jonas Kaiser nennt.

Das Netzwerk scheint gut organisiert. Innerhalb kürzester Zeit erscheinen Videos zu ähnlichen Themen, denen auf diese Weise besonders viel Relevanz eingeräumt werden soll. Besonders Kanal-Sperrungen auf *YouTube*, *Facebook* und *Twitter* sind beliebte Anlässe zur Kollaboration. Da die Themen an unterschiedlichen Stellen des Netzwerks auftauchen, unterschiedliche Personen sie vortragen, wirken sie umso glaubhafter. Die Mär von bedrohter Meinungsfreiheit und steigender Repression eignet sich besonders gut für Solidarisierungseffekte. Martin Sellner gibt es in einem Beitrag für die *Sezession* 2017 offen zu: Repression wirkt oft förderlich, weil sie Mitgefühl weckt. Das Vorgehen der Netzwerke gegen Hate Speech kommt also nicht nur ungelegen.

Als YouTube den Kanal *Neverforgetniki* sperrt, dauert es nicht lange, bis andere YouTuber*innen reagieren: Martin Sellner macht einen Livestream, zahlreiche rechte Kanäle produzieren Videos. Oliver Flesch, Charles Krüger, *Unblogd*, Carolin Matthie, Carsten Jahn, *Brennpunkt Politik* – es ist unmöglich, an diesem szeneinternen Medienereignis vorbeizukommen. Der Tenor ist dabei stets der Gleiche: Die Löschungen durch *YouTube* seien Ausdruck einer linken Meinungsdiktatur, die es den Rechten unmöglich mache, ihre Meinung offen zu äußern. Die Beiträge von »Niki« seien so sauber recherchiert und faktenreich gewesen, dass »die Linken« Angst bekommen hätten.

So unterschiedlich die verschiedenen Stimmen sind, das Narrativ einer totalitären Meinungsdiktatur verbindet sie miteinander, lässt sie zusammenarbeiten und füreinander werben. Denn: Es rentiert sich, Teil dieses Netzwerks zu sein. Wenn alle Kanäle aufeinander verweisen, ist das besonders für kleinere YouTuber*innen eine Chance, ihre Reichweite zu vergrößern, zudem verweist der Algorithmus von *YouTube* auf ähnliche Inhalte, wenn einige Videos erfolgreich waren. *YouTubes* Funktionsweise befeuert den Hype, und das rechte Netzwerk weiß ihn sehr gut auszunutzen.

So bieten die offenbar engen Verbindungen eine verlässliche Infrastruktur, um neu entstehende Kanäle gezielt zu fördern. Das Modell, das bei Martin Sellner lange im Kleinen zu beobachten war, wird auch im größeren Kontext angewendet: Jede neue Akteurin, jeder neue Akteur wird durch Interviews und Gastauftritte in die Szene eingeführt und so dem Publikum vertraut gemacht. Eine willkommene Starthilfe, von der 2019 besonders zwei Kanäle profitierten.

Einer davon ist *Neverforgetniki* des 19-jährigen Niklas Lotz, der für Oliver Flesch nicht weniger ist als ein »deutscher Held«. Stets sitzt Niki vor einer welligen Weltkarte, davor eine wackelige Tischlampe. Stets beginnt er: »Hallo an alle Zuschauer und willkommen zu dieser neuen Sendung.« Danach folgt die typisch rechte Agenda: Er »zerstört« Greta – freilich ohne sich thematisch mit ihr auseinanderzusetzen –, oder er prangert die Meinungsdiktatur in Deutschland an. Nüchtern betrachtet ist das alles weder interessant noch spannend oder gar humorvoll. Nichts an Nikis Videos ist *YouTube*-mäßig. Trotzdem sammelt er in wenigen Monaten fast 100.000 Abonnent*innen, weil sehr verschiedene rechte Influencer*innen über die verschiedenen Strömungen hinweg Werbung für ihn machen. Nikis Kanal wird nicht dank Charme, Eloquenz oder besonders kreativer Videos groß, er wird bewusst aufgebaut, als junges Gesicht, das bislang fehlte. Auch von der vorübergehenden Löschung seines Kanals profitiert er. Allein die zahlreichen Solidaritätsvideos und Nachrichten in diversen *Telegram*-Channels bringen ihm an die 10.000 neue Abonnent*innen ein.

Ähnlich lief es bei Naomi Seibt, der zweiten neuen Heiligen des rechten *YouTubes*. Die 18-Jährige ist für Oliver Flesch »vielleicht der neue Jesus«. Also, sie könnte es sein, »rein theoretisch«, schreibt der rechte Blogger und YouTuber auf seiner Seite. Als *YouTube* eines von Seibts Videos löscht, in dem sie – natürlich strikt wissenschaftlich – behauptet, die aktuelle Politik zur Bekämpfung des Klimawandels sei ein »Programm zur Kontrolle der Weltbevölkerung im sozialistischen Stil«, ist der Aufschrei in der rechten Blase groß. Die Sperrung bringt ihr am Ende fast genauso viele Neuabonnent*innen wie das ursprüngliche Video selbst. Skandalisierung wirkt.

Zuvor war großer Aufwand betrieben worden, um Seibt, deren Mutter AfD-Funktionärin in Münster ist, als die neue weibliche Hoffnung Deutschlands zu inszenieren. Brittany Pettibone interviewte sie ebenso wie Oliver Flesch, Oliver Janich oder der Kanal *Unblogd*. Das Interesse an den neuen, jungen Gesichtern ist groß. Niklas Lotz und Naomi Seibt repräsentieren die Kerngeneration auf *YouTube*. Doch bisher hatte die Neue Rechte schlicht keine Influencer*innen dieses Alters vorzuweisen. Die Identitären, die zwar ebenfalls auf ein junges Publikum zielen, sind selbst oftmals um zehn oder mehr Jahre älter als Lotz und Seibt. Mit ihnen bietet sich nun die Chance, diese Lücke zu schließen. Ob das gelingt, ist allerdings fraglich, klingen die Kommentare unter den Videos zumeist nach den üblichen älteren Herren, die sich an der heroischen Jugend erfreuen. Dennoch sind frische Gesichter ungemein wichtig für das Netzwerk – zumal die Halbwertzeit von Influencer*innen begrenzt ist. Sie werden oft schnell groß, verlieren aber auch ebenso schnell die Aufmerksamkeit ihrer Follower*innen. Ein *YouTube*-Manager sagte uns: »Irgendwann, manchmal schon nach wenigen Jahren, ist der Hype einfach vorbei. Da kommt kaum ein Influencer drum herum.«

Das rechte Netzwerk ist also überaus breit gefächert: Während Oliver Flesch lockerflockig als Macho auftritt, gerieren sich Miró Wolsfeld oder Hagen Grell als unabhängige Journalisten. Alex Malenki ist der Spaß-YouTuber, der mit seinen Zuschauer*innen Paintball spielen geht oder Brettspiele schnitzt, Martin Sellner hingegen der seriöse Politaktivist, der fast täglich mit politischen Analysen aufwartet. Die kleineren Kanäle, die nicht als dezidiert rechtsextrem erkennbaren, fungieren als Eingänge in den Hasenbau.

Zur Erinnerung: Als der junge Amerikaner Caleb Cain in seinem *YouTube*-Video davon berichtet, wie er immer tiefer in die Alt-Right rutschte, spricht er von einer »Pipeline«. Er entwickelte einen Tunnelblick, während er sich immer weiter radikalisierte. Indem die Accounts des rechten Netzwerks so stark miteinander verknüpft sind, erzeugen sie ein ganzes Röhrensystem, in dem Nutzer*innen sich verlieren sollen. Jeder Kanal ist ein potenzieller Eingang in dieses System aus rassistischen, verschwörungstheoretischen und rechtsradikalen Inhalten. Und je zahlreicher diese Eingänge sind, desto größer ist die Wahrscheinlichkeit, dass tatsächlich jemand hineinstolpert. So entsteht ein Radikalisierungspfad, der von rechten Meinungen innerhalb des demokratischen Spektrums hin zu radikaleren, verschwörungstheoretischen oder offen rassistischen Inhalten führt.

Die leichter zugänglichen, gemäßigten Inhalte sind für das Spektrum enorm wichtig: Sie halten die Gruppe potenziell offen und anschlussfähig an den Mainstream. Extremere Inhalte hingegen sorgen für eine stärkere Entfremdung vom Mainstream, bilden aber ein größeres Gruppengefühl nach innen aus. Das ist es, was Martin Sellner als Themeninvasion beschrieben hat: Das rechte *YouTube*-Netzwerk funktioniert wie eine Rampe der Radikalisierung.

Dass diese »Rampe« tatsächlich funktioniert, konnten fünf brasilianische Kommunikationswissenschaftler*innen zeigen. In einer Untersuchung haben sie über Jahre mehr als 300.000 Videos und 75 Millionen *YouTube*-Kommentare ausgewertet. Ihr Ergebnis: Nutzer*innen sind konsequent von leichteren zu radikaleren Inhalten gewandert. In den letzten Jahren sind die rechten Kanäle explodiert, was Abonnent*innen, Anzahl der Videos und Kommentare anbelangt. Das hat mit der allgemeinen Bedeutungszunahme von *YouTube* zu tun. Die Forscher*innen stellten aber auch fest, dass Nutzer*innen rechter Kanäle besonders aktiv sind; sie kommentieren überproportional häufig – wohl auch, weil sie besonders emotional involviert sind.

Auf der Radikalisierungsrampe kommt den wenigen prominenten Akteur*innen der Szene die Aufgabe zu, Reichweite zu organisieren und Spektren zu verbinden. Sie sind so etwas wie die A-Promis der Szene, umgeben von einer Aura des Widerstands. Sie sind die eigentlichen Influencer*innen. Martin Sellner ist einer von ihnen, genauso wie Alex »Malenki« Kleine. Wenn sie zum Interview laden, dann folgt die Szene. Dank ihrer Bekanntheit wirken sie bis hinein in den Mainstream. Nicht umsonst stellen sich Identitäre vor jede Kamera der »Lügenpresse«. Schlechte Presse erwarten sie – und sie ist ihnen egal. Hauptsache, es wird berichtet. Denn ihre Gesichter sind es, die die rechte Blase insgesamt bekannter machen. Hier spielen Journalist*innen tatsächlich eine wichtige Rolle: Sie brauchen, um eine Geschichte erzählen zu können, diese Gesichter. Das Kalkül der rechten Influencer*innen zielt also durchaus auf die »Systemmedien«. Sind ihre Gesichter im Fernsehen, sind es bald auch ihre Ideen.

Eine wichtige Figur im Netzwerk, die jedoch niemals ihr Gesicht zeigt, ist der islamfeindliche YouTuber *Die Vulgäre Analyse* (DVA). Zwar spielt er schon lange eine wichtige Rolle für die Rechte, tritt jedoch erst seit 2019 offen für sie auf. Das ist insofern erwähnenswert, weil DVA die ideologische Nähe zur Rechten stets bestritt und sich selbst als links gerierte. Inzwischen lädt er wichtige Akteur*innen der Rechten zu sich ein und stellt damit ein wichtiges Scharnier zu einem Publikum dar, das ohnehin anfällig für rechte Ideologien ist. Dass eine der prominentesten Stimmen der sogenannten Skeptiker ganz offen mit der radikalen Rechten paktiert, ist bemerkenswert. Denn eigentlich sind Skeptiker Menschen, die pseudowissenschaftliche Behauptungen hinterfragen und sich kritisch mit Ideologien auseinandersetzen. Im Kontext des deutschsprachigen *YouTube* aber handelt es sich eher um eine Gruppe, die diesen Anspruch der Rationalität plakativ vor sich herträgt – meist ohne ihn einzulösen. Heraus kommt dann eine zutiefst ideologisch geprägte Kritik gesellschaftlicher Themen unter dem Label der Objektivität. *Die Vulgäre Analyse* ist hier ein zentraler Akteur, der dem rechten Netzwerk auf *YouTube* ein Gesicht gibt.

Die Vulgäre Analyse: ein Rechter wider Willen?

»Also ist es politischer Aktivismus definitiv wert, dafür ins Gefängnis zu gehen?« Der Gefragte zögert – lange. Schließlich bringt er hervor: »Ich würde sagen, ja.« Dann senkt er den Blick, unsicher ob seiner Antwort. Bisher ist das hier ein ganz lockeres Interview gewesen, freundschaftlich geradezu. Doch diese Frage hat es in sich, schließlich sind seine Worte auch ein Versprechen. Der, um den es hier geht, ist Shlomo Finkelstein, der Macher des *YouTube*-Kanals *Die Vulgäre Analyse*. Natürlich ist das nicht sein echter Name. Aber Shlomo hat Angst um sein Leben. Als er im Februar 2019 dem Identitären Alexander Kleine dieses Interview gibt, trägt er zu seinem karierten Hemd eine Art Sturmmaske. Die Gefahr sei zu groß, dass »die Antifa« oder radikale Islamisten ihn ausfindig machten. Er ist untergetaucht, sein Kanal seit Wochen tot. Tatsächlich ist DVA in diesen Tagen der wohl meistgesuchte YouTuber Deutschlands. Es sind jedoch vor allem Journalist*innen und die Staatsanwaltschaft, die ihn finden wollen. Und auch wir sind ihm auf der Spur – seit über einem Jahr.

Als wir 2017 anfangen, Shlomo hinterherzurecherchieren, kennen ihn nur wenige. Wir interessieren uns für ihn, weil er in seinen Videos gegen den Islam hetzt, den Koran verbrennt, auf ihn uriniert. Auch Leute, die sich gegen Rassismus und für Feminismus einsetzen, gefallen ihm nicht. Vorrangig Formate von *funk*, dem Contentnetzwerk von ARD und ZDF, unterzieht er regelmäßig seiner vulgären Analyse, beleidigt die Menschen, die dort auftreten, auf das Übelste. Mit seinen Tiraden, die er mit wissenschaftlich anmutenden Argumenten unterfüttert, schürt er in seiner Community reichlich Hass. Wir können 2017 zeigen: Die Leute, die sich die Videos von Shlomo ansehen, gehen danach zu den Kanälen, die er kritisiert hat, und hinterlassen dort oftmals unflätigste Kommentare. Er ist ein Animateur des Hasses.

Schon damals bezeichnen viele Shlomo als rechtsradikal, seine offensichtliche Islamfeindlichkeit legt das nahe. Doch er selbst verwehrt sich dagegen, nennt sich selbst libertär. Damit ist er nicht allein im rechten *YouTube*-Netzwerk, auch größere Kanäle wie *Unblogd* oder Charles Krüger folgen dieser Selbstbeschreibung. Im Libertarismus begründet sich das Recht auf »Selbsteigentum«: Ich gehöre nur mir. Je nach Strömung werden staatliche Strukturen als illegitime Eingriffe in diese Freiheit abgelehnt. Bei Miró Wolsfeld von *Unblogd* ist deswegen im Hintergrund auf einem Plakat zu lesen: »Roses Are Red. Taxation Is Theft.« Rosen sind rot, Steuern sind Diebstahl. Bei Shlomo wiederum lässt sich daraus seine extreme Abneigung gegen den öffentlich-rechtlichen Rundfunk erklären.

Dabei verdankt er den Öffentlich-Rechtlichen doch indirekt seinen Erfolg. Das zumindest sagt er selbst. Groß geworden sei er erst, als sein Kanal »von der ARD« gelöscht worden sei – offiziell wegen Urheberrechtsverstößen, in Shlomos Version, um seine Kritik zu unterdrücken. Wie bei anderen Kanallöschungen verhalf ihm die Geschichte vom übermächtigen Gegner zu einiger Unterstützung – unter anderem werden die ersten »GEZ-Verweiger*innen« auf ihn aufmerksam. Der rechte Verschwörungstheoretiker Hagen Grell etwa macht damals ein Video mit dem Hashtag #ARDolf. Kleiner geht es eben nicht, wenn das System kritisiert werden muss.

Seitdem ist viel passiert. Schon lange vor seinem Untertauchen hat sich um Shlomo eine Community gebildet, die vollkommen enthemmt und offen ihren Rassismus auslebt – angestachelt von seinem Islamhass. In seinem Forum versammeln sich Gleichgesinnte und erinnern in allem, was sie tun, an die *chan*-Kultur. Es heißt »Neoskeptische Deutsche Atheistenpartei« – das soll natürlich lustig sein, weil die Abkürzung NSDAP ist –, hier tauschen sich knapp 3.000 Leute über Politik, Memes, Pornos und Gaming aus. Das Vokabular ist so rüde wie in Shlomos Videos: Das N-Wort gehört zum guten Ton, ebenso das Incel-Gerede, dass Frauen und Feminismus daran schuld seien, wenn Männer ohne Sex leben müssten. Memes zeigen Anne Frank als Aschehaufen oder den Attentäter von Christchurch als Heiligen; auf Profilbildern sind nicht selten Pepe, der Frosch, oder auch mal die Reichskriegsflagge zu sehen. So deutlich war das nicht immer, aber heute ist das Forum der Shlomo-Community zumindest inhaltlich immer mehr zu einem kleinen *4chan* geworden. Hier hat sich eine Hasskultur entwickelt, die zwar einst rund um den YouTuber entstanden ist, sich aber mehr und mehr von ihm entkoppelte. Nicht selten ist er selbst Gegenstand des Spottes. Auch in den Wochen Anfang 2019, in denen *DVA* nicht sichtbar ist, keine Videos macht, ist die Community dort aktiv.

Diese Entwicklung zeigt eine allgemeine Tendenz in rechten Netzwerken: Die Influencer*innen sind oft nur Pappkamerad*innen, Werbeschilder, Projektionsflächen. Sie selbst sehen sich als Anführer*innen einer Bewegung und vergessen dabei, dass moderne Mobilisierung und Radikalisierung sich nicht immer steuern lassen. Die Community gleicht einem Geflecht, das sich zwar um einen Influencer herum bilden mag, dann jedoch frei von diesem agiert.

Und noch etwas zeigt dieser Fall, nämlich wie sich Hassnetzwerke über die Grenzen einzelner Plattformen hinweg bilden. Zwar ist *YouTube* hier der Beginn, der Kommunikationsanlass. Aber die sich um DVA versammelnden Hasskulturen sind eben auch auf einem eigenen Forums-Server, organisieren sich bei *Twitter*. Es bildet sich ein ganzes Ökosystem.

An sich ist das keine überraschende Entwicklung, denn die inhaltlichen Schwerpunkte von Shlomos Videos entsprechen denen der *chan*-Kultur in ihren Anfängen: gegen *Political Correctness*, gegen den Islam, gegen Feminismus. Beleidigungen sind obligatorisch und werden wie Nazizitate in den Foren als derber Humor entschuldigt. Schon früh entdeckt die Rechte deswegen *Die Vulgäre Analyse* für sich, Martin Sellner empfiehlt 2017 den Kanal in einem Video. Neben »patriotischen« Kanälen erwähnt er die sogenannten Skeptiker*innen, zu denen auch Shlomo gehört. Als wir Sellner im Interview nach dieser Gruppe fragen, sagt er: »Ich finde es interessant, dass sie überhaupt keine Agenda haben. Diese Leute sind rein ironisch und kritisch und objektiv.« Dass Shlomo sich gegen die »Hypermoral« und Political Correctness auflehnt, macht ihn für die Rechte so interessant.

Die vermeintliche Objektivität ist dabei nicht mehr als ein Marketing-Gag. Im Oktober 2019 treffen wir uns mit »Sally«. Der YouTuber betreibt den Kanal *SallyIsG4y* und gehört selbst lange zur »Skeptiker-Bubble«. Auch er wird in mehreren Videos von Sellner empfohlen. Doch Ende 2017 kommt es zum Bruch zwischen Sally und dem Rest der Skeptiker-YouTuber. »Weil ich das eigene Lager kritisiert habe«, sagt er. Er habe lediglich gesagt, dass er körperliche Gewalt auch gegen die Antifa ablehne. Es ist der Beginn einer Entfremdung. »Inzwischen benutze ich den Begriff ›Skeptiker‹ auch nur noch abwertend«, sagt der YouTuber. Nachdem Sellner ihn wiederholt lobend erwähnte, habe er angefangen, sich zu hinterfragen. Und er stellt fest: Die sogenannten Skeptiker hätten alle etwas gemeinsam. Sie machten Videos gegen alles Mögliche, vor allem aber gegen alles, das nicht rechts sei. Gegen Feminismus, gegen die Öffentlich-Rechtlichen, gegen die Erkenntnis, dass es strukturelle Diskriminierung gibt, gegen Flüchtlingshelfer*innen und Antifaschist*innen. »Das kann man natürlich machen«, sagt Sally, »aber dann muss man sich nicht wundern, wenn man lauter rechte Idioten in seiner Fanbase hat.« Bei ihm sei das nicht anders gewesen. Bis er angefangen habe, Stellung gegen Rassismus und gegen die AfD zu beziehen.

»Dieselben Leute, die meine Videos bisher super fanden, fanden das jetzt auf einmal scheiße.« Denn der Skeptiker-Bubble gehe es nicht um Objektivität und Rationalität. »Mit Wissenschaftlichkeit haben die nichts am Hut.« Vor allem gehe es darum, die eigene Agenda durch irgendwelche Studien zu belegen – egal, ob diese überhaupt anwendbar oder korrekt seien. »Dass die Kritisierten meistens Frauen und Migranten sind, ist kein Zufall«, sagt Sally. Das Weltbild der Skeptiker sei reaktionär. Man arbeite sich ab an einem gemeinsamen Feindbild: am »linken Establishment«, das die Freiheit einschränke.

Auch für Shlomo ist dies das Hauptproblem. Fragt man ihn, warum er seinen Kanal gestartet hat, nennt er den Terrorangriff auf *Charlie Hebdo*. »Nachdem das passiert ist, gab es eine Menge Leute, die ich aus dem Gymnasium kannte, die wirklich fast mit dem Anschlag sympathisiert haben. Die gesagt haben: ›Ja, wir dürfen diese Sachen nicht sagen, weil deren Religion, und ja – ist halt auch ein bisschen unsere Schuld.‹ Das hat mich so ange-

pisst, dass ich teilweise für ein paar Tage nicht schlafen konnte.«
Verständnis für Terroristen – das wäre eine Haltung, die man zu
Recht kritisieren kann. Doch die *Je-suis-Charlie*-Kampagne, in der
eine breite Öffentlichkeit sich mit dem Satiremagazin solidari-
sierte, findet in Shlomos Geschichte keinen Platz. Stattdessen
wird die vermeintlich omnipräsente *Political Correctness* zum großen Drohgebilde aufgebaut, das es zu zerstören gilt. Auch Feminismus und Identitätspolitik haben in seinen Augen derart to-
talitäre Züge angenommen, dass sie wie der Islam, den er als
autoritäre politische Ideologie begreift, im Dienste der Freiheit
bekämpft werden müssten. Dass Shlomo damit das gleiche Narrativ bedient wie die radikale Rechte, bestreiten er und seine
Community konsequent.

Freiheit – vor allem die Meinungsfreiheit – steht für Shlomo
an erster Stelle. Auf die Frage, wieso er den Koran verbrenne, antwortet er: »Wieso nicht? Mein Hauptbeweggrund für Sachen, die
ich mache, ist Freiheit. Wenn mir Leute sagen wollen, dass ich irgendwas nicht machen kann, dann will ich exakt das machen.«
Alles ist doch nur Spaß – bis es eben ernst wird. Dabei hat *Die
Vulgäre Analyse* die gleiche Radikalisierung durchgemacht wie die
chan-Boards: Erst geht es um Freiheit. Ich will sagen können, was
ich will – auch wenn es rassistisch, frauenfeindlich oder beleidigend ist. Fühlt man sich in diesem »Recht« eingeschränkt, begibt
man sich in Opposition zum Mainstream. Viele dieser Nutzer*innen sehen sich als Widerstandskämpfer*innen gegen die *Political
Correctness* und den medialen Mainstream, der einer linken Elite
treu ergeben sei, und wenden sich dementsprechend politischen
Akteur*innen zu, die sich in derselben Position wähnen. Im Falle
der *Vulgären Analyse* scheint dies die radikale Rechte zu sein.

Im Februar 2019 nun sitzt Shlomo vermummt am Tisch und
gibt ein Interview. Ihm gegenüber sitzt nicht irgendwer, sondern

der wohl bekannteste deutsche Influencer der Identitären in Deutschland. Das ist bemerkenswert. In den Wochen zuvor war *Die Vulgäre Analyse* deutschlandweit zu einer gewissen Bekanntheit gekommen, weil sie als eine Inspirationsquelle für *Orbit* gilt. *Orbit* ist mutmaßlich verantwortlich für die Veröffentlichung privater Daten Hunderter Politiker*innen und Prominenter Anfang 2019. Und er ist erwiesenermaßen ein Fan der *Vulgären Analyse*, stand in direktem Kontakt zu ihr. Verschiedene Medien suchen ihn, finden heraus, was wir schon wissen: Shlomo ist ein Jugendlicher aus dem Ruhrgebiet, der mal eine Rockplatte veröffentlicht hat. In der Szene heißt es, er sei in der Schweiz untergetaucht. Von ihm selbst hört man lange nichts. Dann dieses Exklusivinterview mit Kleine. Ein Rechtsextremer bekommt, was viele Medien wollen, und man kommt nicht umhin, das als Statement zu sehen.

Tatsächlich hat Shlomo alle Berührungsängste mit dem rechten Netzwerk abgelegt. Und dieses goutiert das mit einer Umarmung. Nach seinem Auftritt mit Kleine tingelt er durch verschiedenste Formate der Rechten, wird in Videos von Oliver Flesch, *Hyperion*, *Unblogd*, Roman Möseneder und Oliver Janich gepriesen oder interviewt. Und andersrum lädt Shlomo Vertreter*innen der Rechten auf seinen neuen Kanal ein. Es kommt zusammen, was zusammengehört.

Wir erkennen diesen Schulterschluss schon im Mai 2019 bei unserem Vortrag auf der Internetkonferenz Re:publica. Wir deuten an, dass es insbesondere den Identitären darum gehe, sich Shlomos Publikum anzunähern. Inzwischen lässt sich mit Sicherheit sagen: Die Schnittmengen sind ohnehin schon lange groß, beide Netzgemeinden verschmelzen immer mehr. Aus Shlomos Sicht liegt das jedoch nicht an ideologischen Überschneidungen. Für ihn ist der Pakt mit den Identitären quasi Notwehr. In einem zweiten Interview mit Kleine sagt er – an uns adressiert: »Hört auf, einem dermaßen breiten Spektrum der Opposition von eurem radikal politischen Lager dieselbe absurde Repression aufzudrücken.« Was er meint: Nennt uns nicht alle Nazis.

Es stimmt, Shlomo ist kein Nazi – und trotzdem Teil des rechten Netzwerks auf YouTube. Er bietet einen der Zugänge zum besagten Hasenbau, für die, denen die chan- und Trollkultur nicht fremd ist und die über einen grenzwertigen Humor in die Radikalisierung rutschen. Wie wenig sich DVA letztlich von den übrigen Rechtsextremen unterscheidet, zeigt sein Schlusswort am Ende des Interviews: »Wir haben ein Lager von Leuten, die in eine politisch extreme Richtung gehen, die auch in der Bevölkerung wenig verankert ist, die auch den medialen Mainstream eingenommen haben. Wir haben eine Gruppe, die hat den demokratischen Diskurs verlassen, die ist borderline-terroristisch unterwegs gegen ihre Opposition.« Man muss ein wenig Fantasie aufwenden, um zu verstehen, von wem er spricht: von demokratischen Politiker*innen, von Journalist*innen, allen, die irgendwie Establishment sind. Und er macht keinen Hehl daraus, was er mit ihnen tun möchte: »Und wir sehen natürlich, dass wir diese Leute aus ihren Machtpositionen entfernen müssen.«

Hyperion: ein schwarzer Rassist?

Kann jemand, der selbst geflüchtet ist, der schwarz ist, Mitglied der AfD sein? Dumme Frage, findet Homib Mebrahtu. Und irgendwie hat er ja auch recht: Warum sollte die rassistische Zuschreibung anderer über seine politische Laufbahn entscheiden? Mebrahtu ist stolz, aus dem »Migrantenstadtteil« Emmertsgrund in Heidelberg zu kommen. Vor allem aber ist er stolz, dass die AfD dort mit 20 Prozent bei den letzten Bundestagswahlen ihr stadtweit bestes Ergebnis holte. Mebrahtu floh mit seinen Eltern als Kleinkind aus Eritrea nach Deutschland und ist heute im AfD-Kreisvorstand im Rhein-Neckar-Kreis. »Aus Notwehr gegen die Flüchtlingspolitik«, sagt er. Es seien alles sehr nette und ordentliche Leute bei der AfD, »keiner in Springerstiefeln oder so was«.

Ist Mebrahtu auf einer AfD-Veranstaltung, scheint er ganz in seinem Element, er grüßt, scherzt, spricht mit seinen Parteifreund*innen, so sieht man es in einer NDR-Reportage über ihn. Sie zeigt auch: Homib Mebrahtu steht im April 2018 auf einem Marktplatz in Kandel, hält ein Mikrofon in der rechten Hand, streckt die linke in die Höhe und ruft dem Publikum zu: »Deutschland«. Die versammelten Demonstrant*innen geben ostentativ zurück: »Deutschland!«, worauf Mebrahtu fragt: »Welches Land hat die bessere Kultur?« und die Antwort, klar, lautet: »Deutschland!« So geht das hin und her. Danach sagt er in die Reporterkamera: »Das war noch gar nichts. Ich kann noch mehr.« Mebrahtu ist extra zu der Demonstration in Kandel angereist. Die kleine Stadt in der Südpfalz ist ein rechter Symbol- und Pilgerort, seitdem hier Ende 2017 ein vermutlich aus Afghanistan stammender junger Mann seine Freundin niederstach. Der Täter wurde in einem rechtsstaatlichen Verfahren zu acht Jahren und sechs Monaten Haft verurteilt und wird vermutlich nach der Verbüßung seiner Strafe abgeschoben.

Für die Rechten ist Kandel zur Chiffre für die angeblich zunehmende Gewalt von Geflüchteten geworden. Auch für Mebrahtu. Er genießt es, als Redner eingeladen zu werden, die Aufmerksamkeit, die Foto- und Autogrammwünsche. Auf einer Kundgebung 2018 in Heidelberg spricht er davon, dass Männer häufiger »überdurchschnittlich intelligent« seien als Frauen und daher auch häufiger in Chefetagen säßen und dass es »Afrika« so schlecht gehe, »weil die Leute dort weniger kognitive Fähigkeiten haben«.

Mebrahtu wird gern auf Demos eingeladen, er hat es zu bescheidener Bekanntheit gebracht. Kann eine Partei rassistisch sein, die sogar schwarze Funktionäre hat? Das fragt auch Mebrahtu rhetorisch – und liefert ein willkommenes Feigenblatt für eine Partei, deren Vorsitzender Alexander Gauland die ehemalige Integrationsbeauftragte Aydan Özoguz in »Anatolien entsorgen« möchte oder deren Fraktionsvorsitzende Alice Weidel von »Messermigration« spricht. Mebrahtu ist ein gern gesehener Gast bei AfD-Veranstaltungen – auch Partei-Eminenz Beatrix von Storch lud Mebrahtu zum Gespräch auf ihrem YouTube-Kanal Freie Welt TV. Der Kanal ist offenbar Teil der Medienstrategie des fundamentalchristlichen Netzwerks Zivile Koalition, das seit Gründung der AfD Einfluss auf deren Politik nimmt und vor allem gegen Gleichstellung und Homosexuellenrechte wettert.

Dass Mebrahtu gemeinsam mit Storch auftritt, hat weniger mit seiner Funktion als Vorstandsmitglied eines kleinen AfD-Kreisverbands zu tun. Homib Mebrahtu ist der YouTuber Hyperion. Er hat in den vergangenen drei Jahren über hundert Videos produziert, rund dreieinhalb Millionen Klicks damit erreicht, ihm folgen über 40.000 Leute. Mebrahtu ist einer unter vielen im rechten YouTuber-Netzwerk, aber er ist einer der wenigen, die nicht nur für die AfD medial trommeln, sondern auch als Funktionär für die Partei tätig sind.

Mit seinem Kanal zeigt Mebrahtu nicht zuletzt, wie soziale Medien politische Relevanz neu zuteilen. Der einzige Politiker der SPD (immerhin die mitgliederstärkste deutsche Partei), der einen nennenswerten YouTube-Account pflegt, ist Tiemo Wölken. Der EU-Abgeordnete aus Osnabrück macht das seit drei Jahren, sein Kanal ist so alt wie der von Mebrahtu. Sie haben beide ungefähr gleich viele Abonnent*innen, obwohl der eine Abgeordneter im EU-Parlament und der andere nur Mitglied im AfD-Kreisvorstand in einer kleinen Gemeinde in Süddeutschland ist. Und während die Abozahlen noch annähernd gleich sind, so sind es die Klickzahlen nicht: *Hyperion* hat durchschnittlich fast doppelt so viel Zuschauer*innen wie Wölken. *YouTube* sind politische Ämter egal.

In seinen Videos spricht *Hyperion* davon, dass er es überhaupt nicht problematisch findet, als N* bezeichnet zu werden, die Formulierung »alter weißer Mann« findet er aber schon diskriminierend. Seinen Kanal sieht er im Widerspruch zur »linken Meinungsdiktatur«: »Wenn Sie sich für Deutschland eine normale Diskussionskultur wünschen, dann unterstützen Sie mich«, sagt er in einem Video. Es reiche nicht, nur »Lügenpresse« zu schreien, man müsse auch selber aktiv werden.

Weil wir mehr über ihn und seine Motivation herausfinden wollen, verabreden wir uns mit *Hyperion* zum Gespräch per *Skype*. Mebrahtu willigt ein, möchte das Interview aber aufzeichnen. Er glaubt nicht an die »freie Presse« und möchte sich vor »Manipulationen« schützen. Dann sitzt er digital vor uns: Brille, ein Basecap mit der Aufschrift »RCHTS«, weißes T-Shirt. Er wirkt aufgeschlossen, ruhig, ziemlich freundlich. Er kann mit sehr großer Gelassenheit Sätze sagen wie »Feministen sind immer Sexisten, Linke fast immer Rassisten«. Er sagt es mit einer Beiläufigkeit, als würde er über das Wetter sprechen.

Gewissermaßen ist *Hyperion* durch den Konflikt mit Andersdenkenden zu *YouTube* gekommen. In einer *Facebook*-Gruppe »Gutmenschen gegen Wutbürger«, die sich 2015 in Folge der sogenannten Flüchtlingskrise gegründet hatte, diskutierte Mebrahtu mit, irgendwann machte er sein eigenes Video, »um mal so ein letztes, alles umfassendes Statement abzugeben« – damals veröffentlicht er die Videos noch bei *Facebook*. Sein erstes Video: *Die*

Wahrheit über Nazis und AfD in Deutschland. Ihn habe in der öffentlichen Debatte wie in der *Facebook*-Gruppe geärgert, dass er und andere »immer gleich Nazis« seien. Seine Meinung einmal auf den Punkt gebracht zu haben, das sei ein gutes Gefühl. Wirklich motiviert aber habe ihn die Unterstützung anderer, der Zuspruch. »Ich hab festgestellt, ich bin mit den Gedanken ja gar nicht alleine. Ich bin ja gar nicht wirklich so ein Verrückter. Das ist ein schönes Gefühl gewesen.«

Etwa zur gleichen Zeit beginnt er, sich bei der AfD zu engagieren. Es ist die Suche nach Gleichgesinnten, die ihn dorthin treibt. Beides, seine *YouTube*-Karriere wie sein AfD-Engagement, gehen vor allem auf ein Gefühl zurück: kämpfen zu müssen. Gegen die Bundesregierung, die, wie er glaubt, das Volk 2015 verraten habe, als sie auf die Situation an den europäischen Grenzen reagierte, und gegen die Medien, die von links dominiert und einseitig berichten würde. Seinen Kampf gegen Medien und Politik – er möchte ihn nicht nur in der Partei führen, sondern auch auf *YouTube*.

Schon zuvor sei er »libertären« YouTubern gefolgt, aber auch bekennenden Antifeministen wie dem Briten Carl Benjamin. Mit seinem Kanal *Sargon of Akkad* und fast einer Million Abonnent*innen ist Benjamin für viele rechte YouTuber ein Vorbild. Bekannt geworden ist er durch die Gamergate-Kontroverse, in der er aufseiten der Gamer eine feministische Weltverschwörung heraufbeschwor. Radikaler Antifeminismus, Islamhass, der Kampf gegen *Social-Justice-Warriors* und für den Brexit sind seine Lieblingsthemen. Benjamin steht exemplarisch für viele der Entwicklungen, die wir hier beschreiben: Durch die Gamergate-Kontroverse groß geworden, auf *YouTube* zu einem der zentralen britischen Rechtsaußen-Kommentatoren geworden, tritt er 2019 sogar bei den Europawahlen an – für die rechtspopulistische UKIP. Im Wahlkampf wird er wiederholt für einen Tweet von 2016 kritisiert, in dem er sich über die Vergewaltigungsdrohung in Richtung der Parlamentsabgeordneten Jess Phillips lustig machte. Er twitterte: »I wouldn't even rape you.«

Mebrahtu würden solche Entgleisung nicht passieren, auch wenn er in seinen Videos schon einmal im Stakkato wiederholt: »Ich hasse die Linken!« *YouTube* gibt ihm die Gelegenheit, ungestört über Politik zu sprechen, Mitstreiter*innen zu finden. Er sieht sich selbst als Aktivist gegen die Unfreiheit, der auf *YouTube* sein natürliches Habitat gefunden hat: »Die Rechten dominieren auf *YouTube*, klar.« Das sei dem Kampf gegen die »linke Meinungsdiktatur« geschuldet, die Rechten würden sich dagegen auf *YouTube* nur zur Wehr setzen. Deswegen, so Mebrahtu, gebe es einen intensiven Austausch zwischen verschiedenen rechten YouTubern: »Es ist wichtig, dass wir im Hintergrund auch ein paar Netzwerke haben, um uns abzusprechen.«

Sie sprechen über Themen, entwickeln Strategien. Wenn einer von ihnen gelöscht wird, unterstützen sie ihn, machen darauf aufmerksam, laden ihn ein. Sie wollen eine gut organisierte Gegenwehr bilden, ein eigenes kleines Content-Netzwerk. *Hyperion* hatte viele von ihnen bei sich zu Gast: den rechten Verschwörungstheoretiker Hagen Grell, Martin Sellner, sogar ein Interview mit dem inzwischen in Ungnade gefallenen Alt-Right-Sternchen Milo Yiannopoulos durfte er führen. Yiannopoulos war extra eingeflogen worden, um den rund hundert Macher*innen »alternativer Medien« auf der AfD-eigenen Medienkonferenz einen Stargast präsentieren zu können. Auch *Hyperion* war dort und freut sich über die Anerkennung seine Partei, »ein bisschen den Kopf getätschelt zu bekommen«, möchte aber seine Arbeit als YouTuber und Parteipolitiker strikt trennen. »Ich mache auch kritische Videos zur AfD«, sagt er. (Tatsächlich findet sich auf seinem Kanal ein Video, das die Haltung der Partei zur Wehrpflicht als Irrtum bezeichnet.) Mebrahtu weiß um seinen Wert für die Partei, gerade weil er auf seinem Kanal nicht unmittelbar als Mitglied zu erkennen ist. Er und seine Mitstreiter*innen erreichen mit ihren Kanälen Hunderttausende. Ein Publikum, das die AfD auf *YouTube* niemals alleine erreichen würde. Der Video-Strategie der Partei stellt er kein gutes Zeugnis aus: »Die haben eigentlich keine Strategie, das ist nichts. Es gibt eine riesige Diskrepanz zwischen unserer Qualität und dem, was die Partei zum Beispiel auf *YouTube* macht.«

Hagen Grell: der umstrittene Vorreiter

Cui bono? Wer profitiert? »Das ist eine Frage, die viel zu selten gestellt wird«, findet Hagen Grell. Er sitzt auf einem Sessel neben einem »freien Historiker«. Sie diskutieren über aktuelle politische Geschehnisse, blicken hinter die Kulissen, decken auf, wem eigentlich was nützt. Das wachsende Bewusstsein für Klimaschutz zum Beispiel oder der Konflikt in Venezuela. Hagen Grell weiß Bescheid – denn er ist »Truther«. Truther sehen sich selbst als Menschen, die der Wahrheit verpflichtet sind. Sie glauben, von der Regierung, den Freimaurern, den Geheimdiensten oder wem auch immer überwacht und kontrolliert zu werden, und sie hängen verschiedensten Verschwörungstheorien an. Das Motto, das Grells Videos oft einleitet, lautet dementsprechend: »Wenn du schläfst, darfst du nicht nur aufwachen, du musst auch aufstehen!« Er will aufrütteln mit seinen Videos, sein Publikum aufwecken und für die hinter allem liegende Wahrheit sensibilisieren.

Das gelingt ihm lange ziemlich gut: Seit Grell 2011 seinen Kanal gründete, ist er langsam, aber stetig gewachsen. Bis ihn Martin Sellner im Oktober 2018 überholte, konnte Grell sich wohl zu Recht als Inhaber des größten deutschsprachigen »patriotischen Kanals« bezeichnen. Inzwischen hat er knapp 85.000 Abonnent*innen. Seine Videos wurden über fast 22 Millionen Mal angesehen.

Den Beginn seiner politischen Karriere bildeten die sogenannten Mahnwachen für den Frieden. Die bundesweiten Veranstaltungen waren im Zuge des Maidan-Konflikts in der Ukraine entstanden und zeichneten sich vor allem durch ihren Antiamerikanismus und strukturellen Antisemitismus aus. Auf Grells Kanal finden sich mehrere Reden, die er bei den Mahnwachen in Leipzig hielt. Schon früh wiesen Journalist*innen auf die Nähe Beteiligter zu Verschwörungstheorien, der Reichsbürger*innenbewegung und Esoteriker*innen hin.

Auch Grells Videos sind von Anfang an geprägt von Verschwörungstheorien. Eines seiner Ersten etwa zeigt einen Vortrag von Dane Wigington, einem bekannten Chemtrail-Theoretiker, der davon ausgeht, dass die Kondensstreifen von Flugzeugen am Himmel Chemikalien enthielten, die zur Wetter- und Bevölkerungskontrolle eingesetzt werden. Zusammen mit Verschwörungstheorien über 9/11 bilden Chemtrails den gedanklichen Kern eines beträchtlichen Teils der Truther-Szene. Seit Jahren werden immer wieder neue »Beweise« dafür gesucht, dass Flugzeuge ominöse chemische Stoffe versprühen oder das World Trade Center von der CIA gesprengt wurde. 2010 wird Grell Moderator bei *Nuoviso*. Das ebenfalls aus Leipzig stammende Video-Portal ist mit fast 200.000 Abonnent*innen einer der größten verschwörungstheoretischen *YouTube*-Kanäle Deutschlands. Von Impfgegner*innen, UFO-Expert*innen, unkonventionellen Historiker*innen über GEZ-Gegner*innen bis hin zu Akteur*innen der Neuen Rechten kommt hier nahezu jede*r mit seinen obskuren Wahrheiten zu Wort. Nicht selten sind die Inhalte ziemlich absurd: So geht etwa der bereits erwähnte Frank Stoner der Frage nach, ob nicht die Antarktis der Eingang in die Hohlerde sei. Alternativ könnte auch Atlantis unter dem südlichen Pol liegen, schließlich sei Eis ja auch Wasser.

Oftmals führen die aufgeworfenen Theorien zu rechtsradikalen, antisemitischen oder geschichtsrevisionistischen Schlüssen. So erfährt das Publikum über die Anschläge in Brüssel 2016, dass diese von oben abgesegnet worden sein müssten. Dergleichen könne nicht stattfinden, ohne zuvor in Washington abgenickt worden zu sein, sagt ein Gast beim Nuoviso-Talk mit Hagen Grell. Wer »in Washington« die Fäden in der Hand halte, wird ein paar Sätze später klar: »Die Rothschilds regieren den Laden.« Doch dieser explizite Antisemitismus ist nicht die Regel. Besonders auf seinem eigenen Kanal arbeitet Grell gerne mit Chiffren. Die vermeintlich hektische Einführung des RFID-Chips, eines reiskorngroßen Senders unter der Haut, mit dem die Bevölkerung kontrolliert und sogar getötet werden könne, folgt dann einem »großen Plan« zur absoluten Versklavung des Menschen. Ob die Firmen, die die Chips herstellen, den Eliten angehörten, die sich eine »goldene Nase« damit verdienten, könne man nicht genau sagen. So bedient er damit nicht nur das antisemitische Sprachbild der goldenen Nase, sondern auch das antisemitische Muster der elitären Weltregierung. In einem anderen Video fragt Grell danach, was die NWO wirklich wolle. NWO steht für »New World Order« oder »Neue Weltordnung« und meint, dass es eine globale Elite gebe, die die Welt im Verborgenen regiere. Aus wem besteht nun aber diese Regierung? Aus Jüdinnen und Juden sowie Freimaurern? Grell beantwortet das nicht. Sein Gesprächspartner wundert sich in jenem Video jedoch darüber, dass Venezuelas damaliger Präsident Nicolás Maduro, der bekennender »Teilzeitjude« sei, vom amerikanischen *Deep State* durch den Freimaurer Juan Guaidó ausgetauscht werden soll.

Das Weltbild, das sich hier abzeichnet, ist zutiefst paranoid und verstörend. Alle Zahnräder greifen anscheinend ineinander und ergeben ein dystopisches Ganzes. Der Kampf gegen den Klimawandel wird zu einem Programm der Bevölkerungskontrolle und Greta Thunberg zu einer, bei der nicht ausgeschlossen werden könne, dass sie einer Gehirnwäsche unterzogen worden sei. »Autismus ist eine beliebte Krankheit bei NWOlern«, behauptet allen Ernstes Grells Gast.

Hagen Grell stellt mit solchen Inhalten ein wichtiges Bindeglied zwischen der Truther-Szene, in der er selbst stark verankert ist, und der Neuen Rechten dar. Denn zu den Verschwörungstheorien gesellen sich typisch rechtsradikale Inhalte. So stellt er das Recht auf Asyl infrage, bedient das Narrativ des Bevölkerungsaustauschs und wirbt für die AfD. Als bekennender AfD-Wähler führte Grell nicht nur ein wohlwollendes, ausführliches Interview mit Björn Höcke, sondern drehte auch eine Homestory, in der er das Privatleben des Politikers beleuchtete. Auf den erwähnten AfD-Song von Jennifer Rostock antwortete er mit einem »Faktencheck«, in dem er den Aussagen der Sängerin plump die Plattitüden des AfD-Wahlprogramms entgegenhielt – freilich ohne die tatsächlichen politischen Maßnahmen der Partei zu beleuchten. In einem Interview mit dem Verschwörungstheoretiker Gerhard Wisnewski werden so viele ideologische Versatzstücke miteinander vermengt, dass man kaum folgen kann: Der Krieg gegen Deutschland habe nie aufgehört und wurde ohnehin schon vor dem Ersten Weltkrieg begonnen. Dementsprechend sei der »Mythos der Alleinschuld« nur eine Waffe, um die Deutschen klein zu halten. Schließlich habe Hitler lediglich »reagiert«, als er den Zweiten Weltkrieg anfing – beziehungsweise nicht anfing.

Heute tobe nun ein »Krieg ohne Bomben«. Stattdessen gebe es die »Migrationswaffe«, die »Klimawaffe« (gegen die Autoindustrie) oder die Energiewende zur Zerstörung der deutschen Wirtschaft.

Auch zu Akteur*innen des rechten Netzwerks auf *YouTube* pflegt Grell selbstverständlich enge Verbindungen. Nachdem sich im Zuge der Bundestagswahl 2017 mit *Reconquista Germanica* das größte Trollnetzwerk Europas gegründet hatte, interviewte er dessen rechtsradikalen Gründer Nikolai Alexander. Und als Martin Sellner im Zuge der Spenden, die er vom Christchurch-Attentäter empfangen hatte, in den Fokus des österreichischen Verfassungsschutzes geriet, stellte er Sellner als »gefährlichsten und sympathischsten Mann Österreichs« vor. Dass sich Hagen Grell trotz dieser ideologischen Nähe als Journalist bezeichnet, überrascht kaum. Schließlich gehörte er auch zu den geladenen Gästen der AfD, als diese im Bundestag ihre »Konferenz der freien Medien« veranstaltete.

Von der Politik hofiert und als Medienmacher anerkannt zu werden, das gefällt Grell. Getreu seinem Motto, nicht nur aufwachen, sondern auch aufstehen zu müssen, geriert er sich als ein zentraler Akteur der Szene. Die Szene allerdings ist skeptisch geworden. Zu groß waren die Versprechungen, zu hoch die Summe der Spenden, die Grell für sein Projekt *Frei*[3] gesammelt hatte. Es sollte die rechten »alternativen Medien« auf ein neues Level befördern. Doch bisher ist davon nicht viel zu sehen.

Im März 2018 kündigt Grell in einem Video sein neues Vorhaben an. Mit *Frei hoch drei* solle in Zukunft eine unabhängige patriotische Plattform in Konkurrenz zu *YouTube* entstehen. Schluss mit der Zensur, Schluss mit den Löschungen und Sperrungen. Sogar eine eigene »alternative Tagesschau« werde es geben – als Sprecher*innen hätten bereits Szenegrößen wie Martin Sellner oder

Oliver Janich zugesagt. Fast 70.000 Euro spenden Grells Fans daraufhin für seine Plattform. Und dann: Grell vertröstet, beklagt die hohe Arbeitsbelastung und vertröstet erneut. Als dann eine erste Beta-Version erscheint, nimmt die Community sie so schlecht auf, dass sie schnell wieder verschwindet.

Im Juli 2019 ist es endlich doch so weit: Grell strahlt in die Kamera und verkündet: »Frei³ ist endlich da!« Doch wer sich das Ganze genauer ansehen will, ist schon früh irritiert, denn ohne Anmeldung läuft hier nichts. Durchaus beachtlich für eine Seite, die eine Alternative zu YouTube sein will. Die teils belustigten, teils erbosten Reaktionen aus der rechten YouTube-Welt lassen nicht lange auf sich warten – ein Blick auf die Seite zeigt ziemlich klar, warum. Nicht nur, dass die Seite recht dilettantisch aussieht, auch ihre Funktionen ersetzen nicht den bösen Zensor YouTube. Das Problem: Viele Videos, die auf Grells Seite zu finden sind, sind bloß Verlinkungen zu YouTube. Löscht also YouTube, sind die Clips auch bei Frei³ nicht mehr verfügbar. Mit der versprochenen »modernsten Internet-Technologie« hat Frei³ nichts zu tun. Mit dem »Kampf für Meinungsfreiheit« nur wenig.

Auf Kritik aus der Szene reagiert Grell empört, droht mit Klagen wegen Verleumdung und verteidigt sein Machwerk. Er wittert Verschwörungen – natürlich –, spricht von »Dolchstößen linker und rechter Denunzianten«. Man merkt ihm an: Die fehlende Wertschätzung trifft ihn offenbar. Tatsächlich ist Grell mit seinem Projekt eine Art Vorreiter der rechten Szene. Denn der Bedarf an alternativen Plattformen ist aufgrund des wachsenden Drucks von YouTube, Facebook und Co. riesig. Nicht selten wird dabei auch von eigenen Plattformen geträumt – doch die sind eben teuer und, wie der Fall Grell zeigt, nicht immer leicht umzusetzen.

4. Kapitel: Die nächste Phase im Infokrieg

Die radikale Rechte setzt von jeher auf soziale Netzwerke, doch es wird zunehmend schwieriger für sie, dort ihre radikalen Inhalte zu verbreiten. Deswegen entdecken sie das Exil und weichen auf halböffentliche Messenger und selbst gebaute Plattformen aus.

Der rechte YouTuber Hagen Grell hat also ebenso wie der kanadische ultrakonservative Psychologe Jordan Peterson oder der US-amerikanische Verschwörungstheoretiker Alex Jones von *Infowars*: eine eigene, alternative Videoplattform. Sie alle wollen eine Antwort auf die angebliche Zensur der großen Plattformen sein, insbesondere von *YouTube* und *Facebook*. Wie wir gesehen haben, leben rechte Akteur*innen davon, ohne eine zwischengeschaltete Instanz online ihre Ideologie verbreiten zu können. Lange profitierten sie dabei von der peinlichen Zurückhaltung der großen Netzwerke, die sie mit ihren hasserfüllten Inhalten gewähren ließen.

Inzwischen hat sich das wenigstens zum Teil geändert. *Facebook*, *Twitter* und *YouTube* reagieren auf die anhaltende Kritik. *YouTube* verkündet im Herbst 2019, man habe im zweiten Quartal 2019 fünfmal mehr schädliche Inhalte entfernt als zuvor, wobei 80 Prozent davon automatisch gelöscht worden seien. Es klingt horrend – mehr als 70.000 Kanäle und 100.000 Videos. Auch einige bekannte Protagonisten aus dem deutschsprachigen Raum sind betroffen: Unter anderem beklagt der österreichische Identitäre Martin Sellner die Löschung seines Kanals mit über 100.000 Abonnent*innen. Das Damoklesschwert über seiner digitalen Existenz, es ist gefallen. Wenn auch nur vorübergehend, denn nach zwei Tagen ist der Kanal wieder online. Und das ist ein Problem, denn wie wir gesehen haben, profitieren rechte Kanäle immer dann von Löschungen, wenn sie nicht dauerhaft sind. Betroffene wie Sellner, *Neverforgetniki* oder auch *Nuoviso* hatten nach den kurzzeitigen Kanallöschungen mehr Abonnent*innen als davor.

Etwas sicherer in seinem Vorgehen scheinen *Facebook* und das zum Konzern gehörige *Instagram* zu sein. Schon 2018 löschte das Unternehmen in den USA etwa die Kanäle des *Infowars*-Gründers Alex Jones und des Alt-Right-Protagonisten Milo Yiannopoulos. Dieses »Deplatforming« hat die betroffenen Influencer*innen in ihrer Reichweite empfindlich eingeschränkt und sie in der öffentlichen Wahrnehmung fast zum Verschwinden gebracht – auch weil Journalist*innen kaum noch kostenloses Material haben, um über sie zu berichten. Alex Jones, einst mit über zwei Millionen *YouTube*-Abonnent*innen Star am Alt-Right- und Desinformationshimmel, erreicht heute bei der Messenger-App *Telegram* gerade einmal etwas mehr als 9.000 Menschen.

Doch auch in Europa macht *Facebook* sein digitales Hausrecht geltend: Im September 2019 werden die Seiten der faschistischen italienischen Gruppe *Casa Pound* gelöscht, die als eines der Vorbilder der Identitären gilt. Die offiziellen Seiten der IB auf *Facebook* und *Instagram* sind da schon seit über einem Jahr gelöscht. Ende Mai 2018 hatte *Facebook* beschlossen, die Identitäre Bewegung als »Hassorganisation« zu führen, und damit der rechtsextremen Gruppe einen schweren Schlag versetzt. Denn nicht nur, dass die IB seitdem keine offiziellen Accounts mehr auf diesen Plattformen unterhalten darf, allein das Abbilden des IB-Logos, also des schwarzen Lambda auf gelbem Grund, kann zur Löschung führen.

Trotzdem sind viele rechte Influencer*innen weiter in den sozialen Netzen aktiv. Sellner selbst betreibt einen als Parodie getarnten Account, Alexander Kleine schafft es lange, seinen *Instagram*-Account am Laufen zu halten, bis auch dieser letztlich gesperrt wird. Der Aktivist beklagte sich kurz danach uns gegenüber, dass ihm wirklich etwas fehle – *Instagram* hat offensichtlich auch für rechtsextreme Aktivist*innen echtes Suchtpotenzial. Die von ihm angekündigte Klage gegen den Plattformbetreiber scheint jedoch Ende 2019 im Sande verlaufen zu sein.

Als Martin Sellners *Instagram*-Kanal im Mai 2018 gelöscht wird, meldet er sich das erste Mal persönlich in einem Video via *Telegram* zu Wort. Er prognostiziere die Löschung seines *Twitter*-Kanals binnen 15 bis 20 Tagen. Doch er hat eine Lösung parat: »Schlagen wir *Facebook* und *Instagram* ein Schnippchen! Werdet Teil der Phase zwei des Infokrieges!« Geboren ist die »*Telegram*-Elite«. Ende 2019 hat die Gruppe mehr als 35.000 Mitglieder. Beiträge kann hier nur Sellner höchstpersönlich löschen.

Der große Run auf die neue Wahlheimat der extremen Rechten beginnt im Sommer 2019. Es vergeht kein Tag, an dem nicht irgendein*e rechte*r Influencer*in seine Reichweite nutzt, um für den eigenen oder andere *Telegram*-Kanäle zu werben. Über Wochen versuchen rechte Aktivist*innen, den Messengerdienst bekannt zu machen. Gegründet wurde der Dienst eigentlich schon 2012 von dem russischen Programmierer Pawel Durow, der häufig als der »russische Mark Zuckerberg« bezeichnet wird. Zuvor hatte er bereits das russische soziale Netzwerk *VKontakte* aufgebaut, das sich als *Facebook*-Ersatz einiger Beliebtheit in rechten Kreisen erfreut. Nachdem Durow sich jedoch weigerte, Kreml-kritische Seiten zu löschen, übernahmen regierungstreue Investoren die Plattform. 2013 floh Durow aus Russland und gründete *Telegram*: Es soll ein Dienst sein, der die Meinungsfreiheit schützt, auf dem vor allem Demokratieaktivist*innen sich vernetzen können. Die App wird von Durow alleine finanziert, es gibt keine weiteren Investor*innen. Nutzer*innen können verschlüsselte Chats und Gruppenchats sowie Audio- und Videoanrufe tätigen. *Telegram* ist in den vergangenen Jahren auch eine Plattform für verschiedene terroristische Gruppen geworden, vor allem für den IS. Durow verteidigte lange seine radikale Free-Speech-Haltung: Man gebe »null Bytes der Daten an andere, auch nicht an Regierungen«. Doch als IS-Anhänger 2015 in Paris 130 Menschen töteten und diesen Anschlag über *Telegram* organisierten, änderte das Unternehmen seine Meinung und löscht seither IS-Kanäle.

Tatsächlich aber ist der Dienst bis heute ein sicherer Hafen für viele: sowohl für Demokratieaktivist*innen in Hongkong als eben auch für Rechtsextreme aus aller Welt. Letztere haben sich den Messengerdienst für ihre Zwecke angeeignet – als Social-Media-Ersatz. Die rechtsextremen Influencer*innen nutzen ihn als Ersatz für gelöschte *YouTube*- oder *Instagram*-Kanäle: Sie versuchen, Nähe zu vermitteln, berichten aus ihrem Leben, rufen zu politischen Aktionen auf, teilen Beiträge. *Telegram* hat seinerseits im Laufe des Jahres 2019 einige Features eingeführt, die diesem Anliegen sehr entgegenkommen: Inzwischen gibt es Kommentarfunktionen, Verlinkungsmöglichkeiten oder Umfragen. Aus der ehemaligen Nachrichten-App ist ein kleines soziales Netzwerk geworden, das im bescheidenen Rahmen Austausch ermöglicht.

Um Nachrichten zu erhalten, müssen potenzielle Nutzer*innen die App herunterladen, den Kanal finden, ihn abonnieren. Dennoch ist ein ganzes Netzwerk von diesen Kanälen entstanden, die aufeinander verweisen, sich verlinken, Beiträge untereinander teilen. Die radikale Rechte geht damit einen Weg, den zuvor schon islamistische Terrororganisationen gegangen sind: Sie begeben sich ins »Dark-Social-Web«, in Netzwerke also, die zwar durchaus Vernetzung und Austausch zulassen, aber doch im Dunkeln liegen und schwerer aufzufinden und einsehbar sind.

Die massive Nutzung von *Telegram* zeigt, dass die bedingungslose freie Rede häufig zum Einfallstor der extremen Rechten wird, weil sie gerade dort ihr Glück versuchen, wo ihnen keine Regeln den Weg zum Publikum versperren. Kein Wunder, dass es vor allem rechte Aktivist*innen sind, die in den vergangenen Jahren verschiedene Alternativen zu den großen Social-Media-Plattformen entweder für sich zu nutzen begonnen haben oder selbst aufbauten. Die amerikanische Politikwissenschaftlerin Jessie Daniels nennt rechte Gruppen deswegen auch »Innovationsopportunisten«: Sie sind besonders schnell darin, neue Technologien zu adaptieren. Die radikale Free-Speech-Plattform *gab.ai* beispielsweise, die als *Twitter*-Ersatz bei der extremen Rechten beliebt ist, hat es immerhin geschafft, in etwas mehr als zwei Jahren über 1.000.000 User*innen zu gewinnen. Das Logo der Plattform erinnert an das Frosch-Meme Pepe. Die größte Nutzer*innengruppe nach US-Amerikaner*innen sind Deutsche. Vor allem Rassist*innen und extreme Rechte tummeln sich hier – es ist eine selbst errichtete Filterblase, in der bis auf Pornografie und Terror laut AGBs »alles geht«. Zu den frühen Nutzer*innen gehörten auch Milo Yiannopoulos und Martin Sellner. Der Rechtsterrorist Robert Bowers, der 2018 elf Menschen bei einem Attentat auf die Tree-of-Life-Synagoge in Pittsburgh tötete, kündigte die Tat auf *Gab* an. Auf seiner Profilseite hatte er zuvor Juden als »Kinder Satans« bezeichnet. In der Folge wurde die *Gab*-App in den großen App-Stores gelöscht, mehrere Hosts- und Bezahldienste beendeten ihre Zusammenarbeit mit der Plattform.

Inzwischen gibt es zu jeder erdenklich großen Plattform eine Alternative: Einige Nutzer*innen, die vom Forum *Reddit* vertrieben wurden, wanderten zu *Voat.co* ab; die Plattform *Minds* bezeichnet sich selbst als »Anti-*Facebook*« und wurde zum Treffpunkt neonazistischer und extrem rechter Gruppen wie der rechtsterroristischen *Atomwaffen Division* oder ihres baltischen Ablegers *Feuerkrieg Division*. Auch die extrem rechte Nachrichtenseite *unzensuriert* aus Österreich empfiehlt *Minds*.

Für verbannte Videoinhalte hat sich zuletzt die Seite *bitChute* durchgesetzt: Äußerlich ein *YouTube*-Klon, zieht sie auch international besonders viele rechtsextreme Inhalte an. Der britische Gründer der Plattform sieht sich in Opposition zu *YouTube*, dem er vorwirft, »Löschungen, Demonetarisierung und Manipulation mittels Algorithmen« betrieben zu haben, »um bestimmte Inhalte in der Bedeutungslosigkeit verschwinden zu lassen«. Selbst der seit Langem wegen Antisemitismus und Volksverhetzung von *YouTube* verbannte Nikolai »Der Volkslehrer« Nerling hat sich hier eine kleine neue Existenz aufbauen können.

Für Vernetzungen in engerem Kreis fungiert neben *Telegram* vor allem die Gaming-Plattform *Discord*. Besonders in den USA stellt sie eine wichtige Infrastruktur für rechte Mobilisierung bereit und wird von Akteur*innen wie dem Ku-Klux-Klan, Teilen der Alt-Right und der *Atomwaffen Division* genutzt. Inzwischen aber erfreut sich *Discord* auch unter deutschen Rechtsextremen zunehmender Beliebtheit. Es gibt Dutzende von Online-Treffpunkten auf der Plattform. Finden kann sie nur, wer einen Einladungslink hat. Trotzdem haben viele der Gruppen regen Zulauf. Den Rechtsextremen kommt dabei zugute, dass *Discord* – wie auch die ebenso von Rechten genutzte Spiele-Plattform *Steam* – bei Jugendlichen und Gamer*innen relativ verbreitet und beliebt ist. Die Wahrscheinlichkeit, hier in einem eigentlich unpolitischen Chat über einen Link zu einem rechten Forum zu stolpern, ist durchaus hoch.

Besonderes Prestige versprechen sich rechte Akteur*innen jedoch davon, eigene Plattformen und Angebote zu schaffen. Nicht immer ist das von Erfolg gekrönt, oft wartet die Szene lange auf Ergebnisse, die dann nicht selten billige Taschenspielertricks sind. Ein Beispiel hierfür ist die »Nachrichten-App« der identitären Medienagentur *Okzident Media* aus Rostock. Als »eigene Kommunikationsplattform« beworben, aggregiert sie Nachrichten und Videos aller erdenklichen rechten Medienproduzent*innen – von *Jouwatch* und *Compact* hin zu den einschlägigen YouTubern. Die Sache ist nur: Von »linken Zensoren«, wie es heißt, ist man trotzdem abhängig, denn die Videos, zu denen verlinkt wird, sind bei *YouTube*. Aber die Ankündigung einer »Linksammlung« klingt eben nicht so sehr nach Widerstand wie eine »News-App«. Solcherlei Versuche gibt es eine Handvoll – sie alle erreichen bislang keine kritische Masse, profitieren jedoch von einer Regelung des Netzwerkdurchsetzungsgesetzes, das die Verbreitung von Hassbotschaften begrenzen soll: Es gilt nicht für Seiten unter zwei Millionen Nutzer*innen.

Auch im identitären Umfeld versuchen sich die Aktivist*innen an einer eigenen Videoplattform. Bereits im Herbst 2017 kündigte der Verein *Ein Prozent* mit vollmundigen Worten sein Projekt an. Ein Jahr später stellt Yannick Noé, AfD-Funktionär aus Leverkusen und Verleger des identitären Magazins *Arcadi*, die Plattform vor: *Redpilled*. Als »Wunderwaffe gegen Zensur« euphorisch gefeiert, sammelt auch diese Seite lediglich rechte *YouTube*-Videos. Wie viele Medieninitiativen von *Ein Prozent* ist *Redpilled* vor allem eine Werbemaßnahme für sich selbst – mit überschaubaren Effekten.

Für die extreme Rechte ist Deplatforming ein echtes Problem: Ihre Mobilisierung beruht ja gerade darauf, sich dem Mainstream anzudienen, die Plattformen zu nutzen, auf denen auch die Mehrheit der Bevölkerung unterwegs ist. Die Nutzung dieser Netzwerke bietet den Vorteil, die eigene Gruppe in Spannung zum Mainstream zu versetzen, also immer wieder Menschen außerhalb des eigenen Kreises anzusprechen und zu gewinnen. »Die Leute wollen unterhalten werden auf *YouTube*, Katzenvideos schauen. Wir, die politische Videos machen, profitieren davon«, sagt auch Homib Mebrahtu. Diese Möglichkeit fällt weg, wenn sie von den großen Plattformen verbannt werden.

Aus dem Deplatforming kann allerdings die verstärkte Radikalisierung resultieren: Die Gruppen werden kleiner und selbstbezogener, der Anpassungsdruck nach außen fällt weg. Durch die extrem geschrumpfte Außenwirkung und die bewusst geschürte Idee, man befände sich nun im verdeckten Widerstand, wird der Radikalisierung Vorschub geleistet. In *Telegram*-Gruppen der Identitären sind Rassismus und Antisemitismus an der Tagesordnung, in den offenen Chats wird zum Beispiel gerne mal darüber sinniert, »Juden nicht als Nachbarn« haben zu wollen.

Deplatforming führt also dazu, dass eine gewisse Portion Menschenhass aus den sozialen Netzwerken verschwindet. Das Problem aber ist: Er ist deswegen nicht weg. Im Dark Social Web verbreitet er sich nur ungesehen und ist deswegen noch schwerer zu fassen.

Als am 9. Oktober 2019 die Synagoge in Halle angegriffen wird, ist man sich in einschlägigen Foren sicher: Der Täter filmt die Tat. Von Passant*innen aufgenommene und auf Twitter kursierende Fotos des Täters zeigen ein an seinen Helm montiertes Smartphone. Aber wo ist der Stream? Weil der Täter sein Manifest und den Link zu seinem Livestream auf einem relativ unbekannten Imageboard der Gaming-Plattform *Twitch* postet, sehen nur fünf Personen live zu. Erst später verbreitet sich die automatisch gespeicherte Version – maßgeblich dabei ist *Telegram*. 15.600 Menschen sollen es dort innerhalb kürzester Zeit gesehen haben.

Einer enthemmten Online-Community, die nach dieser Sorte Videos giert, bieten solche halböffentlichen Kanäle die Möglichkeit, Inhalte zu verteilen, die auf anderen Plattformen unverzüglich gelöscht werden würden. So habe *Twitch* sofort nach der Löschung des Videos anderen Plattformen wie *Facebook* und *YouTube* die technische ID mitgeteilt. Damit können die Unternehmen schon während des Upload erkennen, dass es sich um gefährliches Material handelt, und verhindern, dass es online geht. Im Fall von Halle funktionierte das wohl ziemlich gut: *YouTube* schied als Verbreitungskanal für das Tatvideo aus; dafür gewannen Dark-Social-Kanäle an Bedeutung.

Das Resultat: Die Verbreitung des Videos verläuft zwar wesentlich langsamer, ist aber kaum zu kontrollieren. Es kursiert in den ohnehin eingeweihten Kreisen und Foren und wird von dort aus auf Imageboards wie *4chan* gestreut. Der Hass, der durch das Deplatforming ins Dunkel verschwindet, muss zwar Umwege nehmen, um wieder ans Licht und damit an die Öffentlichkeit zu kommen. Doch das gelingt in der Regel.

Im täglichen Gebrauch ist speziell *Telegram* eine wichtige Plattform, um die Vertreibung von den großen sozialen Netzwerken abzufedern. Sie erlaubt es, grenzwertige und grenzüberschreitende Inhalte zu kommunizieren – und das ganz normale Social-Media-Gebrabbel fortzuführen. Rechte Influencer*innen teilen dort eben nicht nur ihre Videos und Artikel, sondern auch ihren Alltag. Martin Sellner hat erst kürzlich, Ende Oktober 2019, einen zweiten Kanal eröffnet. *TeleInstagram* nennt er ihn. Seine Urlaubs- und Pärchenbilder will er von nun an hier teilen, weil es einigen Mitgliedern des anderen Kanals zu viel wurde mit dem Privaten. Verzichten aber will er darauf offensichtlich nicht. Schließlich macht die Selbstdarstellung als ganz normaler Martin einen Großteil seines Image aus.

Dark Social ist also nicht nur ein Weg, um »Verbotenes« zu teilen. Es ist inzwischen Teil des Ökosystems der rechten Mobilmachung.

5. Kapitel: Sie wissen, was du letzten Sommer getan hast

Ende 2018 veröffentlicht ein Jugendlicher Unmengen privater Daten – aus politischen Gründen. Hacking und Doxing sind seit Jahren Waffen im politischen Onlinekampf. Auch in Deutschland.

Das Jahr 2019 beginnt mit einem Knall. Am 4. Januar, noch vor sechs Uhr, berichtet die *Tagesschau* online vom Hackerangriff auf Hunderte deutsche Politiker*innen. Im Laufe des Tages ist die Nachricht in allen Medien: »Ein schwerer Anschlag auf die Demokratie«, titelt *Zeit Online*; das *Handelsblatt* sieht nach dem Cyberangriff »völlige Ratlosigkeit« in Berlin, selbst CNN und BBC berichten. Schnell werden weitere Details bekannt: Private Daten von Politiker*innen, von Prominenten und Journalist*innen sind im Internet veröffentlicht worden. Das Magazin *Spiegel* zählt 993 betroffene aktive oder ehemalige Politiker*innen: Rund 8.000 erbeutete E-Mails, 4.000 PDF- und 1.600 Word-Dokumente, 35.000 Bilder sowie 600 Videos können ihnen zugeordnet werden.

Die Öffentlichkeit ist alarmiert und spekuliert, wie die Täter*innen an die Daten gelangen konnten. Bild-Chefredakteur Julian Reichelt bringt schnell »fremde Mächte« ins Gespräch. Hinter einem so großen Leak könne nur Russland stecken. Schließlich führten bereits 2015 Spuren dorthin – der russische Cyber-Geheimdienst APT 28 hatte damals die Attacke »Fancy

Bear« losgetreten und die Netzinfrastruktur des Bundestages mit Trojanern angegriffen. Über Wochen hatten die Angreifer*innen Zugriff auf sensible Kommunikation. Gezielt wurden neuralgische Punkte der deutschen Regierung angegriffen: die Budgetkontrolle des Bundesnachrichtendienstes etwa und das Büro von Bundeskanzlerin Angela Merkel. Doch die abgeflossenen Daten verschwanden im Äther und tauchten auch zur Bundestagswahl 2017 nicht wieder auf.

Jetzt, 2019, ist das anders. »Ich hab einen Anruf bekommen von einem Juso aus meinem Ortsverband, der hat dann gesagt: ›Helge, auf deiner *Facebook*-Seite stehen komische Sachen. Ich glaube, du wurdest gehackt.‹« Die komischen Sachen auf der *Facebook*-Seite sind unter anderem dieser Post: »Rapefugees welcome« – eine fremdenfeindliche Formulierung, die Rechte gern verwenden, um Geflüchtete als Vergewaltiger zu denunzieren. Diese Parole steht nun auf der *Facebook*-Seite des SPD-Bundestagsabgeordneten Helge Lindh, der sich in seinem Wahlkreis in Wuppertal für Geflüchtete engagiert. Schnell wird ihm klar: Er hat die Kontrolle über seine *Facebook*-Seite verloren, ebenso wurden sein *Twitter*- und Mail-Account gehackt. Wenige Tage später bekommt er ein Paket nach Hause geschickt. Darin ein Koran, ein Kothaufen aus Plastik, künstlicher Urin, Theaterblut. Er stellt fest: Gekauft wurden die Sachen bei *Amazon*, mit seinen ebenfalls erbeuteten Kreditkartendaten. Damit endet der Albtraum allerdings noch nicht. In Wuppertal bekommen Geflüchtete Drohanrufe. Ihre Nummern stammen aus dem E-Mail-Postfach von Lindh, der ihnen bei Amtsgängen geholfen hatte.

So schildert uns Helge Lindh den Ablauf seines Hack – ereignet hatte der sich allerdings schon im März 2018, fast ein Jahr bevor seine Daten im Januar 2019 abermals im Netz landen. Lindh geht damals zur Polizei, doch die möchte trotz der eindeutigen

Hinweise keinen politischen Hintergrund erkennen – und findet auch keine Spuren zum Täter. Ähnlich geht es anderen Betroffenen, die nun ihre Daten erneut im Netz sehen müssen. Als am 4. Januar ganz Deutschland davon erfährt, sind einige Daten seit Monaten öffentlich, die meisten seit Ende Dezember. Denn der Hacker hatte sie in Form eines Adventskalenders auf *Twitter* veröffentlicht: jeden Tag ein Türchen – dahinter eine Person samt zugehörigen Informationen. Zuerst sind eher unbekannte YouTuber*innen betroffen, dann Politiker*innen aller Fraktionen – mit Ausnahme der AfD.

Als die Nachricht vom Hack auf unseren Smartphones auftaucht, haben wir schnell ein ungutes Gefühl. Die Auswahl der Opfer, insbesondere die Veröffentlichung von Daten eher wenig prominenter YouTuber, kommt uns bekannt vor. Während unserer Recherchen waren wir schon 2017 auf ein ähnliches Vorgehen gestoßen. Damals war der YouTuber Tarik Tesfu gehackt worden: Er verlor die Kontrolle über *Twitter*-, *Instagram*- und *Facebook*-Account, sein Personalausweis und eine ältere Steuererklärung wurden veröffentlicht. Der Täter bekennt sich damals auf dem gekaperten *Twitter*-Account: »Owned by Orbit«, schreibt er. Und: »Shlomo Finkelstein ist ein guter Junge, ich schaue zum Abendmahl mit meinen Niggern immer gerne seine Videos.«

In der rechten Community ist Trolling, also das Absetzen jeder Menge Hasspostings, ein bevorzugtes Mittel der politischen Auseinandersetzung – neben dem sogenannten Doxing. Jenen Begriff lernt die deutsche Öffentlichkeit dieser Tage kennen: Vom englischen Kurzwort »docs« oder eben »dox« für »documents« (Dokumente) kommend, bezeichnet er das Ergaunern und Veröffentlichen privater Daten, um die Betroffenen bloßzustellen. Doxing ist in den Neunzigerjahren in der Hacking-Szene aufgetaucht, als groß angelegte Taktik ist es mittlerweile Teil von verschiedenen Hasskulturen im Netz und so etwas wie das Lieblings-werkzeug der Alt-Right. Die Gamergate-Affäre bestand ganz wesentlich aus Doxing-Attacken auf Journalist*innen, und auch die Spieleentwicklerin Zoë Quinn, die sich im Zentrum des Hasses befand, hatte genau das erlebt: Unbekannte hatten ihren *Twitter*-Account übernommen und über ihn private Informationen, Lügen und Halbwahrheiten verbreitet. Ziel ist es, die Glaubwürdigkeit der gedoxten Person zu beschädigen und sie einzuschüchtern. Häufig gehen Doxings Angriffen im realen Leben voraus: Fake-Anrufe bei der Polizei, falsche Internetbestellungen, unerwünschte Hausbesuche. Die Betroffenen leiden zumeist schwer unter den Angriffen und dem Gefühl, einen Teil ihrer Privatsphäre verloren zu haben. Die im Januar 2019 geleakten Daten weisen genau dieses Muster auf: Obwohl ein großer Teil der Bundestagsabgeordneten zu den Betroffenen zählt, werden kaum politische Informationen gestohlen, keine geheimen Dossiers wie noch 2015, sondern Urlaubsfotos, private Chatverläufe oder Ausweiskopien.

Was das große Datenleck vor allem auszeichnet, ist der große Aufwand, der betrieben wurde, um die Daten quasi unlöschbar zu machen. Im Netz kursieren passwortgeschützte Kopien der Daten und wiederum Kopien dieser Kopien. Sie alle zu löschen, ist ein Ding der Unmöglichkeit – bis heute sind sie zu finden und können so immer wieder neu hochgeladen und potenziell missbraucht werden. Auffällig ist zudem, dass die Daten vor der Veröffentlichung kaum sortiert wurden. Wenn vorhanden, sind bestimmte Inhalte besonders hervorgehoben: Personalausweise, Dokumente, die über die Bankdaten oder die Adresse Aufschluss geben, private Chatverläufe mit Familienmitgliedern auf *Facebook* und *WhatsApp*. Sensible Daten ohne Frage, aber eben privat. Zielscheibe sind die Personen, nicht die politischen Informationen, zu denen sie gegebenenfalls Zugang haben. Zu hohe Spesenabrechnungen, geheime Strategiepapiere, skandalisierbare Gesprächsprotokolle – all das findet man vorerst nicht. Stattdessen wird explizit auf angebliche sexuelle Vorlieben oder Fotos von Angehörigen in den Daten hingewiesen. Die dahinterstehende Drohung ist unmissverständlich: Wir wissen, wie deine Kinder aussehen.

Auf den zweiten Blick stellt sich heraus: Viele der Daten sind nicht neu, sie schwirren schon lange im Internet herum – auf *YouTube*, *Twitter*, Doxingseiten. Die Daten von Medienschaffenden wie dem Moderator Jan Böhmermann oder Politiker*innen wie Helge Lindh wurden bereits Monate zuvor erbeutet und veröffentlicht – allerdings wurden die Vorfälle nicht miteinander in Verbindung gebracht. Nun laufen sie auf einem einzelnen *Twitter*-Account zusammen, und es wird klar: Doxing ist als Taktik aus den Untiefen des Internets ins politische Berlin gekommen. Auch deswegen handeln die Ermittlungsbehörden und der Bundesinnenminister Horst Seehofer überraschend schnell: Vier Tage nach Bekanntwerden des Datenlecks ist Johannes S., ein 20-Jähriger aus Hessen, gefasst. Sichtlich stolz präsentiert Seehofer die ersten Ermittlungsergebnisse, frohen Herzens gratuliert er allen Beteiligten zum raschen Erfolg. Bei Lichte betrachtet entpuppt sich dieser Erfolg jedoch eher als eine für die Behörden glückliche Verkettung von Umständen, die die eigenen Fehler der Vergangenheit kaschiert.

Als wir in jenen Januartagen für das ZDF-Magazin *Frontal21* und das Web-Format *Jäger & Sammler* die Hintergründe der Tat recherchieren, fällt uns ein Name sofort ein: Jan S. Er ist bekannt, weil er schon einmal für eine Hackattacke vor Gericht stand und weil er enge Verbindungen zu der *Vulgären Analyse* pflegt. Zudem ist er offenbar Teil einer Doxingszene; eine Seite, auf der regelmäßig private Daten veröffentlicht werden, ist auf seinen Namen angemeldet. Wir schreiben ihm, und er antwortet. Er habe mit dem unter *Orbit* firmierenden Doxer Kontakt gehabt, kenne allerdings dessen richtigen Namen nicht und habe mit der Tat selbst nichts zu tun. Das verkündet er wenig später auch öffentlich auf *Twitter*. Es ist wohl dieser Hinweis, der dazu führt, dass kurz darauf ein Team des BKA in seinem Wohnzimmer steht. Er erzählt den Beamt*innen, dass bei demjenigen, den sie suchen, in der Vergangenheit eine Hausdurchsuchung stattgefunden habe. Datum und Uhrzeit kennt Jan S., weil *Orbit* ihm damals geschrieben hatte, die Bullen stünden gerade vor seiner Tür. Das war 2016. Damals hatte *Orbit* zwei bekannte YouTuber gedoxt. Das BKA musste also lediglich in den Datenbanken nachschauen, bei wem es zum besagten Zeitpunkt eine Hausdurchsuchung gegeben hatte. Ein paar Stunden nach dieser Auskunft – laut Jan S. genau die Zeitspanne, die man von seinem Wohnort zu dem von *Orbit* brauche – kommen die Beamt*innen beim mutmaßlichen Hacker an. Was für ein Coup!

Der Täter ist also kein Unbekannter. Unter zahlreichen Decknamen ist er seit Jahren in der Doxingszene unterwegs. Mal tritt er als »God« auf, mal als »Nullrouter«, zuletzt eben als »Orbit«. Gegen Johannes S. laufen schon drei Ermittlungsverfahren, weil er private Daten mehr oder weniger bekannter YouTuber im Internet veröffentlicht hat. Und es waren mal mehr: Andere Verfahren, wie das eines jungen YouTubers aus Hamburg, mit dem wir ebenfalls gesprochen haben, wurden eingestellt, weil es keine Hinweise auf den Täter gegeben habe. Das Gleiche berichtet uns der YouTuber *SallyIsG4y*: Ihm haben die Behörden nicht einmal mitgeteilt, dass die Ermittlungen eingestellt worden seien. All diese Fälle sind der Polizei bereits bekannt, doch niemand verbindet sie – weil sie bei unterschiedlichen Abteilungen in verschiedenen

Bundesländern liegen. Niemand schaut nach, was *Orbit* sonst im Netz tut, welche Spuren er online hinterlassen hat. Letztlich ist es also der Tipp des ebenfalls 20-jährigen Jan S., der zur Ergreifung von Johannes S. führt.

Auf den folgenden Pressekonferenzen wird Johannes S. als »Kinderzimmertäter« beschrieben, der keine Komplizen hatte. Ein politisches Motiv stehe bei der Tat nicht im Vordergrund, obwohl der Verdächtige in der Vernehmung angibt, aus Ärger über die Politik gehandelt zu haben. Dabei ist nicht schwer zu erraten, um welche Art von Politik es *Orbit* geht. Öffentlich bloßgestellt wurden Personen, die sich medienwirksam oder politisch für eine offene Gesellschaft eingesetzt haben: für Geflüchtete, für Frauen, gegen Rassismus und Rechtsextremismus. Vor allem aber fällt auf, dass AfD-Politiker*innen nicht betroffen sind. Umso erstaunlicher, dass Bundesinnenminister und Bundeskriminalamt verhältnismäßig lange an ihrer Version festhalten, es handle sich nicht um eine politisch motivierte Tat.

Die Opferliste lässt einige Schlüsse auf den Hintergrund des Täters zu. Viele der betroffenen YouTuber*innen und Journalist*innen waren schon zuvor Zielscheibe des Internethasses gewesen, waren von einschlägigen Nutzer*innen und auf den entsprechenden Seiten beleidigt und gedoxt worden. Es liegt also von Beginn an der Verdacht nahe, dass die Täter*innen aus dieser Nische des deutschsprachigen Netzes kommen.

Ihren Ursprung und ihre Vorbilder hat diese Online-Subkultur in den Tiefen anonymer und nahezu unmoderierter Onlineforen, die, wie wir gesehen haben, Horte der Frauenfeindlichkeit, des Antisemitismus und des Islamhasses sind. Sie alle eint ihr menschenfeindliches Weltbild, das sie in Humor zu hüllen versuchen, und die Ansicht, dass Meinungsfreiheit bedeutet, alles unwidersprochen sagen zu dürfen. Verkauft wird das als unpolitisch, dabei ist es von dem reaktionären Bedürfnis motiviert, das Gefälle zu Minderheiten dadurch aufrechtzuerhalten, dass man sie weiterhin beleidigen darf.

Feindbild in diesen Foren sind Bewegungen und Menschen, die sich gegen Diskriminierung und Rassismus einsetzen, sowie das Konstrukt der »Political Correctness«, also der vermeintliche Maulkorb, der einem angelegt werde, wenn man sagen wolle, was zu sagen ja wohl erlaubt sein müsse. Wer ihnen angeblich das Wort verbietet, wird als »Social Justice Warrior« diskreditiert; gemeint sind »Linke«, die sich nur noch um Minderheitenrechte kümmern würden. Die vier US-Demokratinnen Ayanna Pressley, Ilhan Omar, Alexandria Ocasio-Cortez und Rashida Tlaib etwa werden gerne als Drohbild genutzt, um Trump-Wähler*innen bei der Stange zu halten. Dass die Angriffe auf sie vor allem rassistisch motiviert sind, stellte Donald Trump eindrucksvoll unter Beweis, als er die Frauen aufforderte, doch dorthin »zurückzukehren«, wo sie hergekommen seien, wenn es ihnen in den USA nicht gefalle. Ohio, New York City oder Detroit, die Geburtsorte von drei der vier Politikerinnen, hatte er dabei sicher nicht im Sinn.

Längst gibt es diese Internetszene auch in Deutschland. Meist ist dort von einem vermeintlichen Zuviel an »Identitätspolitik« die Rede, davon, dass man sich jetzt genug um die Rechte von Homosexuellen und Frauen und derlei Firlefanz gekümmert habe und es jetzt an der Zeit sei, wieder richtige Politik zu machen. Im deutschsprachigen Internet haben sich um einige Influencer Troll-Armeen gebildet, die sich selbst als Anti-Social-Justice-Warrior-Warriors sehen. Sie tummeln sich vor allem auf YouTube und kämpfen dort gegen »den Feminismus« und »Political Correctness«.

Einer der größten und einflussreichsten Vertreter dieser Zunft ist »Shlomo Finkelstein« mit seiner Vulgären Analyse – wir kennen ihn bereits aus dem vierten Kapitel. Eines seiner Markenzeichen: In fast allen älteren Videos verbrennt er den Koran, uriniert auf ihn oder brät Schweinefleisch darauf – man fühlt sich hier unweigerlich an SPD-Politiker Helge Lindh erinnert, der einen Koran und Fake-Urin zugeschickt bekommen hatte.

Sowohl der Doxer Johannes S. als auch der Kronzeuge des BKA, Jan S., bewegten sich im Umfeld von Shlomo Finkelstein. Jan S. tauchte über lange Zeit im Impressum einer Internetseite auf, die Inhalte der *Vulgären Analyse* sammelte. Zudem war er Administrator im erwähnten *Discord*-Forum, das Shlomo für seine Community betreibt. Als wir Jan S. kurz nach der Festnahme *Orbits* treffen, weist er jede Beteiligung am Hack selbst und auch jede Nähe zur *Vulgären Analyse* zurück, gibt aber zu, von den Umtrieben *Orbits* gewusst zu haben. Als der YouTuber Tarik Tesfu gehackt wurde, habe er *Orbit* diktiert, was der auf dem gekaperten Account schreiben solle: »Er sollte eben auch mal was Lustiges schreiben, nicht immer nur Quatsch«, rechtfertigt sich Jan S. Die Staatsanwaltschaft Stuttgart, die gegen Shlomo Finkelstein wegen Volksverhetzung ermittelt, hat bisher genau eine Hausdurchsuchung durchgeführt: bei Jan S. Der habe sich nach eigenen Angaben allerdings »nur im Rahmen einer Dienstleistung« um die Verschleierung der digitalen Spuren der *Vulgären Analyse* gekümmert.

Orbit wiederum erwähnt nicht nur *Die Vulgäre Analyse* in seinen Hacks, er schrieb selbst islamfeindliche Kommentare in Internetforen. Und: Er doxte auffallend viele Menschen, die *Die Vulgäre Analyse* in ihren Videos kritisiert hatten. Jan Böhmermann, Rayk Anders, Tarik Tesfu, *SallyIsG4y* und die Macher von *Jäger & Sammler* – sie alle waren, bevor ihre Daten von *Orbit* veröffentlicht wurden, Gegenstand von Finkelsteins *Vulgärer Analyse*, das heißt einer beleidigenden Tirade, die vorgibt, stichhaltige Argumente vorzutragen. Mehr noch: *Orbit* stand vermutlich in direktem Kontakt zu Shlomo. *SallyIsG4y* erzählt uns, wie er Shlomo in einem Sprachchat traf, nachdem ein privater Chat Sallys von *Orbit* veröffentlicht worden war. »Ich habe Shlomo gefragt, ob er *Orbit* kennt, und dass er ihm sagen soll, dass er das offline nehmen soll.« Shlomo habe ihm damals zugesichert, *Orbit* Bescheid zu geben.

Warum er selbst zu einem von *Orbits* Opfern wurde, weiß Sally nicht mit Gewissheit. »Aber die Vermutung liegt schon nahe, dass es damit zu tun hat, dass ich mich mit Shlomo überworfen habe.« Und es gibt etwas, das diese Vermutung unterstützt. Unter den Gedoxten befindet sich auch der YouTuber *Raydio Roentgen.* »Den kennt außerhalb dieser Blase auf *YouTube* niemand«, sagt Sally. Tatsächlich hat der Kanal nicht mal 3.000 Abonnent*innen. »Aber er hat ein Video gemacht, in dem er Shlomo kritisiert.« Für *Orbit* wohl Anlass genug, auch seine Daten zu veröffentlichen. Es ist offensichtlich: *Orbit* hat sich in der Szene der *Vulgären Analyse* radikalisiert.

Viel brauchte es nicht, damit ein 20-jähriger Schüler über Wochen die Republik beschäftigte. Sowohl Jan S. als auch mehrere Spezialist*innen bestätigen uns, dass *Orbit* mehr Fleiß als technisches Geschick aufwandte, um all die Daten zu ergaunern. Wahrscheinlich besorgte er die meisten Account-Zugänge aus älteren Hacks oder fand mit Taschenspielertricks die Passwörter heraus. Immer wieder waren große Plattformen in der Vergangenheit von Datenabflüssen betroffen: *MySpace, Dropbox, Yahoo* – Millionen von Passwörtern und Nutzernamen schwirren durch das Internet. Weiß man, wo sie zu finden sind, und will es der Zufall, dass Betroffene noch immer ihr altes Passwort benutzen, ist man drin. Das erfordert mehr Glück als Verstand – und in Anbetracht der Menge an Personen, auf die Johannes S. zielte, vor allem Zeit. Zudem bediente er sich wohl der Daten, die in Doxing-Communities gesammelt wurden und schon länger kursierten. Unter anderem auf dem Discord-Server NWO (New World Order) versammelten sich zu jener Zeit gelangweilte Kids und Rechtsextreme, um in penibler Kleinarbeit über Wochen Daten prominenter Medienschaffender zusammenzutragen, die sie für links hielten.

Das NWO-Forum führt in eine skurrile Welt, in der Geschmacklosigkeit zum guten Ton gehört. Auf dem öffentlichen Teil des Forums werden verabscheuungswürdige Videos gepostet, um Zartbesaitete abzuschrecken: von Hinrichtungen, von gequälten und getöteten Tieren, von fehlgeschlagenen Suizidversuchen oder Gewalttaten gegen Frauen. Der nicht öffentliche Teil bleibt weitestgehend im Dunkeln, doch zeigen geleakte Aufnahmen, dass es hier vor allem um eins geht: das Doxing von sogenannten Masken, also Menschen, die die Servermitglieder aus verschiedensten Gründen verachten.

Im Januar 2019 bestätigt ein Opfer Orbits, ein junger, in seinen Videos unpolitischer Videospiel-YouTuber, dass Mitglieder des NWO-Servers, die zugleich dem rechtsradikalen Trollforum Reconquista Germanica angehörten, mitverantwortlich seien für die Veröffentlichung seiner Daten. Orbit, erzählt er uns, habe die auf dem NWO-Server zusammengetragenen Daten nur benutzt. Der mutmaßliche Verantwortliche des Datenlecks 2019 ist alles andere als isoliert. Er verkehrte in verschiedenen rechten Foren und wurde in einer bestimmten Subkultur sozialisiert.

Ein Täter, der von einer solchen Szene maßgeblich inspiriert und geprägt zu sein scheint, ist schwerlich als unpolitisch zu bezeichnen. Und so offenbart schließlich auch Holger Münch, Leiter des BKA, am 15. Januar 2019 im Digitalausschuss des Bundestages, dass man inzwischen auch den Verbindungen des mutmaßlichen Täters ins rechte Spektrum nachgehe – nachdem verschiedene Medien zuvor über eben jene Verbindungen berichtet hatten. Das alles spricht dafür, dass es den Strafverfolgungs-behörden am grundsätzlichen Verständnis dieser Internet-Sub-kultur bislang mangelte. Die *Vulgäre Analyse*, Doxing, Trolle – das alles fand lange in den Nischen des Internets statt und war den meisten Menschen und auch Beamten vollkommen unbekannt. Die Szene mutet unpolitisch an, ist vordergründig auf Games, einfaches Coding und Kinderstreiche auf *YouTube* fixiert. Doch spätestens seit #Gamergate hat sie sich politisiert und radikali-siert.

Die Spuren, die *Orbit* hinterlassen hat, sind Spuren der Radi-kalisierung: Vor Jahren hatte er begonnen, Daten von YouTubern, »die er nicht mochte«, zu erbeuten und zu veröffentlichen. Diese Hacks liegen teilweise Jahre zurück und sind wohl die ersten Geh-versuche eines selbstverliebten Skriptkiddies. Das zeigt die Ver-änderung, die das Doxing durchgemacht hat: Einst war es ein Ni-schenphänomen, inzwischen ist es ein bewährtes Mittel im poli-tischen Kampf. Zunächst begnügte Johannes S. sich damit, mehr oder weniger bekannte YouTuber*innen zu hacken und deren Da-ten quasi als Trophäe auszustellen, dann wurde er zum »Hacker des politischen Systems«. Im Internet warten Hunderte »unpoli-tische« *YouTube*-Mobber wie Johannes S. – und geneigte politische Kräfte wissen dies auszunutzen.

Doxing: vom Hacker-Hobby zur politischen Waffe

Schon bevor die sozialen Medien zu digitalen Mülltonnen wur-den, in denen Privatdetektive nach schmutzigen Details suchen, wurde Doxing von politischen Akteuren verwendet, um ihren Gegner*innen zu schaden oder zu drohen. Auch die Antifa outet immer wieder Rechtsradikale und Identitäre, und umgekehrt versuchen Rechtsradikale, Linke anhand von Bildern zu identifizieren und ausfindig zu machen. Für die *Occupy*-Bewegung in den USA war Doxing ein Mittel des Widerstandes: Die Polizisten John Pike und Anthony Bologna griffen 2011 unabhängig voneinander wehrlose Demonstrant*innen mit Pfefferspray an. Beide wurden letztlich durch Doxing identifiziert und disziplinarisch zur Rechenschaft gezogen. Pike geriet zudem in einen riesigen Shitstorm, ihn erreichten 17.000 Mails, 10.000 Textnachrichten, Hunderte Sprachnachrichten und Briefe.

Inzwischen mehren sich die Fälle, in denen aus politischen Gründen massenweise Daten veröffentlicht werden. So wurden zum Beispiel 2016 die Daten der Teilnehmer*innen des AfD-Parteitages auf der Seite *indymedia.org* publiziert. Das klandestine Kollektiv *Anonymous* outete 2014 Mitglieder des *Ku-Klux-Klan* in den USA. Eines der wohl prominentesten Beispiele der jüngeren Vergangenheit, in dem neben Hacking auch Doxing eine zentrale Rolle spielt, sind einmal mehr die amerikanischen Präsidentschaftswahlen 2016. Im Wahlkampf hatten Trolle gemeinsam mit langjährigen politischen Aktivisten der Alt-Right Stimmung für Donald Trump gemacht. In diesen an Absurditäten nicht gerade armen Monaten kam es zwei Wochen nach der eigentlichen Wahl zu einem besonders denkwürdigen Ereignis, das einiges über die Folgen einer manipulierten Teilöffentlichkeit verrät. Es ist der 4. Dezember 2016, als ein Mann, mit einem Sturmgewehr bewaffnet, in eine Washingtoner Pizzeria eindringt. Er schießt dabei auf zwei Türschlösser und einen Computer, bedroht die Angestellten. Sein Ziel: Er will Kinder befreien, die er im Keller vermutet. Dort sollen sie von einem Pädophilenring, der unter anderem von Hillary Clinton betrieben werden soll, gefangen gehalten und misshandelt werden. Nachdem der Angreifer keine Kinder findet – es gibt nicht einmal einen Keller –, lässt er sich bereitwillig festnehmen. Ein halbes Jahr später wird er zu vier Jahren Haft und einer Geldstrafe verurteilt. Damit könnte diese Geschichte schlicht von einem verirrten Mann in einer Washingtoner Pizzeria handeln. Seinen Ursprung aber hat dieses Ereignis in einem Hackerangriff und dem gezielten Einsatz von Desinformation.

Als der 28-Jährige Ende 2016 ins Restaurant marschiert, ist er fest überzeugt von einer Verschwörungstheorie, die unter dem Namen »Pizzagate« im Netz kursiert. Schon vor Monaten wurde sie in ominösen Foren behutsam in Umlauf gebracht, in der Hoffnung, die dort gesäten Hinweise würden von anderen aufgegriffen und unreflektiert weiterverbreitet werden. Die Verschwörung wird gezielt platziert – jedoch nicht als fertige Theorie, sondern in Form von Versatzstücken. Erste Hinweise finden sich im Juli 2016, als ein angeblicher FBI-Analyst ein AMA (»Ask me anything« – User können also alles fragen, was sie interessiert) auf *4chan* anbietet. Auf die Frage, ob Hillary Clinton Sex mit entführten minderjährigen Mädchen habe, entgegnete *FBIAnon* knapp: Yes. Und das Gerücht ist in der Welt. Es muss nur noch von jemandem aufgegriffen und in den verbreiteten sozialen Medien wie *Facebook* oder *Twitter* gepostet werden.

Am 29. Oktober geschieht genau das. Die *Facebook*-Userin Carmen Katz behauptet, sie hätte eine Quelle bei der New Yorker Polizei, die bestätigt: »Hillary hat eine gut dokumentierte Vorliebe für minderjährige Mädchen … Wir reden hier von internationaler Kinderversklavung und einem Sexring.« Ihr Post ist so etwas wie die Initialzündung des eigentlichen Pizzagate. Er wird auf *Twitter* verbreitet, von rechten Nachrichtenseiten aufgegriffen und zu einer ganzen Theorie aufgeblasen. Das Kalkül ist aufgegangen: Das Gerücht über Hillary Clintons Sexring hat es aus den Tiefen des Netzes an die Oberfläche geschafft, weil es von vermutlich arglosen Nutzer*innen aufgegriffen und verbreitet wird. Der Kommunikationswissenschaftler Bernhard Pörksen nennt das »Informationswäsche«. Durch den unschuldigen »menschlichen Touch« wird die falsche Geschichte mit Glaubwürdigkeit versehen. Von da an ist alles möglich.

Immerhin: Die US-Wahl am 8. November 2016 steht kurz bevor. Eine derartige Geschichte ist wie geschaffen für den Informationskrieg, der ohnehin schon eine ganze Weile tobt. So hatte die Enthüllungsplattform Wikileaks am 7. Oktober 2016 die ersten E-Mails des Demokraten John Podesta veröffentlicht. Podesta war Hillary Clintons Wahlkampfleiter, und schon im März hatten Hacker sich Zugang zu seinem Mailverkehr verschafft. Seit dem Angriff rechneten die Verantwortlichen in der demokratischen Partei damit, dass seine Korrespondenz veröffentlicht wird, doch sie müssen mehr als ein halbes Jahr warten.

Am 7. Oktober taucht ein Mitschnitt auf, der »Access Hollywood Tape« genannt wird, auf dem zu hören ist, wie Donald Trump unter anderem sagt: »Und wenn du ein Star bist, lassen sie es dich machen. Du kannst alles machen. Ihnen in den Schritt greifen – alles.« Es ist ein weiterer Skandal, der Trumps chauvinistisches Frauenbild zeigt. Eine halbe Stunde später werden die ersten Podesta-Mails veröffentlicht – ganz offensichtlich als Gegenmaßnahme, um von Trumps Eskapaden abzulenken. Doch mit den E-Mails passiert noch mehr: Sie werden zum angeblichen Hauptbeweisstück in der Pizzagate-Affäre. Darunter ist ein Schriftwechsel zwischen John Podesta und dem Besitzer der Pizzeria. Für die Verschwörungstheoretiker*innen liefert er die Beweise für die Existenz des Kinderpornorings, dem nicht nur Hillary Clinton, sondern auch ihr Mann Bill und Präsident Barack Obama angehören sollen. In alltäglichen Begriffen wie »Pizza« oder »Sauce« sehen sie Codewörter für Mädchen oder Orgie. Aus »Cheese Pizza« wird »Child Porn« – wegen der gleichen Anfangsbuchstaben. Nutzer*innen auf 4chan suchen wochenlang nach weiteren Beweisen, durchforsten den Instagram-Account des Pizzeria-Besitzers und finden auch dort fadenscheinige Hinweise. Die Theorie ist in der Welt. Und sie geht um die Welt.

In den ersten fünf Wochen nach dem Facebook-Post von Carmen Katz wird die Theorie 1,4 Millionen Mal von über 250.000 Accounts auf Twitter geteilt. Ein ganzes Netzwerk ventiliert die Desinformationskampagne über Trumps Kontrahentin – darunter nachweislich 14 russische Fake-Accounts und 66 Accounts von Angehörigen der Trump-Kampagne, unter ihnen Michael Flynn, der Sicherheitsberater der Trump-Regierung werden sollte.

An diesem Beispiel zeigt sich, welchen Wert Leaks politisch wie strategisch haben können. Nicht nur, dass Wikileaks die Mails zu einem ganz bestimmten Zeitpunkt veröffentlicht – um von Trumps eigenem Skandal abzulenken; die Plattformbetreiber*innen entscheiden sich auch dafür, die Mails schrittweise auf die Seite zu stellen. Im gesamten letzten Wahlkampfmonat erscheinen neue Podesta-Mails, erregen immer wieder das Interesse von Verschwörungstheoretiker*innen, von Journalist*innen und der Trump-Kampagne gleichermaßen. Und diese nimmt das Angebot dankbar an. Über 160 Mal soll Trump Wikileaks in dieser Zeit zitiert und gelobt haben.

Nach ihrer Wahlniederlage schreibt Hillary Clinton: »Vergleicht man den Effekt von Wikileaks und Hollywood Access, bestätigt sich das alte Washington-Klischee, dass das ›Tröpfeln‹ eines Skandals über die Zeit mehr Schaden anrichtet als eine wirklich schlimme Geschichte.«[24] Trumps Mitschnitt sei wie eine Bombe gewesen, die hochgeht. Der Schaden sei unmittelbar gewesen, doch dann kam nichts Neues nach, die Sache verlief sich. »Doch die Wikileaks-Veröffentlichungen kamen und kamen. Es war wie eine chinesische Wasserfolter.«[25]

John Podesta ist jedoch nicht der Einzige, dessen Mails geleakt werden, um der Kampagne Hillary Clintons zu schaden. Schon am 22. Juli 2016 gelangen E-Mails in die Öffentlichkeit, die vom Server des *Democratic National Comitee* (DNC) entwendet wurden. Das DNC ist so etwas wie der Bundesverband der Demokraten, der die Arbeit der einzelnen Parteien in den Bundesstaaten koordiniert und auch für den Präsidentschaftswahlkampf verantwortlich ist. Wieder erscheinen die Mails bei *Wikileaks*, und wieder ist der Zeitpunkt strategisch gewählt.

Hillary Clinton hat sich zu diesem Zeitpunkt gerade erst gegen ihren parteiinternen Kontrahenten Bernie Sanders durchgesetzt. Am 25. Juli 2016 soll der Parteitag stattfinden, auf dem sie als offizielle Kandidatin der demokratischen Partei bestätigt wird. Traditionell gilt diese Phase als äußerst wichtig für den Wahlkampf, weil sich die gesamte Partei hinter der neuen Führungsfigur vereint und die Kampagne auf die Zielgerade einbiegt. Doch es kommt anders. An dem Tag, als Clinton Tim Kaine als ihren designierten Vizepräsidenten vorschlägt, platzen die Nachrichten des DNC-Leaks in die Vorbereitungen für den Parteitag. Es ist nicht weniger als eine Katastrophe für Clinton und die Parteiführung, denn die Mails enthalten unter anderem verächtliche Äußerungen einiger Mitglieder des Parteivorstandes über Bernie Sanders sowie die Aussage, dass die Parteiführung Clinton als Kandidatin bevorzuge. Das knappe Rennen um die Präsidentschaftskandidatur gerät unter den Verdacht, manipuliert worden zu sein. Sanders-Unterstützer*innen sind in Rage, und der Parteitag, der eigentlich Einheit hätte demonstrieren sollen, versinkt im Chaos. Debbie Wasserman Schultz, seit gut fünf Jahren Vorsitzende des DNC, tritt zurück, nachdem sie auf der Bühne ausgebuht wird.

Die geleakten E-Mails richten einen enormen Schaden an.

Das Kalkül der Hacker*innen geht auf. Inzwischen ist es eine nahezu allseits akzeptierte Tatsache, dass russische Geheimdienste eine zentrale Rolle beim Stehlen und Veröffentlichen der Daten spielten. Ihr Ziel war es, die demokratische Partei zu schädigen und Donald Trump zum Sieg zu verhelfen. Ebenso wenig lässt sich von der Hand weisen, dass die Mails ihren Teil zu Trumps Erfolg beigetragen haben. Gestohlene Informationen wurden zu Waffen und als solche eingesetzt. Auf diese Weise säten sie nicht nur Zwietracht unter den Demokraten, auch die amerikanische Öffentlichkeit wurde beeinflusst. Clinton selbst schreibt in ihrem Buch, dass es nur schwer erträglich gewesen sei, ihren Namen Tag für Tag in Verbindung mit den geleakten Mails und dem vermeintlichen Skandal um ihr privates E-Mail-Konto in den Schlagzeilen zu sehen. Tatsächlich zeigt eine Umfrage des Instituts *Gallup* vom September 2016, dass Amerikaner*innen Clinton zuallererst mit dem Wort »E-Mails« in Verbindung bringen. Bei Trump sind es »Mexiko« und »Einwanderung« – also wie auch immer zu bewertende Inhalte seiner Kampagne. Doxing ist eine politische Waffe, die das Vertrauen in demokratische Institutionen schwächen und die politische Meinungsbildung manipulieren kann.

Der unbestreitbare Erfolg dieses Informationskrieges ist für Vertreter*innen der extremen Rechten ein Fingerzeig in die Zukunft. Der rechtsextreme Hacker Andrew Auernheimer prophezeit: »Es wird nie mehr eine Wahl geben, in der Trolling, Hacking und extrem rechte Politik keine Rolle spielen.« Es spricht einiges dafür, dass er recht behält. Der riesige Dox in Deutschland aus dem Januar 2019 ist ein Hinweis darauf, dass nun auch hier Politiker*innen Ziel solcher Attacken werden. Und wenngleich das Timing in diesem Fall nicht wirklich strategisch geplant erscheint, ist es wahrscheinlich, dass sich solche Vorfälle in Zukunft häufen werden. Zu leicht ist es, auf diese Weise einen ganzen Staat in Aufruhr zu versetzen, und zu prägend ist der US-Wahlkampf von 2016 für die Rechte in Deutschland.

6. Kapitel: Der Troll im Weißen Haus

Die Trump-Wahl ist eine Blaupause für den Wahlkampf der Zukunft. Trolle, Memes, Hacking und Doxing werden darin eine Rolle spielen. Das verändert auch den Charakter politischer Auseinandersetzung.

»Das ist aus meiner Sicht der Wahlkampf der Zukunft.« Davon ist Lars Steinke überzeugt, als wir ihn Anfang 2018 interviewen. Weil kein Treffen zustande kommt, sprechen wir per Videochat mit dem damaligen Vorsitzenden der *Jungen Alternative* in Niedersachsen und Mitarbeiter der AfD-Landtagsfraktion in Hannover. Links oben im Bild hängt ein rotes Basecap mit der Aufschrift: »Make America Great Again«. Steinke deutet auf die Mütze, als er sagt, dass der 2016 zu Ende gegangene US-Wahlkampf eine Art Blaupause für den Bundestagswahlkampf 2017 gewesen sei. »Ich bin überzeugt, ohne soziale Medien hätte es die AfD in der jetzigen Form nicht gegeben«, meint Steinke. Langfristig gesehen, werde die US-Wahl alle zukünftigen Wahlkämpfe prägen: Jede Partei könne die Mittel der Technik ausschöpfen, sagt Steinke. Was er damit meint: den gezielten und politischen Einsatz von Memes und die Mobilisierung von Online-Aktivisten, die nicht direkt mit der Partei assoziiert sind. Was Steinke nicht ausspricht: Dazu gehören Hasskommentare, Shitstorms, *Twitter-Raids*, also das Kapern von Schlagwörtern auf *Twitter*, um die eigenen Inhalte nach oben zu spülen.

Abgeguckt habe man sich das in den USA. Das Rennen um das Weiße Haus, aus dem Donald Trump als Sieger hervorging, gilt als *Meme Election*, als ein Wahlkampf also, der verhältnismäßig stark von der Onlinekultur geprägt war. Es gebe bestimmt eine Verbindung zwischen der AfD und den Leuten, die das drüben in Amerika gemacht hätten, spekuliert Steinke, zu jenen, die sich auskennen mit den *Twitter*-Algorithmen und den Memes, den vermeintlich lustigen Bildern, die den »Korridor des Sagbaren« erweitern sollen. Steinke selbst hat diesen Korridor nach Auffassung der AfD längst verlassen – nicht aber, weil er Trolling als legitime Wahlkampftaktik ansieht. Im Juni 2019 schloss die Partei ihn aus, weil er im August 2018 in einem *Facebook*-Post Claus Schenk Graf von Stauffenberg als Verräter bezeichnet hatte. Stauffenberg ist eine der zentralen Identifikationsfiguren der Neuen Rechten, weil sich in ihm Nationalismus und plakative Abgrenzung vom Nationalsozialismus vereinen lassen.

Tatsächlich sind die Neue Rechte in Europa und die Alt-Right in den USA gut vernetzt. Brittany Sellner, ehemals Pettibone, gilt als Teil der amerikanischen Alt-Right und bedient auf ihrem *YouTube*-Kanal mit über 130.000 Abonnent*innen immer wieder Antifeminismus und rechtsextreme Ideologien. In ihren Videos behandelt sie zum Beispiel die Frage, warum Frauen nicht wirklich für Politik gemacht seien. Schließlich stehe ihnen oft ihr sensibler und emotionaler Kern im Weg. Wer Karriere in der Politik mache, könne außerdem keine gute Ehefrau und Mutter sein. Das gilt auch für sie selbst: Sie kündigt an, sich bald aus dem politischen Aktivismus zurückzuziehen, um ihren Ehemann gebührend unterstützen zu können. Kennengelernt haben sich Pettibone und Sellner bei einer missglückten Aktion der Identitären auf dem Mittelmeer. Mit einem eigens gecharterten Schiff wollten die Aktivist*innen die Seenotrettung durch NGOs behindern, gerieten aber selbst in Seenot und mussten von einem jener NGO-Schiffe unterstützt werden. Trotzdem wurde die Aktion international von Rechtsextremen begrüßt und unterstützt. Der ehemalige »Grandwizzard« des *Ku-Klux-Klans* David Duke rief ebenso zu Spenden auf wie Alt-Right-Vordenker Jared Taylor oder Richard Spencer, der Namensgeber der Alt-Right, der nach Trumps Wahlsieg »Hail Victory«-Rufe angestimmt hatte.

Spencer lud auch die französischen Vordenker der Neuen Rechten, Alain de Benoist und Guillaume Faye, als Gastredner zu einer Veranstaltung. Und nicht zuletzt sorgte schon lange vor den Europawahlen 2019 ein gewisser Steve Bannon für Aufsehen, der versprach, die europäische Rechte zu vereinen und ihr zum Sieg zu verhelfen. Der Wahlsieg blieb aus – zumindest in der Größenordnung, die man sich in den Parteizentralen von AfD, Lega oder Rassemblement National erträumt hatte. Doch zeigt die Ehrfurcht, die die Öffentlichkeit den Ankündigungen Bannons anfänglich entgegenbrachte, dass ihn eine gewisse Aura umgibt: Das dunkle Mastermind hinter Donald Trump, der ultrarechte Spindoktor, der den Wahlkampf des heutigen US-Präsidenten aus einer schweren Krise zum Triumph führte, wolle nach den USA nun die EU ins Visier nehmen. So zumindest die Befürchtungen – oder Hoffnungen. Je nachdem, wen man fragt, ist der 2016er US-Wahlkampf Vorbild oder mahnendes Beispiel dafür, wie man mit Manipulation, Hass, Lügen, offenem Rassismus und Autoritarismus Wahlen gewinnen kann.

Inspirierend für den ehemaligen AfD-Funktionär Steinke mag jedoch nicht Donald Trump allein sein, der all das in sich vereint. Wichtiger ist in diesem Zusammenhang, dass eine Horde von *chan-* und *Reddit*-Trollen dafür gesorgt haben soll, dass eben dieser nun das mächtigste Amt der Welt innehat. Zunächst klingt es absurd: Sich irgendwie ausgegrenzt fühlende Nerds, die ihre Zeit in menschenverachtenden Foren totschlagen, sollen einen milliardenschweren Wahlkampf beeinflusst haben, indem sie ununterbrochen Bildchen eines grünen Froschs in sozialen Netzwerken posteten? Ähnlich absurd war die Vorstellung, dass ein mäßig erfolgreicher Immobilienhai und Fernsehstar, der dafür bekannt war, bei Wrestling-Events schon mal selbst Hand anzulegen, Präsident der Vereinigten Staaten werden könnte. Und doch sitzt heute nicht Hillary Clinton im Weißen Haus.

Gerade deshalb ist der Wahlkampf für die extreme Rechte in Deutschland und Europa so wichtig: *Against all odds* – entgegen jeder Wahrscheinlichkeit gewann am Ende der Kandidat, dem die Demoskop*innen kaum Chancen eingeräumt hatten. Den Grund dafür sehen viele im starken Engagement jener Leute, die in Foren wie *4chan*, *8chan* und *Reddit* unterwegs sind. Das zu beweisen ist schwierig. Die Selbstbeweihräucherung der *Channers*, man habe den Präsidenten ins Amt geshitpostet, ist zweifellos eine Übertreibung. Denn typische Trump-Unterstützer*innen aus den ländlichen Midlands und dem ehemals stolzen Rust Belt kennen wohl nicht mal das berühmteste Meme von Pepe dem Frosch. Und doch lässt sich sagen: Wie in keinem Wahlkampf zuvor spielten Memes eine Rolle. Nicht nur, dass die Trump-Kampagne gezielt die Dynamiken aus Foren wie *Reddit* oder *4chan* zu kanalisieren versuchte, bestimmte Bilder und Videos aufgriff und ihnen so zu einer riesigen Öffentlichkeit verhalf; auch die Clinton-Kampagne sah sich zu einem bestimmten Zeitpunkt genötigt, auf das Frosch-Meme einzugehen. Den Onlineaktivist*innen im Gefolge Trumps gelang es, wenn auch nicht den Ausgang der Wahl, so doch das Debattenklima zu beeinflussen, es mit Hass zu erfüllen.

Nicht wenige Clinton-Unterstützer*innen wird das in den sozialen Netzwerken zum Schweigen gebracht haben. Denn wer Hasskommentare unter Solidaritätsbekundungen befürchtet, lässt es womöglich lieber gleich sein.

Schon in den Siebzigerjahren stellte die Kommunikationswissenschaftlerin Elisabeth Noelle-Neumann die Theorie der »Schweigespirale« auf. Kurz gefasst besagt sie, dass Minderheiten sich nicht trauen, in der gesellschaftlichen Debatte ihre Meinung zu äußern, wenn sie davon überzeugt sind, dass die Mehrheit anderer Meinung ist. Auf diese Weise erscheint die Mehrheitsmeinung als die Einzige. Das Ergebnis des gezielten Hatens und Trollens in Onlinekommentaren ist nun das exakte Gegenteil: Eine kleine, aber lautstarke Minderheit beleidigt, belästigt und nervt alle anderen so lange, bis diese keine Lust oder auch Angst haben, eine konträre Meinung zu äußern. Am Ende ist die radikale Minderheitenmeinung überproportional stark in den Kommentarspalten vertreten. Lars Steinke sagt dazu: »Das Ziel dieser Strategie ist mit Sicherheit nicht, die Leute zu beleidigen.« Stattdessen gehe es darum, die eigenen Ideen einem möglichst breiten Publikum zu präsentieren. Sowohl der US-Wahlkampf 2016 als auch der deutsche ein Jahr später zeichnen jedoch ein anderes Bild. Denn natürlich ist es das Ziel der Kommentarschreiber*innen, Leute zu beleidigen und zu bedrohen, um sie zum Schweigen zu bringen. Wir haben das am Beispiel der Gamergate-Affäre gesehen, wo Computerspielmacher*innen und -journalist*innen mit dem Tode und Vergewaltigung bedroht und ihre Adresse veröffentlicht wurden. Um sie zum Schweigen zu bringen. Dass Trump während des Wahlkampfes 2016 seine Kontrahent*innen unflätig beleidigte, zielte genau darauf: Er wollte den Hass seiner Anhänger*innen auf sie lenken. Und auch im Bundestagswahlkampf 2017 setzten Trolle auf Beleidigungen und starke Feindbilder. Je heftiger die Angriffe, je fieser die Schmähungen, desto größer die Wirkung – so die Annahme. Selbige Intention zeigt sich in der Aufforderung »Lösch Dich!«, die als Meme? im deutschsprachigen Netz kursiert und klarmacht, man solle sich gefälligst aus dem Internet verpissen, wenn man die falsche Meinung vertrete. Stets geht es darum, die eigenen Ansichten brutal durchzusetzen.

Den US-Wahlkampf zeichnete darüber hinaus eine sogenannte *Meme Magic* aus – ein Begriff des Alt-Right-Aktivisten Milo Yiannopoulos, der schon in der Gamergate-Kontroverse eine Rolle spielte. Für ihn besteht die Magie der Memes darin, mit ihnen das gesellschaftliche Klima zugunsten Donald Trumps beeinflussen zu können. Allein ist er mit dieser Absicht nicht. Tausende beteiligten sich 2016 am *Great Meme War*. Sie versorgten das Netz täglich mit neuen Trump-Elogen und Clinton-Beleidigungen. Professionelle Meme-Soldaten durchforsteten die einschlägigen Foren täglich nach neuen vielversprechenden Bildchen und Videos, verhalfen ihnen zu einer größeren Öffentlichkeit oder orchestrierten gezielte Aktionen in sozialen Medien. Auf Unterforen wie *r/The_Donald* auf *Reddit* sammelten sich die Unterstützer*innen – der Zulauf war enorm. Während die Seite im Januar 2016 noch etwa 1,3 Millionen monatliche Views aufwies, waren es im März 2016 schon 52 Millionen. Hier bildete sich eine frei schwebende Community von Trump-Supporter*innen, die ihrem kruden Humor in Memes Ausdruck verlieh.

Einer, der diese Community im Wahlkampf beobachtet und versucht hat, sie zu lenken, ist Charles Johnson, selbst ernannter General im Meme-Krieg. Dem *Politico*-Journalisten Ben Schreckinger sagt er nach der Trump-Wahl: »Wenn man eine Wahl gewinnen will und entweder eine Million Dollar für Werbung oder 100.000 Dollar für Trolle ausgeben kann, würde ich raten, die 100.000 Dollar für den Troll zu bezahlen.« Nun ist Johnson selbst ein Troll und seine Aussage dementsprechend aufgeblasen, doch Steve Bannon war wohl der gleichen Überzeugung. Als er im Juli 2016 seine rechtsextreme Nachrichtenseite Breitbart zur Plattform der Alt-Right erklärte, wollte er wohl weniger den Offline-Ideologen ein publizistisches Zuhause bieten, sondern vielmehr der Onlinekultur ein Zeichen geben. Ein ehemaliger Mitarbeiter Bannons sagt das ganz deutlich: »Er meinte nicht Richard Spencer. Er meinte die Trolle von Reddit oder 4chan.«

Als Bannon im August 2016 Paul Manafort als Wahlkampfmanager Donald Trumps beerbt, lenkt mit ihm jemand die Kampagne, der davon überzeugt ist, dass ohne die Online-Subkulturen die Wahl nicht zu gewinnen ist. Es überrascht nicht, dass verschiedene Leute der Trump-Kampagne später berichten werden, dass man permanent ein Auge auf die zentralen Unterforen bei 4chan und Reddit gehabt habe. Tatsächlich geschieht das noch immer: Dan Scavino, Trumps wichtigster Berater für Social Media, scannt auch heute täglich diese Foren. Er ist einer der wenigen, die Zugang haben zum heiligen Twitter-Account des Präsidenten, verschickt oftmals die von Trump diktierten Nachrichten. Er ist verantwortlich für einige der einprägsamsten Twitter-Memes, die Trump über seinen Kanal teilte: Während des Wahlkampfes postete das Kampagnenteam nicht nur Pepe und andere Symbole der Alt-Right, um ganz beiläufig Sympathie für diese oft menschenverachtende, verschwörungstheoretische und rassistische Subkultur zu bekunden, sondern auch gefälschte Statistiken über angebliche Mordraten unter der schwarzen Bevölkerung aus den Untiefen der chan-Boards. Das Teilen einer Grafik mit der Aufschrift »Most Corrupt Candidate Ever«, die Hillary Clinton neben einem stilisierten Davidstern zeigt, sorgte für einen mittelgroßen Skandal.

Eine direkte Zusammenarbeit zwischen den chan-Trollen und

Trumps Kampagne habe es jedoch nicht gegeben, heißt es später aus dem Wahlkampfteam. Zu viel Angst habe man davor gehabt, dass die Pro-Trump-Stimmung kippen könne, wenn man sie zu direkt beeinflusse. So lässt sich das Teilen solcher Bilder als ein vorsichtiges Anschmiegen an die Trolle verstehen, als das Signal aus der Hundepfeife, das nur einige treue Follower*innen hören können. Gleichzeitig ist dieses Vorgehen beispielhaft für die Entwicklung rechter Bewegungen. Die Konfliktforscher Maik Fielitz und Holger Marcks beschreiben das so: Weil soziale Medien die Anonymität und den Informationsfluss erleichtern, verändern sie das Gesicht rechter Bewegungen nachhaltig. Während früher eine Partei an der Spitze stand, ist dies heute nicht mehr nötig, um Inhalte zu generieren und zu verbreiten. Ihre Aufgabe besteht inzwischen vielmehr darin, die vielen Subkulturen, die rechte Weltbilder hervorbringen und kommunizieren, zu begleiten und mit Propaganda zu unterstützen. Genau das tat die Trump-Kampagne hier – und sie tut es im Grunde genommen noch immer.

Im Juli 2019 veranstaltete das Weiße Haus einen *Social Media Summit*. Dort sollte über – natürlich – Meinungsfreiheit und die sozialen Plattformen diskutiert werden. Eingeladen waren *Twitter*, *Facebook* und *YouTube* jedoch nicht. Stattdessen kamen rechte Influencer*innen von *Infowars*, Verschwörungstheoretiker*innen aus der Birther-Bewegung und Pro-Trump-Meme-Krieger. Mit Julia Hahn arbeitet auch nach der Entlassung Steve Bannons eine ehemalige *Breitbart*-Redakteurin im Zentrum der Macht. Sie pflegt enge Kontakte zum radikalen Rand konservativer Influencer*innen wie der *Fox-News*-Moderatorin Laura Ingraham oder dem Radiomacher Mark Levin.

Die Annäherung des Trump-Teams an den radikalen Sumpf im Netz beschränkt sich also nicht auf den Wahlkampf. Und wenn Dan Scavino Trump eine harte Linie im Umgang mit Football-

Spielern empfiehlt, die gegen Rassendiskriminierung in den USA protestieren, dann tut er das auch in Hinblick auf die »MAGA-Warriors« – Trolle, die für Trumps Slogan einstehen: Make America Great Again.

Dabei wäre allein ihre plötzliche Präsenz im Wahlkampf ein riesiger Erfolg für die Trolle gewesen: Ihr Präsidentschaftskandidat verwendet ihre Bilder und Videos. Doch dann hielt Hillary Clinton am 25. August 2016 eine interessante Rede, in der sie Donald Trumps Verbindungen zur Alt-Right thematisierte. Seine wiederholten Ausfälle gegen Mexikaner*innen, Muslim*innen und Frauen ganz allgemein gaben tatsächlich genug Anhaltspunkte: »All das sind rassistische Ideen, volksverhetzende Ideen. Gegen Moslems, gegen Einwanderer, gegen Frauen – alles Schlüsselbegriffe der rassistischen Ideologie der Alt-Right«, so Clinton in ihrer Rede. Sie warf Trump vor, sich in kruden Verschwörungstheorien zu bewegen, die aus den »abgelegenen, dunklen Ecken des Internets« stammten. Und die Trolle hörten zu, genossen die Aufmerksamkeit. Andrew Anglin, Gründer der rechtsextremen Seite The Daily Stormer, schrieb: »Also Leute, wir haben es geschafft. Hillary Clinton hält heute eine Rede über uns.« Für Alt-Right-Ikone Richard Spencer war diese Rede der Beweis, dass man es aus dem Bann der Unbekanntheit geschafft habe. Und ganz nebenbei erhielt das Imageboard 8chan sein neues Motto, das seit den Terrorangriffen von Christchurch, Poway und El Paso im Jahr 2019 so oft zitiert wird: »Willkommen in den dunklen Ecken des Internet«. Bis zum 27. August 2016 hatte es dort noch geheißen: »Willkommen auf dem sich unendlich ausbreitenden Imageboard.«

Nun also ein Clinton-Zitat als Selbstbeschreibung – das ist Trolling in Reinform und zeigt, welchen Effekt Clintons Angriff auf die Alt-Right hatte. Die demokratische Kandidatin gab den

Trollen das Gefühl von Selbstwirksamkeit, das ohnehin so wichtig ist für die Subkulturen der *chans*. Als dann am 13. September auf Clintons Kampagnenseite ein Erklärtext auftauchte – »über den Frosch, der kürzlich zum Nazi wurde« – und die NGO *National Defamation League* Pepe offiziell zum Hasssymbol ernannte, konnte niemand mehr ernsthaft bestreiten, dass die *chan*- und *Reddit*-Trolle eine wie auch immer geartete Rolle in diesem Wahlkampf spielten.

Bei Rechtsextremen in anderen Ländern blieb dieser Erfolg nicht unbemerkt. Dass soziale Medien einen enormen Einfluss auf Wahlen haben können, ist 2016 keine Überraschung. Lange Zeit galt der Obama-Wahlkampf 2012 als Musterbeispiel für eine minutiös geplante Onlinekampagnenführung. Auch dass die Brexit-Entscheidung von 2016 ohne den Einsatz von Social-Media-Tools wohl anders ausgegangen wäre, ist zu diesem Zeitpunkt eine recht gesicherte Annahme. Doch dass sich eine so große, mehr oder weniger unabhängige und vielschichtige Online-Community derart entschieden für einen Kandidaten einsetzt, ist relativ neu.

Eine Kampagne aus Memes

Im US-Wahlkampf kamen verschiedene Aspekte zusammen, die sich nicht ohne Weiteres auf andere politische und mediale Systeme übertragen lassen. Da ist zum einen die schon lange vor Trumps Kandidatur existierende *chan*-Kultur, die seit Jahren die Ideen der Alt-Right kultivierte. Und da ist zum anderen das wesentlich stärker polarisierte politische System, das jenseits der beiden großen Parteien nur in Ausnahmefällen erfolgreiche politische Akteur*innen hervorbringt. Und dann ist da Donald

Trump, dessen Worte und Taten von Beginn an Befremden bei den einen und Begeisterung bei den anderen hervorrufen. Trump ist ein Kandidat, der die Mechanismen der *chan*-Kultur perfekt ergänzt. Mehr noch begründet er letztlich seine politische Karriere auf einem Narrativ, das in dieser Kultur maßgeblich geprägt wurde.

Schon vor seiner Kandidatur war Donald Trump immer wieder als Anwärter für das Präsidentenamt gehandelt worden. Etwa in jenem Wahlkampf, an dessen Ende Barack Obama der erste schwarze Präsident der Vereinigten Staaten wurde. Stets entschied er sich dagegen. Stattdessen setzte er sich medienwirksam an die Spitze der sogenannten *Birther*-Bewegung, die die Verschwörungstheorie vertritt, dass Obama nicht in den USA geboren worden und deshalb zu Unrecht Präsident sei. Über Monate meldete sich Trump als prominente Stimme zu Wort und forderte die Veröffentlichung von Obamas Geburtsurkunde. Er solle sie doch einfach zeigen, man könne ja nie wissen. Meinte natürlich: Ein Schwarzer, dessen zweiter Vorname Hussein lautet, könne doch eigentlich gar kein Amerikaner sein. Schon vor seiner eigentlichen Kandidatur sprach er damit eine Klientel an, die zu einem nicht geringen Teil aus rechtsextremen Verschwörungstheoretiker*innen und Hardcore-Republikaner*innen bestand.

Trumps Auftritt war von jeher konfrontativ, um nicht zu sagen beleidigend. Seine Tiraden gegen seine Kontrahenten im Vorwahlkampf Jeb Bush, Ted Cruz oder Rand Paul, sein offener Rassismus gegenüber Latinos, Schwarzen und Muslimen ergänzten sich mit politischen Forderungen, die, eher unterkomplex, quasi selbst als Memes funktionieren konnten: »Lock Her Up!«, also die Forderung, man solle Hillary Clinton inhaftieren, wurde auf Shirts und Mützen gedruckt und 2017 auch in Deutschland in Bezug auf Angela Merkel erhoben. »Drain the Swamp« (leg den

Sumpf frei) bediente die elitenfeindlichen Ressentiments, die Rechtspopulist*innen auf der ganzen Welt pflegen, und suggerierte, man werde Korruption und Lobbyismus in Washington bekämpfen (während zwei der größten und kaltschnäuzigsten Lobbyisten der USA für Trump arbeiteten).

»Built this Wall« und der »Muslim Ban« appellierten an rassistische Vorurteile und dienten als Vorlage für unzählige Memes, die Pepe etwa als traurigen Mexikaner an einem Grenzzaun zeigten. Und nicht zuletzt »Make America Great Again«, der alte Wahlspruch Ronald Reagans, der in seiner Bedeutung so offen ist, dass ihn jede*r mit eigenem Inhalt füllen kann. Selbst Trumps Gegner*innen beziehen sich auf diesen Slogan, wenn sie Kappen tragen, auf denen »Make Feminism a Threat Again« steht. Die Forderungen der Trump-Kampagne passen auf einen Bierdeckel. Oder eben auf ein kleines quadratisches Bildchen, das in den sozialen Medien gestreut wird. Die Sprache Trumps war entsprechend knapp, konzise, simpel und vor allem rüpelhaft. Hillary Clinton war eine »Nasty Woman«, eine ekelhafte Frau, oder »Crooked Hillary«, die korrupte Hillary. Trump selbst war stets der erfolgreiche Geschäftsmann, dem – wie er in einer Rede sagte – der Reichtum aus den Ohren komme. Einer, der mit Frauen machen könne, was er wolle. Viele chan-User*innen hielten Trump deshalb für einen von ihnen. Für eine Art Troll im echten Leben, der den Laden so richtig aufmischen könnte, für einen – wie es die frauenhassenden Incels sagen würden – erfolgreichen *Alphamann*. Dass die Online-Community Trump als einen der Ihren ansah, zeigt besonders deutlich ein Meme von »Pepe« als Präsident – im blauen Anzug und mit Trump-Frisur. Das Bild teilte Trump selbst über seinen *Twitter*-Account, zweifellos wissend, dass der grüne Frosch zu diesem Zeitpunkt schon lange von der Alt-Right vereinnahmt wurde.

Wie die Gamergate-Kontroverse stellt auch die Präsident-schaftskandidatur Donald Trumps ein Schlüsselmoment für die *chan*-Community und Alt-Right dar. Sie bietet der extremen Rechten in den USA die Möglichkeit, ihre radikalen Positionen in eine breitere Öffentlichkeit zu tragen. Wenn die demokratische Kandidatin in einer weltweit beachteten Rede über Alt-Right redet und dabei sogar diese Selbstbezeichnung im Munde führt, ist dies fraglos ein Kommunikationserfolg. Und wenn der republikanische Kandidat wohlwollend Inhalte aus *chan*-Foren teilt, dann ist das eine Bestätigung dessen, was dort jahrelang vor sich ging. Indem Trump und sein Team wiederholt Memes, Verschwörungstheorien und Falschinformationen aus den Tiefen der Imageboards und radikalen Foren verbreiten, verhelfen sie einer extremistischen Minderheit zu Aufmerksamkeit. Und sie sorgen dafür, dass das gesellschaftliche Klima von jenen rüden Attacken auf Minderheiten und Andersdenkende geprägt wird, die diese Foren seit jeher ausmachen.

Aus Sicht rechtspopulistischer und rechtsextremer Akteur*innen sind diese Entwicklungen äußerst begrüßenswert. Auch die Neue Rechte in Deutschland verfolgt seit Jahren das Ziel, die eigene Ideologie zunächst sagbar und in der Konsequenz umsetzbar zu machen. Martin Sellner redet davon, genauso wie Lars Steinke oder Götz Kubitschek. Rassistische Memes sind ein dankbares Werkzeug, da sich die Verbreitenden stets auf die vermeintliche Ironie dahinter zurückziehen können. War doch nur Spaß! Auch auf deutschen rechten Seiten tauchten plötzlich Bilder von Comicfiguren auf, die aus der Memewelt bekannt sind.

Doch standen die Rechten hierzulande im Jahr 2017 vor der Herausforderung, den »Memekrieg« auf eine vollkommen andere politische Kultur zu übertragen. Weder gibt es wegen des Mehrparteiensystems in Deutschland eine vergleichbare Konfrontation zwischen zwei Akteur*innen, noch kann die Neue Rechte auf einen vergleichbaren Radikalisierungsmoloch zurückgreifen, wie ihn die *chan*-Boards darstellen. Zwar sind auch Deutsche auf 4*chan* und 8*chan* aktiv, und Deutschland spielt als Nukleus des Nationalsozialismus eine besondere Rolle in der weltweiten rechten Sphäre. Doch auf Deutschland fokussierte Ableger wie *krautchan* sind verhältnismäßig unbedeutend und immer wieder über längere Zeiträume inaktiv. Die Brutstätten von Memes und Internetkultur sind eben englischsprachig.

Es ist also gar nicht so leicht, den Erfolg aus den USA anderswo zu wiederholen. Das zeigt unter anderem eine Anekdote aus Frankreich: Auch hier wollten professionelle Trolle Einfluss auf den Wahlkampf zwischen Macron und Le Pen ausüben. Andrew Auernheimer, ein in den USA einigermaßen prominenter Neonazi-Troll mit Hakenkreuz-Tattoo auf der Brust, auch bekannt als *weev*, hatte dies direkt nach den Wahlen in den Staaten angekündigt. Man bereite unter anderem den Wahlkampf in Frankreich vor, ließ er verlautbaren. Ein vergleichbarer Erfolg blieb allerdings aus. Die eigentlich positiv gemeinte Darstellung Le Pens als Pepe wurde eher negativ aufgenommen, weil Frösche in Frankreich bekanntlich eine besondere Rolle spielen: Die klischeehafte Abwertung von Französ*innen als »Froschfresser*innen« verträgt sich kaum mit einer rechtsextremen Heilsbringerin mit grüner Haut und Glubschaugen.

Und auch in Deutschland ließ sich das Engagement von Auernheimer und seinem Gefolge kaum wahrnehmen, obwohl er es großspurig angekündigt hatte. Stattdessen übernahmen hiesige rechtsextreme Gruppierungen die Strategien der Alt-Right und versuchten, sie zu kopieren. Verwunderlich ist das nicht – ein mit Memes geführter »Infokrieg« entspricht ziemlich genau dem Kulturverständnis, das wir bei der Neuen Rechten kennengelernt haben. Die genuine Eigenschaft eines Memes, als kulturelles Produkt ein Eigenleben zu entwickeln und dabei eine politische Botschaft zu transportieren, ist wie gemacht für einen Kampf, in dem zunächst die Köpfe der Menschen auf kultureller Ebene gewonnen werden müssen. Erinnern wir uns: Der rechte Vordenker Alain de Benoist sah das größte Potenzial dort, wo die politische Botschaft nicht auf den ersten Blick erkennbar sei: in Filmen, Musik, Romanen. Das große Interesse der Neuen Rechten an Popkultur rührt genau daher. In der Adaption der Memes zeigt sich auch ihr instrumentelles Verständnis von Kultur. Egal ob Rapmusik, Kochshows oder nun eben Memes – all das entsteht, um es für politische Zwecke einzusetzen. Popkultur ist Mittel zum Zweck.

Während Memes einst der Inbegriff von Netz-Popkultur waren, die sich immer wieder aus sich selbst heraus verwirft und erneuert, sind sie inzwischen Propagandawerkzeuge für die Strategen von Alt-Right und Neuer Rechten. Auf diese Weise wird die Memekultur ihres antiautoritären Moments beraubt. Ein Meme gehört niemandem, und auch wenn der ursprüngliche Pepe-Urheber Matt Furie versucht, gegen die Vereinnahmung seines Frosches durch Rechtsextreme vorzugehen, ist es fast ausgeschlossen, dass ihm das gelingen wird. In der Kultur der Imageboards zirkulieren und verändern sich Memes in rasender Geschwindigkeit – weil genau das der Kern eines solchen Zitates ist. Es variiert, weil seine Haupteigenschaft die Variation ist.

Da diese Kultur im deutschsprachigen Raum im Jahr 2017 nur begrenzt existierte, musste sich die Neue Rechte anders behelfen. Sie musste – wie sie es immer tut – eine Kopie dieser Kultur schaffen. Der rechte Versuch, den *Meme War* aus den USA in einen Infokrieg in Deutschland zu überführen, wurde so fast zwangsläufig zu einem stark hierarchisierten, militärisch anmutenden Unterfangen. Memes sind plötzlich nicht mehr nur unkontrolliert zirkulierende Bildchen unbekannten Ursprungs, sondern von Autoritäten freigegebene Propagandabotschaften, die auf Befehl in den sozialen Äther geblasen werden. Es ist die Nutzbarmachung eines kulturellen Phänomens für einen politischen Zweck. Es ist die Ästhetisierung menschenverachtender Politik. Es ist für Lars Steinke der Wahlkampf der Zukunft. Bei der Bundestagswahl 2017 hat die deutsche Öffentlichkeit einen kleinen Vorgeschmack davon bekommen, was das bedeuten könnte. Und wir waren mittendrin.

7. Kapitel: Wahlkampf als Game, Hass als Botschaft

Während der Bundestagswahl 2017 griffen Tausende Trolle die deutsche Öffentlichkeit an. Der größte Trollserver Europas steht für die Verbindung von Gamekultur und rechter Agenda. Diese neue Form politischer Radikalität wird uns noch lange beschäftigen.

Schon befürchten wir, zu hoch gepokert zu haben. Die Stimme am anderen Ende der Leitung atmet hörbar ein und gibt dann ein leises Pfeifen von sich. »Also dein Profilbild – ich weiß nicht: Da kriegst du bestimmt von den Nationalsozialisten hier eins auf die Fresse.« Wir flüchten nach vorn und setzen noch einen drauf. »Dann sollen sie halt. Ich dachte, hier ist für alle Patrioten Platz«, gibt Ansgar Weisz trotzig zurück. Ansgar Weisz, das sind wir. Eine Fake-Identität, mit der wir seit Monaten auf *Twitter*, *Facebook* und einigen »alternativen« Social-Media-Plattformen wie *gab.ai* herumhängen und rechte Posts absetzen. Wir sind ein Rechtsradikaler in den sozialen Medien. Gerade stecken wir mitten in einem Bewerbungsgespräch um den Rang des »Gefreiten« auf dem Trollserver *Reconquista Germanica*.

Seit über sechzig Minuten malträtiert uns ein sogenannter Unteroffizier mit dem Alias *Alexander Altum* mit Fragen zu Ansgars Einstellung, seiner Herkunft, seinem Können. Eigentlich sind wir gut vorbereitet, haben die Rolle verinnerlicht. Ansgar ähnelt uns in vielen Punkten, damit wir in Stresssituationen wie dieser gute Antworten parat haben: Er ist Ende zwanzig, hat Politikwissenschaften studiert, macht irgendwas mit Medien in Berlin, er liest viel, vor allem rechte Bücher, beschäftigt sich mit der Identitären Bewegung. Was ihn von uns unterscheidet: Ansgar hat Angst um seine Heimat, er möchte jetzt endlich aktiv werden, etwas tun gegen den angeblichen linken Mainstream und die Muslime. Deswegen will er Gefreiter auf Europas größtem rechten Trollserver werden.

Es ist September 2017, die Bundestagswahl nur noch drei Wochen entfernt. Nach den Wahlen in den USA, die den Eindruck hinterließen, aufgrund einer folgenschweren Verbindung von Trollen und politischer Strategie mitentschieden worden zu sein, versuchen wir seit Wochen herauszufinden, ob es in Deutschland ähnliche Bestrebungen gibt. Der amerikanische Neonazi-Troll Andrew Auernheimer hatte dem Magazin *Politico* bereits im Frühjahr 2017 genau das angekündigt: »Wir haben ein ganzes Team in Frankreich aufgebaut. Gerade entsteht eins in Deutschland. Wir sitzen bald wieder im Sattel. Bald fangen wir wieder an, Ärger zu machen.« So richtig zu spüren ist davon auch einen Monat vor der Wahl wenig. Auf den bekannten Plattformen wie *Reddit* gibt es zwar Boards wie *Die_Frauke*, die in Anlehnung an »The_Donald« versuchen, die AfD-Spitzenkandidatin Frauke Petry zu unterstützen, so richtig Fahrt hat das aber noch nicht aufgenommen. Auch *krautchan* fristet eher ein Nischendasein. Im Mai 2017 hat die Seite *d-gen*, die aus dem Umfeld der Identitären kommt, ein *Handbuch für die Medienguerilla* in Umlauf gebracht. Inspiriert ist es von ähnlichen Anleitungen, die in der US-amerikanischen Trollszene kursieren. Dort beruft man sich gern auf angebliche oder tatsächliche Enthüllungen aus Geheimdienstkreisen, die den Gegner zersetzen sollen – man will deren Techniken übernehmen. Häufig finden sich solche Handbücher auf Content-Sharing-Plattformen, wo jeder ohne Kontrolle Inhalte hochladen kann. Die Links zu den Plattformen werden dann auf den einschlägigen rechten Seiten geteilt.

In den bekannteren amerikanischen Handbüchern finden sich strategische Handreichungen für den Informationskrieg: »Wir müssen uns selbst in eine gut geölte Meme-Manufaktur verwandeln.« Das sei in seiner Wirkung gar nicht zu unterschätzen. In einem anderen Handbuch mit dem Titel *Die Subversion des (((linken))) Systems durch Social Media* heißt es: »Wir müssen die Techniken von Juden/Freimaurern und Kommunisten kopieren, die uns untergraben.« In rechten Foren werden die drei (((Klammern))) benutzt, um vermeintliche Jüdinnen und Juden zu markieren – die Autor*innen glauben also offenbar an eine jüdisch-linke Weltverschwörung.

Auch wenn der offene Antisemitismus des amerikanischen Vorbilds im deutschen Pendant auf *d-gen* fehlt, geht es darin eindeutig zu. Man solle Parteien und Vereinen wie *Correctiv*, einem gemeinnützigen Recherchezentrum, oder der *Amadeu-Antonio-Stiftung*, die sich der Stärkung der demokratischen Zivilgesellschaft verschrieben hat, etwa auf *Twitter* folgen, um dann »den Fick aus ihnen herauszutrollen«. Klassische Ziele demütigender Posts seien »junge Frauen, die direkt von der Uni kommen«, »schwacher Punkt« sei oftmals die Familie. Zudem rät das Handbuch, mit Fake-Accounts Unruhe zu stiften: Infokrieger*innen sollen sich als Linke oder Geflüchtete ausgeben und mit unsinnigen Nachrichten für Verwirrung sorgen: Geflüchtete, die über ihre entspannten Heimaturlaube in Syrien berichten, oder Linke, die plötzlich Werbung für die AfD machen. Besonderer Wert wird auf die Macht der Bilder gelegt: Gegner*innen sollen diskreditiert werden, indem Fotos von ihnen in Pornos montiert werden. Weiter heißt es: »Hillary Clinton wurde im Prinzip von einem Comic-Frosch besiegt. Es gibt keine größere Demütigung.«

Erstellt und veröffentlicht wurde das deutsche Handbuch von dem in Berlin lebenden Identitären Christian H. In einem zugehörigen Video sagt er: »Die Globalisten haben uns den Krieg erklärt. Es ist ein dreckiger Krieg, und sie führen ihn mit allen Mitteln [...] Doch der Widerstand formiert sich.« Dazu zeigt er sich verkleidet mit Pickelhaube und VR-Brille. Das ist das Bild, das die extreme Rechte gern von sich vermitteln möchte: traditionsbewusst mit preußischen Symbolen, modern mit den Insignien digitaler Technologien, angetreten im Kampf gegen das Establishment. Es ist das sich immer und überall wiederholende Narrativ einer Bedrohung durch Eliten und Ausländer. Und weil diese Bedrohung derart existenziell ist, sind eben auch alle Mittel erlaubt: »Trolle den Fick aus ihnen heraus.«

Etwas elaborierter, aber in der Haltung identisch, formuliert das auch Martin Sellner im Gespräch mit uns: »Das Haten, das Trollen im Internet ist einfach ein Bestandteil dieses Raums. Und wenn man das nicht verträgt, dann soll man diesen Raum nicht betreten.« Die »Reconquista«, die die Rechten anstrebten, bestehe genau darin: Meinungshoheit im Internet zu gewinnen. Mit »Reconquista« meint Sellner den Kampf der Identitären gegen die Migration. Der Begriff bezieht sich auf die sogenannte Rückeroberung der Iberischen Halbinsel aus muslimischer Herrschaft durch christliche Truppen im Mittelalter. Von neurechten Akteuren wird er bereits seit einigen Jahren im neuen Kontext benutzt: Einer der Vordenker der französischen Identitären, Guillaume Faye, führt das Schlagwort in seinem Buch *Wofür wir kämpfen* 2006 in die rechte Debatte ein. In Deutschland wird das Werk damals in NPD-nahen Kreisen gern gelesen.

Das *Handbuch für die Medienguerilla* verweist im Frühsommer 2017, als wir beginnen, uns für die rechten Trolle im Dienste der AfD zu interessieren, auf einen *Discord*-Server mit dem Namen *Infokrieg* – es ist ein Vorläufer des späteren Trollservers *Reconquista Germanica*. Von Beginn an sind wir dort aktiv, schnell steigt Ansgar zu einem der Organisatoren auf. Hier soll der Kampf gegen die Mainstream-Medien, gegen die Eliten, gegen die Politik organisiert werden. *Discord* ist ein Programm, das für Gamer*innen entwickelt wurde, um sich dort parallel zum Spiel über Strategien und Vorgehensweisen zu unterhalten. Meist nutzen einzelne Teams einen Server, Nutzer*innen können diese selbst anlegen, sie nach ihrem Geschmack gestalten. Es gibt Sprach- und Textchats, Foren und Untergruppen. Schnell ist *Discord* nach seiner Veröffentlichung im Jahr 2015 zu einer der beliebtesten Gaming-Plattformen geworden. 2017, als die deutsche Trollszene die Software für sich entdeckt, zählt *Discord* 87 Millionen registrierte Nutzer*innen in 130 Ländern, 2019 sind es bereits 200 Millionen.

Die Anonymität von *Discord* zieht Trolle, Trump-Supporter*innen und Rechtsextreme jeder Couleur an. Sie nutzen die Plattform, um Inhalte zu teilen und politische Kampagnen zu planen. Einer der größten politischen US-*Discord*-Server im Jahre 2017 entstand aus dem bekannten *Reddit*-Forum *The_Donald*. Im Vergleich zu den Image-Boards wie *Reddit* und den verschiedenen *chans* bietet *Discord* einige Vorteile: Die Plattform ermöglicht Kommunikation in Echtzeit und vor allem eine längerfristig angelegte Gruppenbildung. *Discord*, ganz Kind der Gamingkultur, funktioniert im Grunde häufig selbst wie ein Spiel: Selbst gesteckte Ziele können erreicht werden (eintausend Dislikes für dieses Video, hundert Kommentare für jenes), die Gruppenidentifikation wird gestärkt.

Kein Wunder also, dass ab Sommer 2017 auch die deutschen

Neurechten die Plattform nutzen – zumal die Imageboards in Deutschland kaum eine Rolle spielen. So wird bereits im Juli der Server *Infokrieg* gegründet – einer der Initiatoren: Martin Sellner. Doch trotz Szeneprominenz entstehen hier kaum Aktionen, in seiner Hochphase im August 2017 sind einige wenige Hundert Menschen auf dem Server unterwegs. Ein Admin schreibt genervt: »Wenn ihr jetzt nicht endlich den Arsch hochbekommt, dann ist das hier verloren.« Nach wirklicher Eroberung klingt das nicht – noch nicht.

Denn am 1. September ruft ein rechter YouTuber mit dem Usernamen Nikolai Alexander seine Anhänger dazu auf, dem Server *Reconquista Germanica* beizutreten – für den Memekrieg und für Deutschland. Er ist ein Rechtsextremer, der bis dahin vor allem durch pathetische Filmchen in NS-Ästhetik samt Marschmusik aufgefallen ist. Seit 2010 betreibt er seinen Kanal, der später gesperrt werden wird, mit rund 30.000 Follower*innen. In seinen Videos spricht er selbst mit großer Inbrunst zu Bildercollagen, sie heißen *Botschaft der Patrioten an das deutsche Volk*, *Wahlbetrug in Österreich* oder *Die Kölner Frauenjagd war nur ein Vorgeschmack*. Es gibt mehrere Hinweise, dass Alexander in Bayern lebt, viel mehr ist über ihn nicht bekannt. Nun also verkündet er die Gründung des »größten patriotischen *Discordservers*«. Das Ziel: »ein Memeblitzkrieg gegen die Köterrasse im Bundestag«. Und damit letztlich die Stärkung der AfD. Alexander entwirft eine streng hierarchische Serverordnung mit ihm als Oberbefehlshaber, mit Paladinen, Heeresgruppen, Stoßtrupps.

Um dabei zu sein, wenn der rechte Infokrieg geplant wird, haben wir uns eine Identität ganz nach dem Drehbuch neuer Rechter aufgebaut: jung, männlich, akademisch, ausgestattet mit viel Selbstbewusstsein und viel Angst ums Vaterland. Als Ansgar vom Unteroffizier Alexander Altum zum Bewerbungsgespräch via

Sprachchat gebeten wird, fragt er ihn: »Was hältst du von außereuropäischer Massenmigration nach Deutschland, wie nach 2015?« Ansgar antwortet ihm: »Na, genau das ist es, was Identität in Deutschland und Europa bedroht. Das Problem ist, dass das durch die hiesige Politik ermöglicht wird und dass damit unsere Tradition und unsere Kultur bedroht werden. Und das ist für mich der Grund, politisch aktiv zu werden.«

Wir wissen gut, was unser Gegenüber hören möchte. Um Altum zu beeindrucken, hatten wir uns enorme Fähigkeiten in der Bildbearbeitung zugeschrieben, wollten direkt ins Medienteam aufgenommen werden. Doch nach mehr als einer Stunde Gespräch ist er plötzlich still. »Widerstandsfahne, na ja«, sagt er dann. Gemeint ist unser Profilbild: Die Wirmer-Flagge, ein Kreuz, ganz ähnlich der norwegischen Fahne, in Schwarz-Rot-Gold. Benannt ist sie nach dem katholischen Juristen Josef Wirmer, der zum engeren Kreis um den Hitlerattentäter Claus Graf Schenk von Stauffenberg gehörte.

Die Wirmer-Fahne sollte nach dem Tod Hitlers das neue Nationalsymbol werden – in Abgrenzung zum Schwarz-Rot-Gold der Weimarer Republik und zum Hakenkreuz der Nationalsozialist*innen. Als Symbol des Widerstands gegen Hitler passt sie perfekt zur neurechten Erzählung, die sich zumindest in verbale Distanz zum Nationalsozialismus begibt. Einer genaueren Betrachtung hält diese Distanz zumeist nicht stand: Im Denken wie Handeln führen Akteur*innen der Neuen Rechten faschistische Traditionslinien fort. Für sie ist es vor allem ein strategisches Moment, sich vom Nationalsozialismus zu distanzieren. Martin Sellner, Kopf der Identitären, hat in einem in der Szene viel diskutierten Video diese Haltung so auf den Punkt gebracht: »Wenn du dich entweder zwischen dem Überleben deines Volks und deiner Kultur oder deiner heiß geliebten Ideologie des NS entscheiden müsstest, was würdest du wählen?«, fragt er. Die Antwort ist klar: Um das angeblich bedrohte Volk zu retten, müsse man auf allzu offene Bezüge zur NS-Ideologie verzichten – sie kommt einfach nicht gut an. Die Wirmer-Flagge ist das perfekte Symbol dieser Haltung: nationalistisch, aber eben auch nicht faschistisch. Zu sehen ist sie bei Pegida-Demos und der islamfeindlichen *German Defense League*, und sie gilt in neurechten Kreisen als Ausdruck »des geheimen Deutschlands«.

Genau deswegen hatten wir sie ausgewählt, doch unser Gegenüber scheint kritisch. Nach einigen Momenten des Nachdenkens sagt er: »Ich hoffe, du bist nicht geschockt, weil wir haben hier ein paar Nationalsozialisten halt.« Ansgar gibt sich gelassen. Mit Angriffen komme er schon klar. Gut, findet Altum, denn eigentlich sei klar, »dass wir hier ›Unite the Right‹-mäßig die Rechte verbinden wollen«, fügt er an. Dann befördert er uns.

Unite the Right – alle Strömungen der Rechten mitnehmen. Das gelingt in diesen Tagen überraschend gut. Bis zur Wahl werden über 7.000 Mitglieder auf dem Server aktiv, zur Hochphase Anfang 2018 sind es über 10.000. Alexander selbst hatte gefordert, *Discord* solle »euer neues Skype, euer neues *Facebook*, euer neues Wohnzimmer« werden. *Discord* bietet genau diese Möglichkeit – auch das hatte Alexander bereits erkannt: »Bei *Discord* scheinen Geister in der Maschine, die wie von Geisterhand dafür sorgen, dass Zusammengehörigkeitsgefühl erzeugt wird.«

Wir verbringen in diesen Spätsommerwochen kurz vor der Bundestagswahl viel Zeit bei *Reconquista Germanica*. Nach dem Aufstehen öffnen wir als Erstes die *Discord*-App auf dem Smartphone, um zu sehen, was passiert ist, wer uns geschrieben hat. Es ist nicht nur journalistische Neugier, die uns treibt. Wir fühlen uns an unsere Gamerzeiten erinnert: Auch damals sprachen wir nächtelang mit Menschen, die wir nur über ein Spiel kennengelernt hatten. Das Spiel war nur ein Anlass, schnell ging es um ganz andere Dinge: Freundschaft, erste Liebe, erster Vollrausch. So ist es auch bei *Reconquista*. Tag und Nacht versammeln sich Leute in den verschiedenen Audiochats. Mal Hunderte, mal nur eine Handvoll Leute reden miteinander, *Reconquista Germanica* wird tatsächlich so etwas wie ein Wohnzimmer in diesen Tagen. Ein Nutzer, mit dem wir uns regelmäßig austauschen, gesteht uns: »Zu Hause bin ich viel allein, aber hier fühle ich mich einfach richtig … angenommen.« Ein anderer schreibt in eine Gruppenunterhaltung: »Ey danke Jungs, das ist geil mit euch.«

Reconquista Germanica wird für einige wie ein Zuhause. Es gibt ein ganzes Kulturangebot, das im Sinne der neurechten Kontrakultur alles andere überflüssig machen soll. Es gibt Unterforen für Literatur-, Musik- und Filmempfehlungen. Abends werden im Chat Seminare zu Themen wie »deutsche patriotische Geschichte« abgehalten, man kann an einer Reallife-Sport-Challenge teilnehmen. In der Hochphase des Servers werden bekannte rechtsextreme Musiker wie der Rapper *Komplott* zur Fragerunde eingeladen, YouTuber der Szene dürfen sich vorstellen und ihre Bekanntheit ausbauen. Sie genießen einen Sonderstatus in der Serverhierarchie, weil sie das kulturelle Leben bereichern. Teilweise werden sie wie Promis behandelt, die Unbekannteren unter ihnen werden gezielt gepusht und gefördert. *Reconquista Germanica* baut seinen eigenen Safespace für Trolle und Rechte.

Viele hängen hier ab, weil ihnen »einfach krass langweilig« ist, andere sind ohnehin den ganzen Tag bei *Discord* eingeloggt, weil sie auf der Plattform mit anderen über ihre Spiele sprechen. *Reconquista* ist für sie eine Nebenbeschäftigung. Und es gibt viele Gründe, mal wieder vorbeizuschauen – zum Beispiel, um das Seminarangebot zu checken. Und *Reconquista* ist selbst wie ein Spiel. Im Begrüßungstext des Servers hieß es: »Du bist leidenschaftli-

cher Gamer und zockst gerne ›RG‹? Wir zocken und LARPen, was
das Zeug hält.« RG steht für *Reconquista Germanica*, LARPen für *Live
Action Role Play* und beschreibt vor allem eine Szene, die sich im
realen Leben verkleidet, um Spielcharakteren nahezukommen.
Häufig sind das zum Beispiel Mangafiguren – in diesem Falle jedoch eher SS-Schergen und Wehrmachtssoldaten. Die Inszenierung als Spiel ist auch Tarnung, um nicht von der Plattform ge-
schmissen zu werden. Gleichzeitig versucht *Reconquista*, die Spiel-
logik vollkommen in das politische Engagement einzuweben: Es
ist die Gamifizierung der Politik.

Mitglieder können durch das Erstellen besonders lustiger Memes Punkte sammeln, nach einiger Zeit aufsteigen. Es herrscht
eine gewisse Konkurrenz. Aber viel wichtiger ist, dass es einen
gemeinsamen Feind gibt: alles, was nach Establishment oder
Gutmenschen aussieht. *Reconquista* macht Propaganda und Radikalisierung zum Spiel – inklusive Mission, Aufstieg und Sieg. Als
wir Nikolai Alexander im November 2017 sprechen, als Journalisten, nicht als Ansgar Weisz, gesteht er offen, diese Mechanismen
bewusst politisch zu nutzen: »Es ist ein spielerischer Anreiz und
eine gewisse Art von Belohnungssystem, und das war definitiv
auch eine Erwägung, warum wir uns dafür entschieden haben.«
Tatsächlich zeigen wissenschaftliche Studien, dass Elemente wie
Bestenlisten und Medaillen die Beteiligung der Nutzer*innen und
das Zusammengehörigkeitsgefühl steigern können.

Der Kulturwissenschaftler Christian Huberts beschäftigt sich
seit Jahren mit Computerspielkulturen und beobachtet eine zunehmende Politisierung des Genre. Als wir ihn für dieses Buch
treffen, bestätigt er uns diese Dynamik. Über Jahre hätten rechte
Kräfte Computerspiellogiken in ihre Art der Mobilisierung und
ihren Aktivismus eingepflegt. Huberts hat bereits 2015 eine
Gruppe auf der Spieleplattform *Steam* entdeckt, die den Namen

Reconquista Germanica trägt. *Steam* ist vor allem eine Plattform für Gamer*innen, um Spiele zu kaufen, viele tauschen sich zugleich in Gruppen über die Spiele aus. Seit Jahren zieht *Steam* jedoch auch eine rechte Trollkultur an. Meist geht es um Lulz, also um immer geschmacklosere Witze. Befeuert werden diese auch von einigen Games selbst – von Strategiespielen wie dem erfolgreichen *Hearts of Iron*, in dem der Zweite Weltkrieg nachgespielt werden kann – selbstverständlich auch aufseiten der Wehrmacht. Hier kann man unwidersprochen stolz sein auf die Leistungen der deutschen Soldaten. »Dieses Spiel ist in politischen Gruppen sehr beliebt«, sagt Huberts. Und davon gibt es eine Menge auf *Steam*: Als einzige Partei ist die AfD hier vertreten – mit einer Gruppe von 1.200 Mitgliedern, die der Identitären hat 300.

Hinzu kommen Gruppen mit SS-Runen im Namen und expliziten Holocaust-Bezügen. Der Weg hierher verläuft häufig nach dem altbekannten Muster der Grenzüberschreitung, wie wir es schon in den amerikanischen Imageboards gesehen haben. Mitglieder posten explizit gewaltverherrlichende, rassistische oder neonazistische Inhalte, weil es eben *Part of the Game* ist, weil es provozieren soll. Je öfter Nutzer*innen mit diesen Inhalten konfrontiert werden, desto normaler erscheinen sie ihnen – was wiederum politisch nutzbar gemacht wird. So taucht 2017 ein Aufruf für den *Reconquista*-Server in einer dieser Steam-Gruppen auf, der, wie Huberts schildert, wirklich nett geklungen habe. »›Komm her, hier können wir über alles reden‹, das war der Tenor.« Tatsächlich ist diese Vermischung von Gaming- und Trollkultur das, was RG für viele ausmacht. Es verwischt die Grenze zu politischem Aktivismus, zwischen Mitgliedern und Unterstützer*innen. Natürlich geht es um einen politischen Kampf, so hatte Nikolai Alexander sein Vorhaben angekündigt. Aber wichtiger als die Ideologie ist die Praxis – und die bedient sich ganz bewusst bei allem, was die Gamingkultur auszeichnet: Zusammengehörigkeit, Identität, das Gefühl, Teil eines geeinten, unterstützenden Milieus zu sein.

Auch die streng militärische Hierarchie auf dem *Reconquista*-Server ist eine Art Spiel. Die »Befehlsgewalt« basiert auf dem Wunsch, dabei zu sein, mitmachen zu dürfen, nicht auf realem Gehorsam, der ist nur gespielt. *Reconquista Germanica* überführt das Erlebnis, das Gamer*innen aus ihren Spielen kennen, auf den politischen Kampf. Denn noch immer funktionieren die meisten Computerspiele nach einem bestimmten Muster: Sie belohnen Fähigkeiten und Fleiß. Es steckt ein Versprechen in ihnen: »Wenn du dich nur genug anstrengst, wenn du nur gut genug bist, kommst du zu Macht und Reichtum.« Communities, die sich um Spiele herum organisieren, begründen mit diesem Narrativ ihre Hierarchien. Oben ist, wer am besten spielt; unten, wer am schlechtesten ist. Und draußen ist, wer gar nicht spielt. Die Gamingkultur beruht auf einer Verdienstherrschaft; nur wer Leistung erbringt, kann aufsteigen. Es ist genau diese Logik, die auch die Rangordnung bei *Reconquista Germanica* begründet. Der Unterschied: Um aufzusteigen, kämpft man sich nicht durch Fantasiewelten, sondern erstellt rassistische Memes oder greift politische Gegner*innen an – die Folgen von Onlinehass sind häufig real.

Tatsächlich begegnen uns in diesen Wochen sehr viele Menschen auf dem Server, die nicht die politische Motivation hierhergebracht hat. Ein Nutzer mit dem Namen »D.« schreibt: »O.k., ist definitiv witziger hier als auf meinem *CounterStrike*-Server. Lol.« Als wir später privat chatten, erzählt er uns, er sei ohnehin jeden Nachmittag bei *Discord*, der Link zu *Reconquista Germanica* sei ihm weitergeleitet worden. Viele politische Gruppen können problemlos an bestehende Narrative, an Symbole, auch an einen bestimmten Humor in der Szene anschließen. Politisches Trolling, als Spiel getarnt, ist der perfekte Einstieg in die Radikalisierung. Es schließt an vorhandene Leidenschaften an, ist niedrigschwellig und kann dennoch fortlaufend extreme Inhalte unterbreiten. Derber Humor und grenzüberschreitende Scherze sind gängiger Szene-Code – er muss nur in die richtige Richtung gelenkt werden. Genau das hatte uns Martin Sellner, der selbst Mitbegründer des *Infokrieg*-Trollservers und bei *Reconquista* prominentes Mitglied war, als politische Strategie offenbart: »Ich sehe da einen Wirbelsturm, ein Chaospotenzial, Hass und Zorn, das immun geworden ist gegen jedes moralische Dogma. Und das wird die Political Correctness massiv beschädigen.« Denn darum geht es den neurechten Akteur*innen: die emotionale Dynamik solcher Kulturen schrittweise nutzbar machen, pubertäre Gefühle mit Politik verweben, die kulturellen Grundlagen des Diskurses verändern. Und wenn es Kritik daran gibt, ist eben alles nur Spaß, ein Spiel.

Der Krieg beginnt: Wahlkampf in Trollmanier

In den folgenden Wochen entstehen rassistische Memes und antisemitische Witze, Nutzer*innen teilen Fake-News oder politische Propaganda. Denn das ist ja der eigentliche Zweck des Unterfangens: Mit Hassbotschaften, Memes und verstärkt durch eine Armada von Fake-Accounts soll der Diskurs um die Bundestagswahl beeinflusst werden. Ausführlich erklärt ein Offizier in den Sprachchats, wie sich die anderen »Spieler« bis zu 200 Accounts zum Beispiel bei *YouTube* zulegen können. Dieser Moment macht deutlich, wie ernst es sehr viele Nutzer*innen hier eben doch meinen. »Das ist psychologische Kriegsführung«, heißt es in einer Lagebesprechung. Von Tausenden Fake-Accounts sollen Beleidigungen und Dislikes unter missliebigen Inhalten gepostet werden, mit dem Ziel, deren Urheber*innen zu verängstigen und die Wahrnehmung im Netz in eine bestimmte Richtung zu lenken. Häufig sind es *YouTube*-Videos liberaler Absender*innen oder Wahlwerbespots anderer Parteien als der AfD, die in der Folge mit Hasskommentaren überflutet werden. Es soll aussehen, als würden diese Inhalte auf breite Ablehnung stoßen.

Dass unliebsame Personen durch Hate Speech und Shitstorms aus dem Diskurs gedrängt werden, ist wissenschaftlich gut belegt. Das Jenaer *Institut für Demokratie und Zivilgesellschaft* führte 2019 eine repräsentative Online-Befragung mit 7.349 Teilnehmer*innen im Alter zwischen 18 und 95 Jahren zum Thema Onlinehass durch – die bislang größte Studie dieser Art, deren Ergebnisse sich weitgehend mit denen vorhergehender Studien decken. 40 Prozent der dort Befragten haben schon Hate Speech wahrgenommen, wobei es in der netzaffinsten Gruppe der 18- bis 24-Jährigen mit 73 Prozent deutlich mehr sind. Ebenso sind Menschen mit Migrationshintergrund häufiger betroffen. Die Autor*innen der Studie kommen zu einem einfachen Schluss: »Hate Speech verringert die Meinungsvielfalt im Netz und führt zu einer Verschiebung der Wahrnehmung über die gesellschaftliche Realität, wenn die Hater*innen in den Kommentarspalten dominieren.«

Und das ist das erklärte Ziel von *Reconquista Germanica*. Eigene Posts oder die befreundeter YouTuber werden mit positiven Kommentaren und »Daumen hoch« unterstützt. Unbeteiligten zeigt der Plattform-Algorithmus diese Inhalte in der Folge häufiger an, und sie wirken glaubwürdiger – eine Spirale der gefälschten Zustimmung. In der Aufmerksamkeitsökonomie von *YouTube* & Co. sind diese Metriken – also Likes, Kommentare und Views – die harte Währung. Viel Aufmerksamkeit, viele Zuschauer*innen und Likes, noch mehr Aufmerksamkeit.

Diese »metrische Manipulation«, also das zielgerichtete Manipulieren dieser Hinweisreize in den sozialen Netzwerken, ist seit langem eine sehr beliebte Taktik rechter Infokrieger*innen und Trolle. Sie entspringt einem radikalen Pragmatismus, den wir bei rechtsextremen Bewegungen häufig beobachten können: Sie fühlen sich kaum an moralische und ethische Haltelinien gebunden – schließlich befände man sich ja in einer kriegerischen Auseinandersetzung, in der alles erlaubt ist, um den Gegner zu bezwingen. Der Historiker Robert Paxton bezeichnet diese Haltung, die jedes Mittel zur Erringung von Macht rechtfertigt, als eines der Kernmerkmale des Faschismus. Das umfasse eben auch ein instrumentelles Verständnis von Wahrheit. Und in Zeiten sozialer Medien offenbar auch die Manipulation von Likes und Views.

Wir erinnern uns: Schon 2008 manipulierten ein paar Trolle aus dem Imageboard 4chan den Google-Algorithmus derart, dass das Symbol eines Hakenkreuzes als besonders häufiger Suchbegriff auftauchte. Ein makabrer Scherz ohne große Wirkung auf die breitere Öffentlichkeit – mal abgesehen davon, dass Google sich offiziell entschuldigte. Heute werden diese Taktiken hundertfach wiederholt – und durch die Funktionsweise sozialer Medien verstärkt.

Den größten »Erfolg« feiert Reconquista Germanica beim TV-Duell zur Bundestagswahl im September 2017: Angela Merkel gegen Martin Schulz, ihren Herausforderer von der SPD. Auf Twitter wird die Sendung unter dem Hashtag #TVDuell diskutiert. Unter ihnen sind plötzlich Hunderte Accounts, die auch das Hashtag #verräterduell benutzen und Werbung für die AfD machen. Die Taktik, eine große, öffentlichkeitswirksame Twitter-Debatte mit eigenen Hashtags wie #afdwählen oder eben #verräterduell zu verbinden, ist besonders Erfolg versprechend, weil rechte Inhalte so auch für Unbeteiligte sichtbar werden. Die Kernzielgruppe wird verlassen.

Ein Großteil der Kommunikation nach außen läuft über Memes ab: Viele sind rassistisch, andere machen sich über die sogenannten Systemparteien lustig, häufig sind altbekannte Symbole wie Pepe, der Frosch, darauf zu sehen, in der *Reconquista*-Ausführung trägt er allerdings oft das Blau der AfD. Auf dem Server gibt es einen Wettkampf darum, wer die besten Memes produziert, es gibt den Rang des »Meme-Lords«, eine Meme-Werkstatt. Der US-Wahlkampf hat gezeigt, dass Memes in der Lage sind, die Wahrnehmung breiter Teile der Bevölkerung zu beeinflussen, schlicht indem sie auf den großen Social-Media-Plattformen in Umlauf gebracht werden. Selbst die NATO hatte in einer Analyse den Einsatz memetischer Kommunikation für den Kampf gegen den IS untersuchen lassen.

Eine Studie des *Oxford Internet Institute* zeigte, dass die Rechnung von *Reconquista* aufging: 30 Prozent dessen, was im Jahr 2017 in Deutschland in sozialen Medien geschrieben wurde, so das Ergebnis der Untersuchung, kreiste um die AfD – weit mehr als bei jeder anderen Partei. Zudem stammten sieben der zwanzig meistgeteilten Hashtags von rechten Trollen oder wurden von ihnen unterstützt, wie etwa #reconquista und #merkelmussweg. Nach der Wahl verkündet Oberbefehlshaber Nikolai Alexander stolz: »AfD drittstärkste Kraft, SPD schlechtestes Ergebnis aller Zeiten. Dank *Reconquista Germanica*.«

Auch uns gegenüber schätzt er die Rolle seiner Trolle für den Wahlerfolg der AfD als »ziemlich hoch« ein, schließlich habe er »das gesamte patriotische Lager« zur Wahl mobilisiert. Eine maßlose, ja fast lächerliche Übertreibung, sicher. Aber dennoch: Die rechten Trolle zeigen in diesen Sommermonaten, mit wie wenig Aufwand Online-Debatten zu manipulieren sind, wie kleine

Minderheiten Mehrheiten vorgaukeln können. Neu sind ihre Taktiken nicht, sie kommen aus dem Arsenal der Trollkultur, wie sie schon 2016 in den USA politisch wirksam wurde: Mittels einfacher Narrative soll Misstrauen gesät und Wahrheit beliebig werden, eigene Ansichten sollen gestärkt und Kritiker mundtot gemacht werden.

Eines der ersten Opfer dieser Strategie ist die Linkspartei-Spitzenkandidatin aus Hamburg, Sarah Rambatz. Nachdem eine *Facebook*-Nachricht von ihr auf *Twitter* verbreitet wird, bekommt sie Vergewaltigungs- und Morddrohungen, Trolle finden ihre und die Adresse von Familienmitgliedern heraus, posten ihr Klingelschild. Die Aktion wird unter anderem bei *Reconquista* organisiert, hier sammeln Mitglieder Informationen über die junge Kandidatin. Ähnlich ergeht es dem Journalisten Karsten Schmehl, der als einer der Ersten über *Reconquista* berichtet. Nicht nur seine Social-Media-Profile werden heimgesucht und mit Hassnachrichten geflutet, Aktivist*innen machen sich auch schnell daran, seine Privatadresse zu recherchieren. Tagelang stehen zwielichtige Gestalten vor seiner Tür. Diese Aktionen sind die Offline-Ausläufer einer Hasskultur, die online entsteht.

Nach vielfältigen Medienberichten über das Treiben von *Reconquista Germanica* löscht *Discord* die Gruppe mehrfach. »Wir haben nach den Medienberichten sofort reagiert. *Discord* soll Spieler verbinden und ist kein Ort für rechte Propaganda«, heißt es. Jedoch werden verschiedene »Ersatzlager« gegründet, neue *Discord*-Server aufgesetzt. Die vielen Umzüge und Neugründungen sollen auch dazu dienen, unerwünschte Beobachter wie uns loszuwerden. Wir sind auch zwei Jahre nach Gründung noch immer dabei – in einem mittlerweile deutlich geschrumpften Trollserver. *Reconquista* ist ein sich selbst überschätzender Schrecken der Vergangenheit. Aber er hat gezeigt, wie schnell die Trollingkultur die deutsche Öffentlichkeit erreichte. Und die kommende Bundestagswahl wird zeigen, wo sich die nächste Trollarmee im Dienste der AfD formiert.

Der YouTuber Nikolai Alexander veröffentlicht noch immer pathetische Videos mit geschwollener Stimme – vor allem aber hat er sich ein einträgliches Geschäft gesichert. Mehrfach bat er im Netz um finanzielle Unterstützung, doch nachdem öffentlich wurde, bei welcher Bank das Spendenkonto liegt, kündigte ihm diese. Weitere Banken tun das Gleiche. Um nicht vom Geldfluss abgeschnitten zu werden, bittet Alexander darum, ihm die Kryptowährungen Bitcoin und Monero zukommen zu lassen. Auf seinem im Januar 2019 eröffneten Bitcoin-Konto sind in 19 Einzelspenden 0,25 Bitcoins zusammengekommen. Das sind – je nach aktuellem Wert – zwischen zwei- und zehntausend Euro. Und das ist nur eine der Einkommensquellen des rechten YouTubers.

Neben erquicklichen Einnahmen für einen rechtsextremen Aktivisten bleibt von *Reconquista Germanica* vor allem der Eindruck davon, wie einfach politische Mobilisierung und Radikalisierung in Zeiten sozialer Medien geworden sind. Vom freundlichen Spieleserver mitten hinein in den Infokrieg war es für viele nur ein kurzer Weg. Es wiederholt sich ein bekanntes Muster.

Politisch brisant daran ist die zumindest versuchte Manipulation des öffentlichen Diskurses zugunsten einer Partei. Mitglieder der AfD waren auch auf bei *Reconquista* aktiv, die Jugendorganisation hatte gar einen eigenen Rang für ihre Mitglieder. Lars Steinke, damals Landesvorsitzender der *Jungen Alternative* in Niedersachsen und Mitarbeiter der Landtagsfraktion, war aktives Mitglied auf dem Server, ebenso wie der Leverkusener AfD-Funktionär Yannick Noé, der das identitäre Jugendmagazin *Arcadi* gründete und bis heute sein Chefredakteur ist. Bei *Reconquista* ist er als »VIP der Heeresgruppe West« angemeldet. Zudem warb der

YouTube-Kanal *AfD Television* offen für das Troll-Netzwerk. Der Kanal gehörte offenbar einem bayerischen AfD-Mitglied, ist heute jedoch gelöscht. Auch »Oberbefehlshaber« Nikolai Alexander brüstete sich damit, seit Jahren für die AfD zu werben. Wie die Partei versucht, von solcherlei Aktivitäten zu profitieren, und dabei auch radikale Teile der Online-Szene einbindet, darum geht es im nächsten Kapitel.

8. Kapitel: Die *Facebook*-Partei

Keine andere Partei ist in den sozialen Netzwerken so erfolgreich wie die AfD. Das hat wenig mit ihr selbst zu tun, aber viel damit, wie digitale Öffentlichkeit funktioniert. Die AfD setzt auf Emotion, Manipulation und etwas, das keine andere Partei in dieser Weise hat: Influencer*innen.

»Hier zählt der deutsche Diesel noch etwas«, sagt eine Stimme aus dem Off. Zu sehen ist ein tschechischer Gebrauchtwagenhandel mit unzähligen Autos. Deutsche Diesel, aus der Not verkauft, so könnte man den Tenor des Films beschreiben, weil die Bundesregierung den kleinen Leuten ihren Diesel wegnehmen will. Das Video, das mit dieser Szene beginnt, heißt: *Dieselmord im Ökowahn – Die Diesel-Dokumentation*. Es wäre nur ein Video unter vielen, das auf *YouTube* irgendeine politische Agenda verbreitet, wenn es nicht auf dem Kanal der AfD-Bundestagsfraktion erschienen wäre.

Als den ersten von drei Teilen hatte die Partei ihre Dieseldoku in einer Pressemitteilung Ende September 2019 angekündigt: Jetzt, da von »Flüchtlingswellen« zu reden sich kaum mehr lohnt, soll der Kampf gegen die Klimaschutzpolitik offenbar zu einem zentralen Thema der Partei werden. Der Film bedient aufs Neue das rechtspopulistische Narrativ der Lügenpresse: Er sei Teil einer

»Gegenöffentlichkeit zur einseitigen Berichterstattung im öffentlich-rechtlichen Fernsehen«, wie Fraktionsvize Peter Felser sagt, der das Dokuprojekt innerhalb der Fraktion leitet. Als der Film einen Tag nach der Pressemitteilung auf *YouTube* erscheint, teilt er den Link und ein Bild von sich bei *Facebook*. Felser lacht in die Kamera. Neben ihm der Text: »Opposition ab sofort nicht mehr nur im Parlament, sondern auch auf dem Bildschirm. ARD und ZDF verlieren ihr Meinungsmonopol!« Nach einer Woche wurde die Dokumentation etwas mehr als 40.000 Mal aufgerufen – ein ziemlicher Rohrkrepierer. Doch steht das Machwerk stellvertretend für das Agieren der AfD in den sozialen Netzwerken. Das Video zeigt, wie sich die Partei nicht nur als politische Opposition im Parlament und auf der Straße geriert, sondern ihre Kanäle ebenso als Gegenmedium zum angeblich monolithischen Block der Massenmedien darstellen möchte. Und es zeigt, dass die AfD mehr als andere Parteien ihre Zielgruppe im Internet vermutet – und das aus gutem Grund. Schon lange arbeitet die Partei daran, dass ihre Wähler*innenschaft genau dort nach vermeintlich rationalen Informationen sucht, die dann wiederum gern von der AfD selbst und verbündeten Medienschaffenden geliefert werden. Die Medienarbeit der Partei im Internet mag nicht wesentlich professioneller organisiert sein als die ihrer politischen Gegner, doch sie setzt auf andere Mittel und ist so um Längen erfolgreicher. In diesem Kapitel werden wir zeigen, wie die AfD in den sozialen Netzwerken agiert, warum sie das tut und weshalb sie damit Erfolg hat.

Die Dokumentation *Dieselmord im Ökowahn* ist das zweite groß angekündigte Projekt der AfD, mit dem das vermeintliche Meinungsmonopol der Öffentlich-Rechtlichen angegriffen werden soll. Schon 2017 hatte die Partei mit *AfD-TV* einen alternativen Medienkanal angekündigt, der den Wähler*innen die Anliegen

der Partei ohne angebliche Verzerrung und Manipulation näher-
bringen sollte. Im April 2018 ging es los – auf einer extra einge-
richteten Website und auf einem *YouTube*-Kanal. Passiert ist seitdem wenig. Der *YouTube*-Kanal war nicht nur zeitweilig wegen
zu vieler urheberrechtlicher Auseinandersetzungen gesperrt, inzwischen fungiert er als Kanal der AfD Rheinland-Pfalz. Auf der
Website ist unter anderem das Bild eines pompösen TV-Studios
zu sehen. Klickt man es an, wird man jedoch enttäuscht: »Studio
in Gründung«. Im November 2019 ist die Seite nicht mehr aufruf-
bar. Auch die Verantwortlichen in der Partei sind nicht sehr mit-
teilsam, wenn sie nach *AfD*-TV befragt werden. Der Berliner *Tages-
spiegel* hatte berichtet, das Studio bestehe bisher aus nicht mehr
als einem Computer und einer Fernsehkamera. Aus der Fraktion
selbst ist zu hören, auch der ebenfalls angekündigte »Newsroom«, in dem eigene Nachrichten für den Medienkanal produziert werden sollten, sei noch im Herbst 2019 »ein großer, leerer
Raum«, drei, vier Leute säßen dort und kümmerten sich spora-
disch um Social Media. Es gab also weder eine richtige Strategie
noch nennenswertes Personal. Und dennoch, die Absichtsbekun-
dung allein reicht aus, um für mediales Aufsehen zu sorgen. Denn
genau darum geht es: Aufsehen in der Öffentlichkeit.

Ann-Katrin Müller beobachtet für den *Spiegel* die AfD und ihre
Medienarbeit, die sie für weniger strategisch organisiert hält, als
häufig vermutet wird. »Sie stecken offenbar gar nicht viel Energie
rein, dem eine richtige Struktur zu geben, das vernünftig zu organisieren.« Zumindest sei davon wenig zu merken, so Müller. Es
gehe eher darum, der eigenen Community ein Signal zu senden,
es sei ein Spin, »um Medienvertrauen zu zerstören und die anderen in Aufruhr zu versetzen«. Dabei hatte Peter Felser noch im
Februar 2018 gesagt, das Projekt *Newsroom* sei Kern seiner Arbeit.
Schon damals verkündete er, dass es der AfD gelungen sei, »eine

Reihe von Medien- und PR-Profis mit langjähriger Erfahrung in der Branche an Bord zu holen«.

Eine Woche nach Veröffentlichung der Diesel-Doku teilten nach unserer Auswertung überwiegend AfD-Seiten den Film bei *Facebook* und *Twitter*. In den Mainstream der Bürger*innen hinein wirkt die Partei damit also keineswegs – doch das ist nicht überraschend. Es geht nur vordergründig um ein alternatives Medienangebot für alle. Wichtiger ist die Wirkung auf Journalist*innen, die politische Konkurrenz und auf die eigene Klientel. Zuvorderst werden öffentlich-rechtliche Medien in Verruf gebracht, indem ihnen vorgeworfen wird, nicht wahrheitsgemäß über Klimathemen zu berichten. Eine Feindmarkierung, wie sie für Akteur*innen der Neuen Rechten essenziell ist. Neben etablierten Medien werden natürlich auch andere Parteien diskreditiert, die die AfD unisono als »Altparteien« bezeichnet – unabhängig davon, wie sie etwa zum Klimaschutz stehen.

Die Kommunikation der AfD in den sozialen Netzwerken richtet sich also vorrangig an die eigene Community. Sie wirkt darauf hin, ihre Klientel weiter von den etablierten Medien zu entfremden und das Wir-Gefühl zu stärken – und damit den »Riss durch die Gesellschaft« zu vertiefen. So hatte es Götz Kubitschek formuliert: »Ich bin strikt dafür, dass der Riss noch tiefer wird.« Dem wird die gesamte Kommunikationsstrategie der AfD gerecht. Kubitschek ist wichtiger Stichwortgeber der AfD. Nicht nur, dass mit Alice Weidel, Alexander Gauland und Jörg Meuthen die drei wichtigsten AfD-Bundespolitiker in Kubitscheks Bauernhaus in Schnellroda aufgetreten sind und dass der Thüringer AfD-Chef Björn Höcke eine freundschaftliche Beziehung zu ihm pflegt, auch in der zweiten Reihe der Partei sind personelle wie intellektuelle Verbindungen nicht selten. So ist Kubitschek ein jahrelanger Wegbegleiter des Medienunternehmers und Dokuprojektleiters Peter Felser. Beide haben ein ganz ähnliches Verständnis der Mediengesellschaft.

Kubitschek und Felser kennen sich spätestens seit Ende der Neunzigerjahre. 1998 waren beide mit der Bundeswehr in Bosnien: Kubitschek als Führer des »Taktischen OpInfo-Zuges«, Felser als Redakteur im OpInfo-Bataillon 950. OpInfo steht für Operative Information, der *Spiegel* bezeichnete die Einheit 2002 als »die Psychokrieger der Bundeswehr«. Das Magazin zitiert aus einer Arbeitsunterlage, in der es heißt: »Massenkommunikationsmittel können Verlauf und Ausgang von Konflikten entscheidend beeinflussen. [...] Propaganda, Desinformation und Manipulation von Meinungen sind Teil des Kampfes um Informationsüberlegenheit.« Felser und Kubitschek dürften bei der Bundeswehr einiges gelernt haben, was ihnen helfen könnte, die Informationsüberlegenheit für die Neue Rechte zu erringen; ihr heutiges Schlachtfeld ist die deutsche Öffentlichkeit.

Zurück in Deutschland, arbeiten Kubitschek und Felser in den folgenden Jahren gemeinsam an der rechten Diskurshoheit. 1999 erscheint ihr Buch *Raki am Igmam*, in dem sie von ihren Erlebnissen in Bosnien berichten, im Eigenverlag *edition die lanze*. Heute erscheint es im Programm von Kubitscheks Verlag *Antaios*. Schon 1998 gründet Felser mit anderen ein Medienunternehmen: die *wk&f Kommunikation GmbH*. Die Firma im bayerischen Kempten gibt es noch heute. Das Unternehmen gibt an, eine »Agentur für Special Interest Themen« zu sein. Laut Handelsregister macht die Firma »Multimediaproduktion, insbesondere Produktion von Filmen und audio-visuellen Medien«, ist aber auch als »Public-Relations-Agentur« tätig.

Der erste Buchstabe im Firmennamen steht für die Mitgründer: Bernd Widmer, der letzte für Peter Felser. Unterschiedliche Erklärungen gibt es zum dritten. Felser bestreitet, dass Kubitschek Teil des Unternehmens gewesen sei, sagt, das K stehe für Kommunikation. Kubitschek jedoch bestätigt gegenüber der *Frankfurter Allgemeinen Zeitung*, dass es sein Name sei, der sich dahinter verberge. Heute stehen nur noch Widmer und Felser im Handelsregister.

Es ist unwahrscheinlich, dass das Gemeinschaftsprojekt in gänzlich unpolitischer Absicht gegründet wurde: Auch Bernd Widmer hat eine einschlägige Vergangenheit, war nicht nur Mitglied von Jugendbünden im Stil der Hitlerjugend, sondern auch Inhaber eines völkischen Musikverlags. Kubitschek war schon in den Neunzigerjahren als Redakteur der *Jungen Freiheit* tätig und übte sich in ersten metapolitischen Gehversuchen, Felser war Mitglied der rechtsextremen Republikaner. Über diese Vergangenheit täuschen die Videos, die Felsers und Widmers Firma heute produziert, leicht hinweg. Neben Videos für das Optikunternehmen *Apollo* oder den *Bayerischen Bauernverband* findet man unter anderem Filme über Trecker und andere Agrarmaschinen. Dass das allerdings nicht immer so war, deckten 2017 die *Frankfurter Allgemeiner Zeitung* und die *Allgäuer Zeitung* auf. *wk&f* haben auch zwei Wahlwerbespots für den Berliner und den Thüringer Landesverband der Republikaner produziert. Von der FAZ befragte Juristen bescheinigten den Werken einen »antisemitischen und volksverhetzenden Charakter«, Sender verweigerten die Ausstrahlung der Spots.

Das passiert der AfD heute so nicht mehr: Vor allem das Internet bietet die Möglichkeit, eigene Inhalte fast ungefiltert zu verbreiten. Doch Medienstrategen wie Felser geht es um weit mehr als um die bloße Vermittlung von Inhalten. Sie betreiben ein Wechselspiel von Kommunikation nach innen und Kommunikation nach außen.

Wie Kubitschek in seinem Buch *Provokation* beschreibt, sollen einerseits die Mehrheitsgesellschaft empört und andererseits die bereits Überzeugten näher ans eigene Lager gebunden werden. Mit der Ankündigung eines eigenen Newsroom oder eines Dokuprojektes erreicht die Partei beides.

In ihrem Selbstverständnis sieht sich die AfD in einem beständigen Konflikt mit den Massenmedien und den demokratischen Parteien. Nach ihren steten Wahlerfolgen und auch, weil sie es tatsächlich schaffte, den gesellschaftlichen Diskurs zu verschieben, wie die Dauerpräsenz des Themas Migration zeigt, wähnt sich die AfD im Aufwind – und somit das gesamte neurechte Lager. Doch zuletzt ist der Erfolg etwas ins Stocken geraten. Gemessen an den Ergebnissen der Bundestagswahl 2017 konnte sich die Partei bei den Europa- und Landtagswahlen 2019 nur unwesentlich verbessern. Die »Konservative Revolution« verzögert sich. Dementsprechend groß ist die Angst, dass das eigene Potenzial erschöpft, der Zenit erreicht ist. Die Kommunikationsstrategie, wie sie Propaganda-Experten wie Kubitschek entwerfen, zielt genau auf diesen Punkt. Es sollen neue Milieus erschlossen werden – Milieus, die einer rechtsradikalen Wahlentscheidung bisher unverdächtig waren und sich auch selbst so verstehen. Das Zauberwort, das Kubitschek in einem Text in der neurechten Theoriezeitschrift *Sezession* ins Spiel bringt, lautet »Selbstverharmlosung«.

In seinem Text stellt der rechte Verleger fest: »Die emotionale Barriere verhindert die vorurteilsfreie Beschäftigung mit den Themen, dem Personal, den Auftritten der Alternative für Deutschland.« Durch die vermeintliche Dämonisierung der AfD durch Medien und Politik scheuten sich die Menschen, sich ernsthaft mit der Partei auseinanderzusetzen. Eine zentrale Aufgabe der AfD-Kommunikation bestehe demnach in der Beseitigung der emotionalen Barriere. Wie wir gesehen haben, setzt die junge Generation der Identitären unter dem Ex-Kubitschek-Praktikanten Sellner auf Gesichter und Geschichten, mit authentischen Influencer*innen, die über ihren »ganz normalen Alltag« berichten. Die AfD als bundesweit agierende Partei bedient sich anderer Mittel: Nach den Landtagswahlen in Sachsen und Brandenburg im Herbst 2019 ließen ihre Funktionär*innen kein Mikrofon aus, um zu erzählen, die AfD sei eine bürgerliche Partei. Das war wohlkalkuliert, wie die Fraktionsvorsitzende Alice Weidel wenig später zugab – in ihrer Rede bei der *Sommerakademie des Instituts für Staatspolitik*, dem neurechten Think Tank Kubitscheks: »Wir haben das ja ausgetestet am Wahlabend und haben gesagt, zwei Drittel haben ›bürgerlich‹ gewählt. Und dann sind die alle ausgeflippt.« Es sei, so Weidel, ganz wichtig, solche Begriffe zu besetzen, um sie der »kulturmarxistischen Linken« – womit sie wohl alle demokratischen Akteur*innen meint – zu entwenden. Dahinter steckt das Kalkül, über die eigene Radikalität hinwegzutäuschen und sich selbst in der medialen Debatte zu halten. Die AfD wird dementsprechend glücklich gewesen sein, als die MDR-Journalistin, die am Wahlabend das Narrativ der »bürgerlichen« AfD naiv übernahm, scharf von allen Seiten dafür kritisiert wurde.

Natürlich spielen die sozialen Medien eine zentrale Rolle in der Kommunikationsstrategie der AfD. Stolz berichtete Weidel bei der *Sommerakademie* von der »Gegenöffentlichkeit«, die sich die Partei in den neuen Medien aufgebaut habe – vor allem, weil man um die Voreingenommenheit der von »Grünen-Freunden und Merkel-Getreuen« dominierten »regierungsnahen GEZ-Sender« wisse. *Facebook*, *Twitter* und Co. sind das eigentliche *AfD-TV*. Die Partei weiß um das Potenzial der Plattformen – und sie agiert auf ihnen meist so erfolgreich wie keine andere Partei.

Die AfD: eine hyperaktive *Facebook*-Partei?

»AfD ist auf *Facebook* haushoch überlegen«, titelt der *Spiegel* im Frühjahr 2019 kurz vor der Europawahl. Eine Studie belegt damals eine schiere Übermacht der rechtspopulistischen Partei auf der Plattform: 85 Prozent aller geteilten Beiträge von Parteien stammen von der AfD. Ihre Inhalte werden fünf- bis siebenmal so häufig geteilt wie die anderer Parteien – zusammen. Ihre Posts werden viermal so häufig kommentiert wie die der anderen Parteien – zusammen. Gemessen an den Umfragen, die die AfD im Mai 2019 zwischen zehn und 13 Prozent sehen, zeigt das tatsächlich eine überraschende Dominanz der Partei auf *Facebook*.

Ende 2019 hat die Hauptseite der Partei knapp 480.000 Likes – mehr als CDU und SPD gemeinsam. 3,6 Millionen Mal wurden die Beiträge mit dem Daumen nach oben, einem Herzen oder einem Wut-Emoji versehen, geteilt oder kommentiert. Alle anderen Parteien kamen bis Mitte Oktober zusammen auf gerade mal 1,2 Millionen Interaktionen. Der Erfolg auf *Facebook* hat viele Gründe – und nur manche davon sind das Ergebnis bewussten Handelns.

Am Vormittag des 29. Juli 2019 stößt ein Mann eine Mutter und ihren Sohn auf die Gleise des Frankfurter Hauptbahnhofs vor einen einfahrenden Zug, der Junge kommt dabei ums Leben. Eine grausame Tat – und eine Gelegenheit, die sich die AfD nicht entgehen lässt. Alice Weidel reagiert ausnehmend schnell. Schon wenige Stunden, nachdem die Tat öffentlich wird, postet sie eine Bildtafel auf *Facebook*. Im Hintergrund sind ein ICE und Trauerkerzen zu sehen. Im Vordergrund steht »Afrikaner tötet 8-Jährigen in Frankfurter Hauptbahnhof« und »Bürger schützen – Willkommenskultur endlich aufgeben!«. Es ist einer der erfolgreichsten *Facebook*-Posts Weidels – und er ist wie nach der Gebrauchsanleitung rechter Propaganda verfasst. Über 16.000 Mal wurde er auf *Facebook* geteilt, über 7.600 Mal kommentiert. Der Todesfall in Frankfurt stellt einen für die AfD idealen Anlass dar, ihre Migrationspolitik auf die Agenda zu setzen und das Narrativ der täglichen Gewalttaten gegen Deutsche zu befeuern: Einem lokalen Ereignis wird nationale Bedeutung zugewiesen. Aus dem brutalen und tragischen Tod eines 8-Jährigen wird die Erzählung, niemand sei in Deutschland mehr sicher. Kein Wunder, dass in den Folgetagen in rechten Gruppen intensiv über Frankfurt berichtet wird und verschiedene (häufig alte, auch schlicht falsche) Nachrichten geteilt werden, die Bahnhöfe als Orte blanker Gewalt erscheinen lassen. Alice Weidels Post wird Teil eines ganzen rechten Agenda-Setting-Komplexes.

Es ist diese Form des Storytelling, die vielfach den rechten Erfolg erklärt: Es gibt ein Opfer, mit dem sich jeder emotional identifizieren kann, es gibt einen Täter, der aufgrund seines Migrationshintergrunds gut in die Geschichte passt, und all das wird verbunden und generalisiert, sodass es die Grunderzählung von Angst und Gefahr stützt. Am gleichen Tag legt Weidel mit einem weiteren Post nach: »Ganz Deutschland trauert um 8-Jährigen. Merkel fliegt lieber in den Urlaub.« Weidel fügt dem furchtbaren Ereignis einen weiteren Spin hinzu: Sie nimmt es als Beleg für die Gleichgültigkeit Angela Merkels. Eine sinnbildliche Geschichte, die zeigt, wie die AfD mit den Waffen des Storytelling Reichweite auf *Facebook* organisiert.

Anders als etablierte Nachrichtenmedien und andere Parteien reagiert die AfD gerade bei Gewalttaten oft, bevor es eine gesicherte Nachrichtenlage gibt. »Die Partei ist bei ihren Postings in den sozialen Netzwerken sehr schnell mit Mutmaßungen, weil das dann neu und exklusiv ist und deswegen noch häufiger geteilt wird«, sagt uns die AfD-Expertin des *Spiegel*, Ann-Katrin Müller.

Und: Weil sich die Partei außerhalb des demokratischen Konsenses befindet, kann sie Themen anders kommunizieren. Auch das ist ein Beleg für den radikalen Pragmatismus, der tief im Denken der extremen Rechten verankert ist. Sie fühlen sich häufig nicht an ethische Regeln gebunden, eben weil sie die Gesellschaft in Gefahr wähnen – angesichts dessen sind dann viele Mittel erlaubt.

Angst, Wut und Provokation sind die zentralen Mechanismen, die die AfD online wie offline anwendet, wobei sie sich in den sozialen Netzwerken besonders gut reproduzieren. Das liegt auch an der schieren Menge an Beiträgen, die die Partei absetzt: In manchen Wochen des Jahres 2019 teilten Seiten der AfD allein mehr als 600 Grafiken.

Auf *Facebook* ist die AfD hyperaktiv – auch das erklärt ihren Erfolg. Über 1.600 Accounts werden im Namen der AfD auf *Facebook* betrieben – weit mehr als von den anderen Parteien insgesamt. Vom kleinsten Kreisverband über Kreis- und Landespolitiker bis hin zur Parteispitze reicht das parteiinterne Netzwerk, mit dem die AfD es schafft, ein beständiges Grundrauschen auf der Plattform zu erzeugen. Dieselben Bilder werden auf verschiedenen AfD-Unterseiten gepostet, Beiträge von großen Seiten von vielen anderen geteilt. Ein Großteil des *Facebook*-Erfolges der AfD basiert also auf der Zuspitzung von Inhalten – sowie auf der schieren Masse an Seiten und Beiträgen.

AfD-Pressesprecher Bastian Behrens zufolge kümmern sich lediglich drei Mitarbeiter um Social Media. Den Rest mache man mit »einigen Freelancern«. Das ist angesichts des übergroßen Outputs der Partei bemerkenswert. »Fast jeder Abgeordnete hat jemanden, der sich um die sozialen Netzwerke kümmert«, sagt Müller. Die Bundestagsabgeordneten der AfD räumten der Präsentation in den sozialen Medien eine besonders große Rolle ein

– bisweilen erscheine sie wichtiger als die parlamentarische Arbeit. »Nach dem Einzug in den Bundestag sind sie häufiger als quasi geschlossene Fraktion erschienen und haben dann beispielsweise kurz vor Sitzungsbeginn ein Foto von den leeren Reihen der anderen Fraktionen gemacht. Sie posteten dann: Alle Ränge sind leer. Dabei kamen die anderen noch«, erzählt Müller. Es ist die Lieblingsgeschichte der AfD: Sie arbeitet fürs Volk, während eine korrumpierte Elite nichts tut. Vor allem zeigt die beschriebene Szene etwas, das wir auch bei den Identitären gesehen haben: die vollständige Medialisierung politischen Handelns. Politik wird inszeniert, um sie medial verbreiten zu können. Die eigentliche Arbeit im Parlament fällt dahinter häufig zurück.

Tatsächlich zeigen Bundestagsprotokolle: Inzwischen sind es AfD-Abgeordnete, die bei namentlichen Abstimmungen mit Abwesenheit glänzen. Und auch eine Studie der *Stiftung Wissenschaft und Politik*, die 2017, noch vor dem Einzug der Partei in den Bundestag, das Agieren der AfD in den Landtagen untersucht hat, legt nahe, dass es der Partei kaum um konkrete inhaltliche Politik geht. Die Parlamente auf Bundes- und Landesebene seien für die Abgeordneten die große Bühne, um sich der eigenen Klientel zu präsentieren; in den – nicht öffentlichen – Ausschüssen hingegen beteiligen sie sich nur minimal.

Die AfD sieht ihr Publikum weniger im Plenarsaal als vor den Bildschirmen, auf *YouTube, Facebook* und *Twitter*. Die Verbreitung über die sozialen Netzwerke ist häufig das zentrale Ziel der Reden – nicht irgendeine politische Wirkung im Plenarsaal. Die AfD bringt *Facebook* ins Parlament. »Sie denken in Auftritten, nicht in Inhalten«, sagt Müller. Mit ihrem konfrontativen Kurs schafft die AfD gut zu verbreitenden Stoff für die rechte Blase. Wenn etwa Alice Weidel von »Kopftuchmädchen und anderen Taugenichtsen« oder »alimentierten Messermännern« redet, dann spricht sie zwar im Bundestag – zielt aber auch auf die eigene (Online-)Community, die sich von solch rassistischen Auslassungen mobilisieren lässt. Und sie provoziert damit den oft dazugehörigen »Aufschrei« anderer Politiker*innen und Medien. Diese kalkulierte Empörung liefert rechten Influencer*innen abermals die Möglichkeit, auf die heldinnenhafte AfD im Bundestag zu verweisen, die als einzige Partei die Wahrheit ausspreche. Auf diese Weise füttert die AfD zugetane Kreise mit Gesprächsangeboten, Narrativen und Bildern, die diese wiederum nutzen, um im Netz Stimmung zu machen – für die AfD. Es ist ein virtuoses Zirkelspiel, das zeigt, dass die AfD nicht nur ihrer selbst wegen in sozialen Netzwerken so stark ist.

Die drei Dopings der AfD: Influencer*innen, Vorfeldorganisationen und Fakes

Die Stimmung ist ausgelassen, einige Männer stehen herum, scherzen, klopfen sich auf die Schulter. Wann hat man als kleiner YouTuber schon die Gelegenheit, mit einem internationalen Star der Alt-Right wie Milo Yiannopoulos zu sprechen? »Na ja, es ist so ein bisschen ein Kopftätscheln«, erzählt uns der YouTuber *Hyperion* über das Treffen. Er ist einer von rund 200 geladenen »alternativen Medienmachern«, die die AfD in den Bundestag zur »1. Konferenz der freien Medien« gebeten hat. In der Einladung heißt es, nach dem Einzug in den Bundestag sei es »nun an der Zeit, sich mit denjenigen zu treffen und auszutauschen, die einen großen Teil der Arbeit im Vorfeld geleistet haben und die den Kodex des Presserates hochhalten und wichtige Informationsverbreitung leisten«. Unter den Gelobten sind zahlreiche Akteur*innen, die im rechten *YouTube*-Netzwerk unterwegs sind: Hagen

Grell, Oliver Flesch, Charles Krüger, Miró Wolsfeld, Homib Mebrahtu alias *Hyperion.*

In den Augen der AfD sind es ihre Konferenzteilnehmer, die als »freie Medien« mitverantwortlich sind für den Einzug ins Parlament. »Ohne Ihre faire Berichterstattung wären wir nicht so erfolgreich«, schreibt die Fraktion. Was so eine »faire Berichterstattung« ausmacht, ist klar: wohlwollendes, kritikfreies Reproduzieren von AfD-Positionen, gerne gepaart mit Wahlaufrufen. Kritische journalistische Medien sind dementsprechend weder eingeladen noch offiziell anwesend. Der Tag im Reichstag soll Wertschätzung ausdrücken – und der Szene etwas zurückgeben: Beispielsweise gibt es einen Vortrag des Anwalts Ralf Höcker, der häufig AfD-Politiker*innen gegen etablierte Medien vertritt und hier über »rechtssicheres Formulieren« referiert.

Allerdings sind sich viele Blogger im Nachhinein darin einig, vom Programm kaum profitiert zu haben. Der rechte YouTuber Charles Krüger scheint für viele zu sprechen, wenn er sagt, er sei »nicht wegen der AfD, sondern wegen der Dudes« da gewesen. Mit den Dudes meint er die anderen rechten Medienschaffenden. »Die Vorträge waren schlecht organisiert und nicht hilfreich«, findet er. Aber konkrete Hilfe ist wohl auch nicht das zentrale Ziel einer solchen Veranstaltung. Sie taugt aber dazu, Empörung zu stiften. Schon der Titel der Tagung ist eine Provokation, denn die Bezeichnung rechtsextremer Medienschaffender als »freie Medien« bedeutet im Umkehrschluss: Wer nicht eingeladen ist, gehört nicht dazu. Die Erzählung von der »Lügenpresse« und den »Systemmedien« schwingt unausgesprochen mit.

Die AfD schafft mit dem Medientreffen ein Event, über das in der eigenen Blase über Tage gesprochen wird – auch das ist eine Taktik, die wir aus dem Influencer-Marketing kennen: Marken veranstalten Events, um kleinere und mittlere Influencer*innen an sich zu binden, und gelangen durch deren Berichte in die Medienwelt Hunderttausender. Neben der Provokation und Vernetzung, die die Konferenz im Mai 2019 mit sich bringt, offenbart sie einen zentralen Punkt in der Medienstrategie der AfD: Die Partei kann sich auf ein Netz aus Influencer*innen und Partnerorganisationen verlassen, die besonders in Zeiten des Wahlkampfes im Internet für die Partei agitieren. Dazu gehören Akteur*innen des rechten Netzwerks auf *YouTube*, aber auch neurechte Vorfeldorganisationen wie der Verein *Ein Prozent*. Sie tragen die Inhalte der AfD auf Plattformen wie *YouTube* oder *Telegram*. Die AfD lässt ihren Helfer*innen im Gegenzug die angemessene Wertschätzung zukommen – sei es durch Selfies im Bundestag, Reden bei Sommerakademien, Lob oder Verteidigung in der Öffentlichkeit.

Vladim Derksen, der das Medientreffen für die AfD mitorganisiert hat, möchte dafür sorgen, »dass alternative Medien irgendwann so ein Gewicht haben, dass sie mithalten können mit normalen Medien«. Davon ist man zwar noch weit entfernt, aber die AfD weiß offenbar um die Wichtigkeit ihrer Hofberichterstatter*innen.

»Massenhaft gekaufte Posts und Videos von sehr vielen kleinen und mittleren Influencern – das wäre für die meisten Parteien wahrscheinlich zu teuer«, sagt Roman Blumenstock. Wir treffen den 30-Jährigen in einem Café in Berlin-Kreuzberg. Blumenstock arbeitet seit mehr als fünf Jahren mit Influencer*innen zusammen, lange bei einem der größten YouTuber-Netzwerke, seit einem halben Jahr hat er ein eigenes Unternehmen für Influencer-Marketing. »Klassische und vor allem größere Influencer kann man für Parteiwerbung eigentlich nicht gewinnen. Deren Ziel ist es meist, möglichst breitenwirksam zu sein, und sie wollen sich an solchen Themen nicht die Finger verbrennen.« Aber auch für die Parteien berge eine Zusammenarbeit erhebliche Risiken. »Für

Parteien heißt das, gewissermaßen etwas Kontrolle abzugeben, Zuspitzung zuzulassen, das können die meist nicht.« Blumenstock bestätigt: Besonders spitze Inhalte, die für Kontroversen sorgen, lassen sich gut über soziale Medien verbreiten. Ein Vorteil für die AfD, den ihre populistische bis radikale Politik mit sich bringt.

Gutes Influencer*innen-Marketing ist – soll es authentisch sein – ein schwer zu kalkulierendes Risiko. Für die AfD ist das kein Problem, im Gegenteil. Schließlich besteht ihre gesamte Kommunikationsstrategie aus Provokation und Grenzüberschreitung. Ob ein Influencer wie Alexander »Malenki« Kleine da mal über die Stränge schlägt, spielt keine Rolle, wo doch Funktionär*innen der Partei selbst beständig für Skandale sorgen. Dass YouTuber wie Hagen Grell, Alexander Kleine oder *Neverforgetniki* Werbung für die AfD machen, beruht allem Anschein nach nicht auf einem Werbedeal. Sie sind nicht gekauft, sondern werden als politische Aktivisten aus freien Stücken zu AfD-Influencern. Echter kann es nicht sein. Weil er überzeugt, nicht weil er bezahlt ist, postet der rechtsextreme Rapper *Chris Ares* am Tag der Landtagswahlen in Sachsen und Brandenburg auf *Instagram* einen Wahlaufruf. »Straft die Parteien, welche Deutschland im Eiltempo abschaffen, ab!« Über 1.500 Leuten gefällt das. Dafür gibt es Anerkennung, Jobs und Einladungen. Für PR-Fachmann Blumenstock ist das die versteckteste und am schwersten nachzuweisende Form des Influencer*innen-Marketings. Und die erfolgversprechendste: »Als Berater würde ich politische Influencer-Kampagnen so aufsetzen: viele kleine, mittlere Influencer, die spitze Zielgruppen besetzen und darin authentisch sind«, sagt Blumenstock.

Auf diese Weise entsteht ein ständiges AfD-freundliches Grundrauschen in den sozialen Netzen. Die Partei kann Werbeausgaben einsparen, weil ihre Botschaften ohnehin im Netzwerk zirkulieren – unauffälliger, zielgruppengerecht und authentisch. Anfang Oktober 2019 feiert sich die Partei auf ihrem offiziellen Twitter-Account: »Unsere Alternative dominiert YouTube! Voller Erfolg: AfD stärker als alle anderen Parteien zusammen auf YouTube!« Das stimmt zwar durchaus, doch im Vergleich mit anderen Kanälen sind auch die beiden größten der AfD eher mit bescheidener Reichweite ausgestattet: AfD Kompakt TV, der offizielle Kanal der Bundespartei, hat Anfang Dezember 2019 etwa 69.000 Abonnent*innen, der Kanal der Bundestagsfraktion hat zum selben Zeitpunkt etwa 61.000. Für die AfD aber reicht aus, dass sie sich mit diesen Kanälen als Teil der Gegenöffentlichkeit inszenieren kann, die sie selbst heranzüchtet. Die billig produzierte Diesel-Doku soll niemanden überzeugen, sie ist ein Signal an die Leute, die die Partei im Mai 2019 in den Bundestag eingeladen hatte: Wir gehören zu euch! Denn solange die rechten Influencer*innen, die das größte Pfund im Social-Media-Auftritt der Partei sind, die AfD als ihren parlamentarischen Arm begreifen, hat diese nicht viel zu befürchten. Sie weiß, was deren kostenlose Werbung wert ist.

Doch externe Unterstützung erhält die AfD nicht nur von ihren Influencer*innen. Ein Netzwerk an Vorfeldorganisationen stärkt der Partei den Rücken – auch in Wahlkampfzeiten, versteht sich. Im Mai stoßen wir auf Facebook auf eine Bildtafel. »Europas neue Volkstribune« steht darauf, und sie zeigt unter anderem den Österreicher Heinz-Christian Strache, den Italiener Matteo Salvini und die französische Rechte Marine Le Pen. Eine Werbung für rechtspopulistische Politiker*innen in Europa einen Monat vor der Europawahl 2019. Geschaltet hat sie der Deutschland Kurier, ein Medium, das in der Vergangenheit Werbezeitungen für die AfD verteilte. Laut Lobbycontrol im Millionenwert. Der Verein, der anfangs für den *Deutschland Kurier* verantwortlich war, hat enge Verbindungen zur Partei und steht im Verdacht, illegale Wahlkampfhilfe zu leisten und Spendengelder zu verschleiern. Ursprünglich sollte der *Deutschland Kurier* mit einer Druckausgabe die »Bild für AfD-Wähler« werden, wie Mitglieder aus dem Umfeld des Vereins der NZZ sagten. Das Ziel sei, weniger netzaffine Schichten erreichen zu können. Seit 2019 erscheint der *Deutschland Kurier* jedoch nur noch im Internet. In den Monaten vor der Europawahl streuten die Verantwortlichen des *Deutschland Kurier* sehr gezielt politische Propaganda auf *Facebook*: Inhalte, die deutlich für die AfD warben oder gar Videobotschaften von AfD-Kandidaten und -Abgeordneten enthielten. In einem Artikel, der im August 2019 vom *Deutschland Kurier* auf *Facebook* beworben wird, heißt es: »AfD vor historischem Wahlsieg. CDU und SPD werden im Osten ›ihr blaues Wunder‹ erleben!« Eine Woche lang steht die *Facebook*-Anzeige online und erreicht der Plattform zufolge zwischen 5.000 und 10.000 Nutzer*innen, für die sie wie ein Hinweis auf ein mehr oder minder neutraler Artikel eines recht honorig klingenden Blattes wirkt.

Insbesondere zu den Landtagswahlen in Sachsen, Brandenburg und Thüringen im Jahr 2019 zeigt sich die enge Zusammenarbeit der AfD mit solchen Strukturen. In einer groß angelegten Kampagne setzt der Verein *Ein Prozent* nicht nur auf Onlinekommunikation, sondern auch auf Radiowerbung und Großplakate, um Menschen zur Wahlbeobachtung aufzurufen. Das Anliegen hinter dieser nur auf den flüchtigen Blick neutralen Kampagne ist es, das Vertrauen in die demokratischen Institutionen zu schwächen und zu suggerieren, mit einem Wahlbetrug müsse jederzeit gerechnet werden.

In einem Video, das der Verein für *YouTube* produzierte und auch auf *Facebook* bewarb, tritt der AfD-Europaabgeordnete Maxi-

milian Krah auf und berichtet, wie er 1989 in der DDR mit Filz-
stift zur Wahl gegangen sei, um sicherzustellen, dass sein Kreuz
im Nachhinein nicht wegradiert würde. Die Botschaft ist klar: Die
Landtagswahlen in Sachsen und Brandenburg sind von Manipulationen bedroht, so wie damals die Abstimmungen in der DDR.

Ein Prozent bedient sich eins zu eins des Narrativs der AfD,
wonach Deutschland immer mehr zu einer Diktatur im Stile der
DDR werde. Dieser Logik entsprechend, ist die Wende noch nicht
vollzogen – und so plakatierte die Ost-AfD in ihren Landtags-
wahlkämpfen auch die Slogans »Wende 2.0« und »Vollende die
Wende«. Besonders den ersten Spruch greift Ein Prozent auf – es ist
ihr Kampagnen-Hashtag, das sie tausendfach im Netz teilt. Die
Domain www.wende2019.de hingegen verweist auf die Homepage
der AfD Thüringen.

Die Wahlbeobachtungskampagne ist eben vor allem eine Mo-
bilisierungskampagne für die AfD. Testimonials für die Kampa-
gnenvideos sind mit Maximilian Krah, Andreas Kalbitz und
Christoph Berndt ausschließlich AfD-Politiker. Der Brandenburger AfD-Chef Kalbitz, der nachweislich eine neonazistische Vergangenheit hat und unter anderem 2007 mit NPD-Spitzenfunktio-
nären bei einem neonazistischen Aufmarsch in Athen war, wo die
Reisegruppe eine Hakenkreuzflagge auf dem Hotelbalkon hisste,
schickte Ein Prozent nach der für ihn erfolgreichen Landtagswahl
in Brandenburg einen Gruß via YouTube: »Dank an alle Mitstreiter
und auch Ein Prozent. Gemeinsam haben wir das erreicht.« Die AfD
landete mit 23,5 Prozent auf dem zweiten Platz hinter der SPD.
Und auch der Faschist Björn Höcke, Spitzenkandidat der AfD in
Thüringen, ließ es sich nicht nehmen, Ein Prozent zu danken. In
einer Videobotschaft sitzt er neben Philip Stein, Leiter von Ein
Prozent. Man feiere gerade zusammen den Erfolg der AfD, sagt
Höcke. »Dieses Sensationsergebnis wäre mit Sicherheit nicht zu-

stande gekommen ohne den Einsatz von *Ein Prozent* im Bereich der Wahlbeobachtung.«

Tatsächlich dürfte *Ein Prozent* seinen Anteil daran haben – auch wegen seiner Arbeit bei *Facebook* und Co. Mit Artikeln und Videos werden politische Kontrahenten verunglimpft, gegen die Grünen oder die amtierenden Ministerpräsidenten aus Sachsen und Brandenburg agitiert. In zwei kurzen *YouTube*-Videos wird über vermeintliche Skandale der Politiker aufgeklärt – und natürlich nahegelegt, diese nicht zu wählen. Offenbar wurden diese Videos von *Ein Prozent* erstellt und als Werbung ausgespielt – ohne jeglichen Hinweis, was *Ein Prozent* eigentlich ist oder in welcher Verbindung der Verein zur AfD steht. Wären diese Videos offizielle Wahlkampfbeiträge, würde man von einer Schmutzkampagne oder *Negative Campaigning* sprechen. Doch steht hier nirgends AfD drauf, was die Kampagne für etwaige Empfänger*innen umso glaubhafter macht. Wie viel Geld eine solche Initiative kostet, lässt sich von außen schwer beurteilen. *Ein Prozent* möchte sich auf Nachfrage nicht zur Wahlwerbung äußern. Online-Wahlwerbung ist kaum reguliert. Es gibt keine Regeln zu Transparenz, und insbesondere auf *YouTube* ist nicht ersichtlich, wer die Anzeige geschaltet hat. Die AfD und ihre Mitkämpfer*innen nutzen das gerne aus.

Mi Li wohnt in Mazedonien, spricht offenbar kein Deutsch – liebt aber die AfD. Denn der *Facebook*-Account von Mi Li likt ganz ausschließlich Seiten der Partei. Allerdings teilt sie trotz ihrer großen Zuneigung zu AfD-Seiten nie Inhalte mit ihren Freunden – sie hat ja auch keine. Das könnte daran liegen, dass Mi Li gemeinsam mit ihren Tausenden Verbündeten ein Fake-Account ist, der suggerieren soll, AfD-Seiten hätten wahnsinnig viele Sympathisant*innen. Diese Fake-Accounts sind dazu da, die Seiten der Partei künstlich aufzublasen. Auch ein beträchtlicher Teil der Shares bei der AfD stammt nicht von menschlichen – oder zumindest nicht von authentischen – *Facebook*-Accounts. Das zeigt die Studie des *Institute for Data, Democracy and Politics*, 200.000 verdächtige Accounts fanden die Forscher. Ihnen allen gefielen die gleichen Seiten und Beiträge, und sie hatten für durchschnittliche AfD-Sympathisant*innen eigenartige Namen: etwa Vor- und Nachnamen, bestehend aus zwei Buchstaben – Ni Ha zum Beispiel oder Mi Ho. Ein Viertel der Accounts wechselte während der Untersuchung den Namen. Und interessanterweise leben diese *Facebook*-Nutzer*innen verteilt auf der ganzen Welt. Manche von ihnen scheinen ausschließlich arabisch zu sprechen, andere wohnen in den USA – und existieren gleich 21 Mal. Auffällig viele stammen aus Rumänien, Weißrussland oder Mazedonien. Die Studie gelangt dementsprechend zu dem Schluss: »Ein großes Netzwerk verdächtiger Accounts hat während der Europawahl 2019 aktiv *Facebook*-Seiten der AfD beworben.« Ein teures Unterfangen. 1.000 Fake-Follower*innen, also inaktive Accounts, die lediglich AfD-Pages liken, kosten zwischen 70 und 350 Dollar. Accounts, die aktiv interagieren, also Beiträge teilen und liken, sind ungleich teurer, davon fanden die Forscher*innen ebenfalls Tausende. Unklar ist, wer das alles finanziert. Die AfD will mit dem Einsatz solcher Accounts nichts zu tun haben.

Im Ergebnis ist es einerlei: Die Fake-Follower*innen und Fake-Likes lassen die AfD größer und wichtiger erscheinen, als sie ist. Und sie sorgen dafür, dass AfD-Inhalte noch mehr Menschen in die Timeline gespült werden, weil sie gemäß der Logik der Plattform Relevanz vorgaukeln.

Die AfD ist eine *Facebook*-Partei: Sie hat die Logik der Plattform in ihre Form von Politik übernommen: möglichst zugespitzt, möglichst leicht verständlich, sehr emotional. Tatsächlich ist sie damit überproportional erfolgreich. Sie dominiert das Netzwerk, wenngleich ihr Vorsprung vor den anderen Parteien nicht ganz so groß ist, wie ein erster Blick auf die Zahlen nahelegen könnte. Sie schafft das, indem sie besonders aktiv ist: Niemand postet mehr Beiträge, niemand ist schneller, niemand hat ein so großes Netzwerk an Unterseiten. Die AfD profitiert von einer hohen Anzahl von Fake-Accounts, die ihren Beiträgen mehr Relevanz verleiht und der hyperaktiven, emotionalisierten Community Wichtigkeit suggeriert.

Kein Wunder, dass die AfD weniger Geld für *Facebook*-Werbung ausgibt: Im Thüringer Landtagswahlkampf etwa investierte die AfD wesentlich weniger als die anderen Parteien in bezahlte Beiträge. Ähnlich verhält es sich auf Bundesebene, wo die AfD zwischen Mitte März und Mitte Oktober 2019 etwa 27.000 Euro für *Facebook*-Anzeigen ausgab. Im gleichen Zeitraum gaben SPD und CDU jeweils ungefähr das Zehnfache aus – und blieben dennoch weit hinter der Wirkmacht der AfD zurück. Die AfD organisiert sich ihre Reichweite auf andere Weise – klassische *Facebook*-Werbung braucht sie dafür nicht.

Besonders viel Unterstützung erhält die AfD auf den übrigen Plattformen. Auf *YouTube* hat die AfD zwar den größten Kanal aller Parteien. Ihre Videos haben dennoch keine allzu hohen Zuschauerzahlen. Brauchen sie auch nicht: Ein gut organisiertes Netzwerk aus Dutzenden Influencer*innen sorgt dafür, dass die Themen, Bilder und auch Gesichter der AfD immer präsent sind. Diese Art der Werbung ist wirkungsvoller, als jeder Parteikanal es sein kann: Sie erscheint unabhängig, spricht durch viele unterschiedliche Kanäle verschiedene, spitze Zielgruppen an. Keine andere Partei in Deutschland hat ein ähnliches Online-Netzwerk.

Die AfD teilt mit solchen Unterstützer*innengruppen zentrale ideologische Annahmen: ein Land in Gefahr, Überfremdung, korrupte Eliten. Diese Erzählungen können sehr unterschiedliche politische Ansichten verbinden – von national-sozial über libertär bis verschwörungstheoretisch-antisemitisch. Es ist ein ungleicher Kampf: Demokratische Parteien können sich dieser Mittel nicht bedienen. Extreme Zuspitzung, Polarisierung, auch Mittel der plumpen Lüge – all das würde ihnen eher schaden.

Der Erfolg der AfD ist also nicht Ergebnis einer besonders klugen Medienstrategie. Die AfD ist schlicht Teil des rechten Infokrieges. Sie teilt die extreme Idee von Öffentlichkeit, die in klarer Opposition zur demokratischen Mehrheitsgesellschaft steht. Entscheidender Teil dieser Strategie ist es, die eigene Community von anderen Medien zu entfremden. Damit hat die Partei ganz offenbar Erfolg: Unter ihren Anhänger*innen ist das Vertrauen in traditionelle Medien am geringsten. In diese Vertrauenslücke stößt die AfD mit ihren unzähligen Vorfeldakteur*innen und -organisationen. Deswegen schreibt Peter Felser bei *Facebook*, als die Diesel-Doku erscheint: »Jetzt auch Opposition auf dem Bildschirm.«

9. Kapitel: Die großen Radikalisierer

Soziale Netzwerke wollen unser Verhalten und unsere Wünsche kontrollieren. Ihre Funktionsweise verändert unsere Öffentlichkeit — besonders extreme und radikale Akteur*innen profitieren davon.

Wir wissen nun, mit welchen Strategien rechte Influencer*innen im Netz agieren, was daran gefährlich ist, wann sie damit scheitern und wann sie Erfolg haben. Ihre Strategien sind weder genuin politisch, noch sind sie neu. Sie tun, was im Zeitalter der sozialen Medien eben Erfolg verspricht: Sie spielen mit Emotionen, indem sie einfache Narrative wiederholen, Authentizität und Nähe erzeugen, Ängste mobilisieren, Hoffnungen wecken, polarisieren, einfache Lösungen präsentieren und all das über breite Netzwerke streuen. Damit erreichen sie einen neuen Grad der Radikalisierung, der nicht zuletzt die Form ihrer Politik verändert. Diese Dynamik und auch ihr relativer Erfolg sind jedoch nicht allein — vielleicht nicht einmal vorrangig — strategischer Genialität zu verdanken.

Der US-Journalist Andrew Marantz hat über Jahre die führenden Köpfe der Alt-Right — von Steve Bannon bis Richard Spencer beobachtet, war wochenlang mit ihnen unterwegs, war dabei, wenn sie ihre *Twitter*-Strategie besprachen oder *Facebook*-Posts absetzten. Wir treffen Andrew Marantz in Brooklyn, New York, in einem japanischen Restaurant. Er ist Mitte dreißig, rote Haare, roter Bart, Brille, ein »neuer Star« des Magazins *New Yorker*, wie das prominente Blatt seinen Autor nennt. Er ist ein wenig aufgeregt an diesem sehr warmen New Yorker Herbsttag, in wenigen Wochen erscheint sein Buch *The Antisocial*, in dem er beschreibt, wie einige Akteur*innen via Social Media die amerikanische Demokratie attackieren konnten. Während des Essens fragt er uns: »Wisst ihr, was mich am meisten überrascht hat?« Er stellt sein Glas ab, macht eine Kunstpause: »Spencer, Bannon – all diese Leute sind auf vielen Ebenen vollkommen unfähig. Sie können keine Organisation führen, sie wissen nicht mal, von wem sie sich gestern 100 Dollar geliehen haben, sie zerstreiten sich ständig. Aber sie können die mediale Wirklichkeit manipulieren, sie verstehen die Funktionsweise sozialer Medien und können sie bedienen.«

Wir haben in Deutschland ähnliche Beobachtungen gemacht. Extreme Akteur*innen sind im Netz so erfolgreich, nicht weil sie besonders kluge Strategien hätten, sondern weil die Art und Weise, wie die Plattformen gebaut sind, hervorragend mit ihrem Auftreten harmoniert. Und genau das wissen sie zu nutzen. Die sozialen Medien mobilisieren unsere Gefühle, beuten unsere Schwächen und Wünsche aus. *Facebook* und die anderen Plattformen haben die Rezeptur unserer Informationen verändert – hin zu mehr Emotion, mehr Identität, mehr Reaktion, dafür weniger Fakten – mit weitreichenden Folgen für unsere Gesellschaft.

Die amerikanische Soziologin Danah Boy schrieb schon im Jahr 2009 – *Facebook* war gerade fünf Jahre alt, Obama Präsident der Vereinigten Staaten geworden, die AfD noch nicht einmal gegründet: »Wir Menschen sind darauf programmiert, Fett und Zucker zu konsumieren, weil sie in der Natur selten vorkommen.

Wenn sie uns also begegnen, wollen wir sie haben. Und genau so sind wir auch biologisch darauf programmiert, Aufmerksamkeit jenen Dingen zu schenken, die uns stimulieren: Inhalte, die krass, gewalttätig, sexuell sind, Klatsch, der demütigend, peinlich oder beleidigend ist. Wenn wir nicht aufpassen, entwickeln wir so etwas wie eine Fettleibigkeit: Wir werden Inhalte konsumieren, die nicht gut für uns und für die Gesellschaft sind.«

Heute, so scheint ist, besteht unsere Online-Ernährung vor allem aus Burgern und Donuts. Und rechtsradikale bis rechtsextreme Parteien reichen uns dazu eine große Cola: Sie füttern uns mit Informationen, die Angst auslösen, Wut heraufbeschwören, mit unserem Drang zur Identitätsbildung spielen – und sind genau deswegen so erfolgreich.

Facebook: Move fast and break democracy

Hier oben, auf der Dachterrasse von Facebooks neustem Hauptquartier, kann man die schiere Größe des Unternehmens quasi spüren. Erst seit einem Jahr gibt es das Gebäude, als wir Facebook im Herbst 2019 besuchen. Allein die Dachterrasse ist so groß wie zwei Fußballfelder, ein Spaziergang durch den darauf angelegten Park dauert etwas mehr als eine halbe Stunde. Über einen riesigen Innenhof ist das Gebäude mit dem Nachbarhaus verbunden. Es gibt einen eigenen Marktplatz, außerdem einen hauseigenen kleinen Mammutbaumwald mit zwölf Meter hohen Bäumen, einige Restaurants und Cafés für die Angestellten. Ein Verkehrsnetz aus Taxi-Service und Leihrädern für die 3.000 Angestellten überspannt das gigantische Gelände. Facebooks Hauptquartier liegt in Menlo Park, mitten im Silicon Valley in Kalifornien – es ist einer der teuersten Flecken der Erde.

Das Gebäude, auf dem wir stehen, ist nach nur 18 Monaten Bauzeit Ende 2018 eingeweiht worden, Stararchitekt Frank Gehry hat es für 300 Millionen Dollar gebaut: ein funktionaler Bau, lichtdurchflutet, von außen eher im Wellblech-Baumarkt-Stil – ganz so, als hätte es eben sehr schnell gehen müssen. Das Gebäude solle Offenheit und die Hinwendung zur Gemeinschaft ausstrahlen, hatte eine Sprecherin gesagt. Es solle sinnbildlich für *Facebook* stehen.

Als das neue Hauptquartier eingeweiht wird, steht *Facebook* wegen ganz anderer Dinge in den Schlagzeilen. »Fehler, Frust und fehlendes Vertrauen«, so bezeichnet das Unternehmen selbst seine Probleme und verspricht in einer groß angelegten Imagekampagne, fortan wolle es wieder für Freundschaft und Fortschritt stehen. Doch sogar diese Selbstkasteiung ist eine Untertreibung: *Facebook*-Gründer und CEO Mark Zuckerberg wurde 2018 vor den Senat geladen, weil sein Unternehmen die massive Einflussnahme Russlands auf die US-Wahlen erst ermöglicht und dann wenig zur Aufklärung beigetragen hatte. Die britische Datenfirma *Cambridge Analytica* konnte persönliche Daten von 87 Millionen überwiegend amerikanischen *Facebook*-Nutzer*innen gewinnen und missbrauchen, um ihnen zielgenau politische Propaganda zu präsentieren. *Facebook* war während der US-Präsidentschaftswahl 2016 zu einer wichtigen Arena des Wahlkampfes geworden – und tat nichts gegen Wahlbeeinflussung, Desinformation und Hetze. Die *New York Times* fasste das Vorgehen des Konzerns in drei Worten zusammen: Verzögern, Leugnen, Ablenken.

Auch in Deutschland und Europa gedeiht autoritäre und rechte Propaganda auf *Facebook*, in Großbritannien mobilisierte ein undurchsichtiges Netzwerk, gespannt von Akteur*innen aus Wirtschaft und Politik, die Ängste der Bevölkerung im Brexit-

Wahlkampf. Politische Manipulation auf der Plattform, Datenskandale, mangelnde Transparenz – die Liste der Skandale ließe sich fortsetzen. Als *Facebook* im September 2018 das neue Hauptquartier bezieht, blickt das Unternehmen auf das aufreibendste Jahr in seiner Geschichte zurück. Niemals waren die Schlagzeilen und der Ruf schlechter. Zugleich ist es das wirtschaftlich erfolgreichste Jahr. 2018 wuchs der Umsatz um 40 Prozent auf 55 Milliarden Dollar. Kein Unternehmen der Welt hatte schneller mehr Kund*innen gewinnen können: Bereits 2012, im achten Jahr seines Bestehens, erreichte *Facebook* die magische Marke von einer Milliarde Nutzer*innen. *Microsoft* hatte dafür 26 Jahre gebraucht, *Google* immerhin zwölf. Das rasante Wachstum war ganz nach dem Geschmack von Zuckerberg, der dem Unternehmen eine zentrale Ideologie gegeben hatte: »Move fast and break things.« – »Sei schnell und mache Dinge kaputt.«

Im Inneren des *Facebook*-Kolosses erinnert wenig daran, dass es sich hier um das Hauptquartier eines Unternehmens handelt, das mit rund 500 Milliarden Dollar Unternehmenswert eines der wertvollsten der Welt ist. Keine repräsentative Mamorlobby, sondern farbenfrohe Turnhallenböden und spanholzartige Besprechungsräume. Die Wände im Eingangsbereich schmücken bunte Plakate: »Give more than you take« steht auf einem, ein anderes zeigt das Gesicht Martin Luther Kings mit der Aufschrift »The time is always right to do the right thing«, auf einem anderen heißt es: »Every day is a hackathon«. Genau so sieht sich das Unternehmen gern: als Weltverbesserer und groß gewordene Hacker-Community.

Aber vielleicht besteht genau darin das Problem: dass Zuckerberg und Co. die Funktionsweise von Öffentlichkeit und Demokratie gehackt haben, um die Welt zu verbessern, aber keinen Plan davon hatten, wie Öffentlichkeit in Zukunft denn funktionieren solle – wir sind doch die Weltverbesserer, was sollen wir denn schon falsch machen?

Dennoch führt unsere Recherche auch in die Zentrale von *Facebook* und ins Silicon Valley: Denn ein Teil der Antwort auf die Frage, warum die AfD und andere rechte Akteure weltweit gerade auf *Facebook* so stark sind, liegt hier in Menlo Park, Postadresse Hacker Way 1.

Das Geschäft mit der Wut

Mark Zuckerberg schaut den Betrachter fast ein bisschen erschrocken an. Sein Gesicht wirkt mit den grünblauen Augen und einigen Sommersprossen sehr jung, als er im Jahr 2010, mit 26 Jahren, auf dem Cover des *Time*-Magazine zu sehen ist. Er ist einer der jüngsten Menschen, die in der fast hundertjährigen Tradition dieser Auszeichnung »Person des Jahres« wurden. In der Begründung heißt es: »Er hat die Art, wie wir Informationen austauschen, revolutioniert. Er hat verändert, wie wir alle leben. Wir leben im *Facebook*-Zeitalter, und Mark Zuckerberg hat uns dorthin gebracht.« Eine ziemlich weitsichtige Analyse. Heute ist *Facebook* viermal so groß wie noch vor einem Jahrzehnt, und alles, was damals über Zuckerberg gesagt wurde, stimmt noch immer.

»Das beste Zeug verbreitet sich, sei es ein Nachrichtenartikel, das beste Lied, das beste Produkt, der beste Film«, sagte der *Facebook*-Gründer im *Time*-Interview. Das ist das Prinzip, auf dem die Plattform aufgebaut ist: Die spontane Entscheidung für einen Inhalt, egal ob Hochzeitsfoto, Musikvideo oder politische Meinung, sei automatisch die beste. Der Markt der Ideen regele das schon – warum sollte die Plattform irgendjemanden in seiner Willens- und Meinungsäußerung einschränken? Zuckerbergs Glaube an die grenzenlose Redefreiheit und daran, dass Öffentlichkeit letztlich auch nur ein Markt sei, ging in den vergangenen Jahren eine folgenschwere Verbindung mit dem Wunsch ein, als Unternehmen um jeden Preis zu wachsen. *Facebooks* oberste Prämisse ist Ausdehnung. Diesem Ziel wurde alles untergeordnet – auch etwaige Bedenken, wie sich ein derart radikaler und rasanter Wachstumskurs mit der Privatsphäre der Nutzer*innen vereinbaren ließe oder dass er die Verbreitung von Desinformation und Hetze befeuern könnte.

Immer mehr Nutzer*innen sollten also immer mehr Zeit auf der Plattform verbringen. Dieses Ziel bestimmte alle unternehmerischen Entscheidungen – und es bestimmt, was wir auf *Facebook* zu sehen bekommen. *Facebook* muss die Inhalte, die uns angezeigt werden, irgendwie organisieren: Ein Algorithmus entscheidet darüber, welche etwa fünf Prozent aller möglichen Beiträge wir zu sehen bekommen. In Echtzeit wertet ein Algorithmus Hunderte Signale aus, um zu berechnen, mit welcher Wahrscheinlichkeit wir mit Inhalten auf der Plattform interagieren. Schauen wir uns ein Bild etwas länger an oder liken es gar, wird *Facebook* uns zukünftig ähnliche Inhalte häufiger servieren. Denn das ist für das Unternehmen die wichtigste Währung: wie viele Menschen wie oft interagieren, wie viel Zeit und Engagement sie investieren. Diese Zeit verkauft *Facebook* an Werbetreibende, das ist sein Geschäftsmodell. Ganz ähnlich verdient auch die Schwesterplattform *Instagram*, die ebenfalls zum Imperium gehört, Geld mit unserer Aufmerksamkeit. Hier werden Werbeanzeigen unter die Fotos und Videos von »Freund*innen« gemischt. Während *Facebook* gerade in älteren Zielgruppen weiterhin sehr beliebt ist, steigt *Instagram* vor allem in der Altersgruppe der 18- bis 24-Jährigen zur wichtigsten Informationsplattform auf.

Im Newsfeed von *Facebook* (ebenso wie bei *Instagram*) laufen alle Informationen zusammen: Weltnachrichten, der Urlaub der Freundin, die Hochzeit des Bruders, Katzenbilder und Kochrezepte. Die Logik des Feed ebnet dabei alle Unterschiede hinsichtlich Korrektheit, Relevanz oder Qualität ein. Gut ist, was die Menschen auf der Plattform hält. Oder wie es Mark Zuckerberg in einem internen Memo an seine Programmierer*innen formulierte: »Ein Eichhörnchen, das in deinem Vorgarten stirbt, kann interessanter sein als Menschen, die in Afrika sterben.« Das gute Zeug eben. Der Newsfeed verändert, wie wir Prioritäten wahrnehmen: Im Feed ist alles gleich wichtig. Als Zuckerberg 2010 sagte, dass das beste Zeug sich verbreiten werde, meinte er eigentlich: Viralität schlägt Wahrheit.

Facebook basiert, mehr noch als andere soziale Netzwerke, auf zwei grundlegenden Prinzipien: auf persönlichen Beziehungen und damit auf Identität. Wir verbinden uns mit Freund*innen und Familienmitgliedern und wollen uns ihnen gut darstellen. Deshalb teilen wir Inhalte, die etwas über uns aussagen. Wir teilen Identitätsangebote, Dinge, die für uns sprechen, die Emotionen auslösen. Je stärker eine Emotion ist, desto wahrscheinlicher, dass der jeweilige Inhalt weitergetragen wird – wobei nicht alle Emotionen gleich stark teilbar sind. Tristan Harris, der einst für *Google* arbeitete und nun mit seinem *Center for Humane Technology* für einen gesünderen Umgang der Tech-Unternehmen mit der menschlichen Psyche wirbt, sagt: »Ärger, Wut, das sind Emotionen, die besonders stark sind, deswegen versprechen sie die größte Teilbarkeit.« Das belegen auch verschiedene Studien. 2013 hat ein chinesischer Data-Scientist über 700 Millionen Nachrichten von über 200.000 Nutzer*innen auf der chinesischen Plattform *Weibo* untersucht. Sein Ergebnis: Nachrichten, die Ärger auslösten, wurden am häufigsten im Netzwerk geteilt. »Wenn Ärger und Zorn zudem über soziale Bindungen weitergetragen werden, gibt das der Verbreitung der entsprechenden Nachrichten einen Schub. Das beeinflusst wiederum die öffentliche Meinung und das kollektive Handeln«, heißt es in die Studie. Sie konnte außerdem zeigen, dass Nutzer*innen sich durch die Stimmung der Nachrichten anstecken ließen und anschließend empörter, wütender kommunizierten. Das bestätigen Experimente, die *Facebook* selbst mit seinen Nutzer*innen durchführte.

Die AfD ist auf *Facebook* immer dann besonders erfolgreich, wenn sie genau diese Wut und Empörung mobilisieren kann. Das gelingt ihr am besten, wenn sie einen klaren Gegner (die Politik) oder eine klar benennbare Gruppe (die Muslime, die Migrant*innen) instrumentalisieren kann. Daher überrascht es nicht, dass die einzelnen Inhalte der AfD häufig eine unendliche Variation einer altbekannten Geschichte sind (der Kampf gegen Eliten und »illegale« Ausländer). Besonders erfolgreich sind Narrative, die in unser Weltbild passen und es uns leicht machen, uns zu ihnen zu verhalten. Eben indem wir der Welt durch ein Like oder Share unsere Haltung dazu mitteilen.

So ist zu erklären, dass Fake-News oder die aufrührerischen Botschaften der AfD mitunter größere Reichweite haben als Nachrichten traditioneller Medien. Vieles, was guten Journalismus ausmacht, ist mit der Verbreitung über soziale Medien nur schwer vereinbar: Ausgewogenheit, Faktentreue, Kontext. Die AfD oder rechte »News«-Seiten wie beispielsweise *Epoche Times* oder *Compact* können, dank ihres instrumentellen Umgangs mit Wahrheiten, die Bedürfnisse sozialer Medien bedienen. *Facebook* gibt ihnen die Werkzeuge in die Hand, diese Emotionen zu wecken, denn sie versprechen, was alle sozialen Netzwerke möchten: Aufmerksamkeit und Engagement. Insofern sind Desinformation und polarisierende Nachrichten keine Fehler des Algorithmus. Sie zeigen schlicht, wie er funktioniert.

Facebook ist eine Werbeplattform, es macht 98,5 Prozent seines Gesamtjahresumsatzes von über 55 Milliarden Dollar mit Anzeigen. Es ist sein Geschäft, die Wünsche von Menschen zu beeinflussen. *Facebook* ist ein Meister darin, die Interaktionen der Nutzer*innen mit der Plattform zu verfolgen und zu vermessen, in der stetigen Absicht, die Seite so zu designen, dass sie noch mehr Interaktionen hervorruft. Als Mark Zuckerberg 2016 vor einer Reihe von Unternehmer*innen sprach, verwies er genau darauf: »Wir haben eine Menge gelernt über unsere Nutzer und ihre Verhaltensmuster auf der Seite, also darüber, was sie dazu bringt, verbunden und engagiert auf der Seite zu bleiben.« Dass es nicht das »beste Zeug« ist, das hier geteilt wird, hat Zuckerberg natürlich auch gelernt.

Gekaufte Likes und Follower*innen

Facebooks Geschäftsgrundlage sind Emotionen – paradoxerweise ohne die typischen Hinweise auf menschliche Gefühle: Wir sehen keine Mimik, keine Gestik, hören nicht den Tonfall, in dem jemand etwas sagt. Psycholog*innen nennen das die »Abwesenheit salienter Hinweisreize«. Sie werden ersetzt durch Likes, Clicks und Shares, die die Währung auf *Facebook* darstellen und aufgrund derer der Algorithmus entscheidet, ob ein Inhalt an möglichst viele Menschen ausgespielt werden soll. Ein einfaches Mittel, in sozialen Medien Dominanz auszustrahlen, ist es, Follower*innen und Likes zu kaufen – ein riesiger Markt, der nach Einschätzungen von Expert*innen global über eine Milliarde Euro schwer ist. Während unserer Recherchen haben auch wir Fake-Accounts auf allen möglichen Plattformen gekauft, angelegt und benutzt. Wir wollten wissen, wie es funktioniert, und waren überrascht, wie einfach es ist. In vielen Internetforen bekommt man für ein paar Euro alte *Facebook*-Accounts, die ganz gewöhnlich aussehen, mit denen man beispielsweise Kommentare schreiben und Likes verteilen kann. Letztere lassen sich auf verschiedenen Plattformen im Tausenderpack bestellen: 1000 deutsche Likes sind teurer als 1000 Likes aus zum Beispiel osteuropäischen Ländern. Für 30 bis 130 Euro ist man für gewöhnlich dabei.

Auch die AfD hat sich offenbar solcher Methoden bedient. Zur Erinnerung: Allein in den drei Monaten vor der Europawahl 2019 hat der Datenwissenschaftler Trevor Davis von der George Washington University insgesamt 200.000 Nutzerkonten gefunden, die mehrere Merkmale von Fake-Accounts aufwiesen – und ganz überwiegend Werbung für die AfD machten. Zur gleichen Zeit trat im *Facebook*-Hauptquartier, 1 Hacker Way, Menlo Park, Mark Zuckerberg vor die Presse. Stolz verkündete er, dass *Facebook* während des ersten Quartals 2019 so viele Fake-Accounts wie noch nie gelöscht habe: 2,2 Milliarden. Ein genauerer Blick auf die Zahlen zeigt jedoch, dass das Problem mit Fake-Accounts eher größer wird: Selbst das Unternehmen räumt ein, dass fünf Prozent der Nutzerkonten unecht sind. *Facebook* löschte nur die offensichtlichsten neuen Fakes – die bestehenden jedoch nicht.

Datenwissenschaftler Davis wies *Facebook* auf die Hunderttausende Fake-Accounts im deutschen EU-Wahlkampf hin. Das Unternehmen löschte 5.000 von ihnen. Selbst Accounts, die ein Bild des kosovarischen Präsidenten als Profilfoto hatten, wurden verschont, ebenso wie solche, die aus muslimischen Ländern stammten und überwiegend auf Arabisch schrieben, aber Hunderte deutschsprachige islamfeindliche Posts likten.

Der Grund für *Facebooks* intransparentes Vorgehen und Untätigkeit ist vielfältig. Vor allem geht es ums Geschäft: *Facebook* muss weiter wachsen. Seit das Unternehmen 2012 an die Börse ging, ist der Aktienkurs immer eng an das Nutzer*innenwachstum gekoppelt. In Nordamerika macht das Unternehmen rund 35 Dollar Umsatz pro Nutzer*in. Es ist deren Aufmerksamkeit, die es an Werbekunden verkauft: Was, wenn herauskäme, dass ein großer Teil davon nicht echt ist? Eine übergroße Anzahl an Fake-Accounts schmälert schlicht den Wert des Unternehmens. Zum anderen scheint *Facebook* selbst nicht so genau zu wissen, was auf der Plattform vor sich geht. Das Unternehmen scheitert offenbar daran, reale und gefälschte Accounts zu unterscheiden. Für Datenwissenschaftler Davis ist dies das größte Problem: »Die Frage, die wir uns alle stellen müssen, ist: Was sagt dieses Unvermögen, Fake-Accounts tatsächlich zu identifizieren, über die Fähigkeit des Unternehmens aus, Manipulationen auf der Plattform zu unterbinden?« Profiteur*innen von *Facebooks* Untätigkeit und Intransparenz scheinen einmal mehr rechte Kräfte zu sein.

Digitale Präzisionspropaganda

Wie teuer ist es eigentlich, zielgerichtete politische Werbung an 10.000 Menschen zu adressieren? Bei *Facebook* kostet das knapp 100 Euro. Ein Schnäppchen.

Facebook hat die politische Werbung revolutioniert: Um 10.000 Menschen mit einer Botschaft zu erreichen, hätte man auch 10.000 Flyer drucken können – für mehr Geld und mit dem erheblich größeren Aufwand, diese anschließend verteilen zu müssen, auch an jene, die für die Botschaft überhaupt nicht empfänglich sind. *Facebook* macht es einfach: Die Plattform weiß um unsere Likes, weiß, was uns gefällt und wie wir ticken. Im Zeitalter sozialer Medien können Marketingleute verschiedene Zielgruppen mit unterschiedlicher Reklame versorgen: Menschen, die sich für

Tierrechte interessieren, sehen Werbung für vegane Wurst; wer sich um den Diesel sorgt, sieht Werbung der Autoindustrie. Es ist möglich, dass potenzielle Wähler auf sie zugeschnittene Wahlwerbung erhalten: Ein und derselbe Kandidat verspricht einem Dorfbewohner in Mecklenburg dann zum Beispiel etwas ganz anderes als dem westdeutschen Großstädter*innen. Eine Strategie, die in Zeiten von One-Way-Massenmedien wie dem Fernsehen in diesem Ausmaß undenkbar gewesen wäre – und die gerade kleinen, neueren Parteien wie der AfD in die Hände spielt. Zumal der Online-Wahlkampf überhaupt nicht reguliert ist. Vergangene Wahlkämpfe haben gezeigt, wie scheinbar unabhängige Initiativen wie Ein Prozent oder der Deutschland Kurier mit dieser Art von bezahlten Beiträgen für die AfD warben.

Der Politikwissenschaftler Ben Scott bezeichnet politische Werbung auf Facebook daher zu Recht als »digitale Präzisionspropaganda«: Parteien und Politiker*innen können Werbebotschaften so lange variieren, testen und an sehr kleine Zielgruppen herantragen, bis sich der größte Effekt zeigt. Im US-Wahlkampf 2016 verwendete das Trump-Team sechs Millionen verschiedene Varianten von Online-Werbungen. Eine einzige Nachricht wurde in einem Falle gar 200.000 Mal variiert. Es ist ein riesiges Experiment an der Meinungsbildung der Bevölkerung. Mittlerweile bietet Facebook selbst Werkzeuge an, die Firmen helfen, die Wirkung der Werbung live zu testen, und ermöglicht damit die genaue Positionierung von Beiträgen – auch von politischer Propaganda oder Desinformation.

Um die gröbsten Umtriebe zu regulieren, führte Facebook im März 2019 im Vorfeld der Europawahl ein Webarchiv für politische Werbung ein: Parteien und Organisationen, die politische Werbung schalten wollen, müssen sich seither registrieren. So sollte die massive Verwendung von »digitaler Präzisionspropaganda«

zumindest transparenter gestaltet und damit eingeschränkt werden. Nutzer*innen sollen politische Werbung leichter erkennen und Journalist*innen und Forscher*innen einen besseren Überblick bekommen, wer eigentlich wofür wirbt.

Im Frühjahr 2019 starten wir gemeinsam mit dem Journalisten Peter Kreysler ein Experiment: Wie gut funktioniert die neue Datenbank von *Facebook*? Wir erstellen Fake-Accounts mit Eigenschaften, von denen wir glauben, dass sie für rechte Gruppen oder die AfD attraktiv sind. Es dauert einige Wochen, bis uns auf diesen Accounts Werbung angezeigt wird. Darunter sind Anzeigen vom *Deutschland Kurier*, der massiv für die AfD geworben hatte. Die Anzeigen sich nicht als politische Werbung gekennzeichnet, und ihre Verbreitung lässt sich auch nicht im Werbearchiv kontrollieren. Tatsächlich kann insbesondere diese Art von Themenbeiträgen, die von scheinbar unabhängigen Seiten gestreut werden, politische Stimmungen manipulieren. Eine angeblich unabhängige Seite, die scheinbar neutral Werbung für die Themen der AfD macht, wirkt im Zweifel besonders überzeugend. In einer Studie der Yale-Universität konnten Forscher*innen zeigen, dass Menschen einer Überschrift umso eher Glauben schenkten, je öfter sie sie sahen. Ganz gleich, wie absurd sie war. Das macht die Strategie verschiedener rechter Initiativen wie *Ein Prozent*, die gemeinsam mit der AfD Zweifel am korrekten Ablauf der Wahlen in Deutschland zu streuen versuchten, so gefährlich: Der Verein erweckt den Eindruck, mehrere unabhängige Quellen würden den Wahlablauf für gefährdet erachten, und sendet diese Botschaft auf möglichst vielen Kanälen.

Wir finden weitere Werbebeiträge: darunter die Anzeige eines AfD-Kreisverbandes, der zur Wahl der AfD aufruft. Wenige Wochen vor der Europawahl – ohne Kennzeichnung. Insgesamt finden wir mit unserem kleinen Experiment neun solcher nicht gekennzeichneter Beiträge. Das Archiv, das *Facebook* zur Verfügung stellt, funktioniert offenbar nicht. Das Problem: Eine Anzeige, die dort nicht auftaucht, entzieht sich der öffentlichen Kontrolle. Es bleibt im Dunkeln, wem diese Beiträge gezeigt wurden: Wollte ein zwielichtiger Verein ganz gezielt bestimmte Bevölkerungsgruppen aufhetzen, um politische Stimmung zu machen? Diesen Problemen hatte *Facebook* mit seiner Transparenzoffensive eigentlich begegnen wollen. Im Interview erklärt *Facebook*-Sprecherin Anika Geisel unserem Kollegen Peter Kreysler: »Wir können diese Einzelfälle nicht kommentieren, das müssten wir uns genau anschauen, ob wir sagen, das ist jetzt politisch, oder nicht!«

Hat *Facebook* es also nur in einigen Einzelfällen versäumt, die Werbung ordentlich zu kontrollieren? Ein Teil der Wahrheit ist: Das Unternehmen kümmert sich schlicht nicht um die korrekte Durchführung des groß angekündigten Werbearchivs. Die Werbetreibenden müssen ihre Inhalte selbst als »politisch« kennzeichnen. Tun sie es nicht, droht ihnen keinerlei Sanktion. Ein schottischer Sicherheitsexperte, der unter anderem im Auftrag der NATO Wahlmanipulationen untersucht und *Facebook* seit Langem beobachtet, schätzt die Lage nüchtern ein. Er sagt: »*Facebook* zockt.« Das Unternehmen glaube, seine Transparenzversprechen nicht einhalten zu müssen, weil die Anzeigen so gezielt verbreitet würden, dass die allermeisten Forscher*innen und Journalist*innen sie ohnehin niemals zu Gesicht bekämen. Geschweige denn Regulierungsbehörden.

Eine weitere Geschichte sät Zweifel daran, dass *Facebook* seine Ankündigung umsetzt: Schon Anfang 2019 wird Peter Kreysler und uns eine interne *Facebook*-Mail durchgestochen. Adressiert ist sie an Andreas Winhart, der für die AfD im bayerischen Landtag sitzt und bis zu diesem Zeitpunkt trotz seiner Abgeordnetenimmunität wegen rassistischer und antisemitischer Äußerungen vom Verfassungsschutz beobachtet und als rechtsextremistisch eingestuft wird. Winhart war außerdem in das Visier der Ermittlungsbehörden geraten, weil er 2018 große Mengen kostenloser Zeitschriften vom *Verein zur Erhaltung der Rechtsstaatlichkeit und bürgerlichen Freiheiten* bestellt hatte: den *Deutschland Kurier*. Da die Zeitungen im Wahlkampf eingesetzt wurden, aber in keinem Rechenschaftsbericht der AfD auftauchten, bestand der Verdacht illegaler Wahlkampfhilfe.

Winhart warb auch intensiv auf *Facebook*. Im Vorfeld der bayerischen Landtagswahl 2018 gab er im Monat August 416,93 € für *Facebook*-Werbung aus, wie aus dem Mailverkehr zwischen ihm und dem Unternehmen hervorgeht. In den Anzeigen wirbt Winhart mit bezahlten *Facebook*-Reichweiten für sich, verbreitet aufwieglerische Inhalte und unwahre Behauptungen über die Asylpolitik, bezeichnet etwa Angela Merkel als Diebin. *Facebook* hat diese Inhalte, deren Verbreitung es sich bezahlen ließ, nicht nur nicht geprüft: Als sie Winhart die Rechnung zustellt, schreibt eine *Facebook*-Mitarbeiterin dem vom Verfassungsschutz beobachteten AfD-Abgeordneten, man habe »festgestellt, dass du offenbar die Chance verpasst, direkt mit zukünftigen Kunden in Kontakt zu treten und schneller mögliche Verkäufe zu erzielen«. *Facebook* wolle ihm helfen, seine Reichweite zu erhöhen, beispielsweise mit einem kostenlosen Beratungsgespräch. Die Mail endet freundlich: »Mein Team und ich freuen uns auf die Zusammenarbeit mit dir.«

Facebook war nicht gezielt auf den rechtsextremen Politiker zugegangen. Er wurde einfach behandelt wie jeder Kunde, ob dieser Schuhe, Senf oder eben extreme Nachrichten »verkauft«. Und genau das ist das Problem: *Facebook* bietet politischen Kräften die gleichen Marketingtechnologien an, die auch beim Verkauf von Modeartikeln und Möbeln zum Einsatz kommen. Es ist ihr Geschäftsmodell, das die Firma einfach auf die Politik überträgt. *Facebook* sieht darin kein Problem: Schließlich seien sie nur ein Tech-Unternehmen, das diese Dienste bereitstellt. Aber Demokratie und gesellschaftliche Diskussion sind keine Sphären, in denen es um das beste und passendste Produkt geht. Es spricht nicht viel dagegen, dass uns *Facebook* Schuhe empfiehlt, die es für geeignet erachtet, aber werden die gleichen Techniken genutzt, um politische Stimmungen aufzuheizen, die Meinung von Wähler*innen zu erfassen und zu manipulieren sowie um falsche Informationen zielgerichtet auszuspielen, dann steht plötzlich die Funktionsweise unserer Demokratie auf dem Spiel.

Keine sechs Monate bevor sein Unternehmen einem Rechtsextremen in Deutschland seine Beratung anbietet, sagt Mark Zuckerberg im fernen Kalifornien: »Wir haben nicht genug dagegen getan, dass diese Instrumente Schaden anrichten. Das betrifft Fake-News, Wahlmanipulation aus dem Ausland und den Missbrauch von Daten durch Entwickler. Das war ein Fehler! Dafür entschuldige ich mich.« Wirklich geändert hat sich seither wenig.

Facebook ist kaputt

Für *Facebook* arbeiten überaus begabte und fähige Menschen. All jene Mitarbeiter*innen, die wir in Kalifornien oder auch in Deutschland getroffen haben, waren nachdenklich, ausgewogen, ausgesprochen klug. Niemand von ihnen möchte der Demokratie schaden. Viele macht es rasend, dass Donald Trump Präsident ist. Und doch spielt ihr Unternehmen eine gewichtige Rolle dabei, wie er und andere rechtspopulistische bis rechtsextreme Akteur*innen weltweit Politik machen. Alleine im Zeitraum Mai 2018 bis Ende 2019 gab Trump fast 25 Millionen Dollar für *Face*-

book-Werbung aus. Darunter befanden sich mehrere Meldungen, die von Faktencheckern und verschiedenen großen Medien als Desinformation eingestuft worden waren – für *Facebook* war das ganz explizit kein Grund, die Verbreitung dieser Falschnachrichten einzuschränken, die Posts von der Seite zu nehmen oder sie nicht zu bewerben (sprich damit kein Geld zu verdienen). Während *Twitter* politische Werbung im Oktober 2019 von der Plattform verbannte, lockerte *Facebook* im Herbst 2019 sogar die Regeln für politische Werbung wieder: Sie muss nun nicht mehr wahr sein. Zuvor hatte das Unternehmen in seinen Richtlinien noch vorgegeben, dass Werbeinhalte nicht »trügerisch, falsch oder irreführend sein dürfen«. Diese Regeln gelten nun nicht mehr für Politiker*innen im Amt oder entsprechende Bewerber*innen.

Facebook organisiert rechtspopulistischen Politiker*innen Millionenreichweiten für Desinformation und Hetze – im Gegenwert von mehreren Millionen Dollar. Verantwortung möchte es dafür nicht übernehmen. Nick Clegg, so etwas wie *Facebooks* Außenminister, sagte in einer öffentlichen Rede: »Das Zensieren oder Abwürgen des politischen Diskurses würde im Widerspruch zu dem stehen, worum es bei uns geht. Es ist wie beim Tennis: Wir müssen sicherstellen, dass der Platz bereit ist – die Oberfläche gerade, die Linien gemalt, das Netz befindet sich auf der richtigen Höhe. Aber wir heben keinen Schläger auf und fangen an zu spielen. Wie die Spieler das Spiel spielen, liegt bei ihnen, nicht bei uns.«

Wir haben auf den zurückliegenden Seiten gesehen, wie groß der Einfluss der sozialen Medien auf den politischen Diskurs und auf Wahlen ist. *Facebook* nimmt sehr wohl den Schläger in die Hand – in jeder Sekunde, in der wir die Plattform nutzen: Es verdient Geld damit, Falschnachrichten zu verbreiten. *Facebook* möchte die Öffentlichkeit glauben lassen, es sei gleichbedeutend mit Meinungsfreiheit, sich auch für die Verbreitung von Falschnachrichten und politischer Propaganda bezahlen zu lassen. Aber für Lügen und Hass Reichweite zu organisieren ist nicht das Gegenteil von Zensur, und *Facebook* ist nicht nur Linienrichter.

Nachdem sein Unternehmen zum Nährboden von Fake News geworden war, verkündete Mark Zuckerberg Anfang 2018, den *Facebook*-Algorithmus umzustellen: Fortan sollten wieder mehr Meldungen von Freund*innen und Familie angezeigt werden – weniger Nachrichten. Viele große Medienmarken erlebten dadurch einen massiven Einbruch ihrer Reichweiten, und das in einer Zeit, in der es richtige Nachrichten gebraucht hätte. Gewinner dieser Umstellung waren: Seiten von rechts bis rechts außen und jene, die besonders oft Falschnachrichten verbreiteten. Das *Meedia*-Magazin, das eine entsprechende Analyse durchführte, schrieb: »Die *Facebook*-Seiten der ›Alternativmedien‹ von rechts bis sehr rechts sind offenbar schadlos durch die Algorithmus-Änderungen von *Facebook* durchgekommen.« *Facebook* hat nichts gegen seriöse Medien, es unterstützt auch nicht bewusst autoritäre und rechte Inhalte. Innerhalb des Unternehmens gibt es prominente Journalist*innen, die sich um Kooperationen mit Medien kümmern, engagierte Manager*innen, nachdenkliche Ingenieur*innen, die die Probleme erkennen und angehen wollen. Doch bislang ist zu wenig passiert – und so gedeihen auf *Facebook* weiterhin Hass und Hetze, Desinformation und politische Propaganda.

Ende 2019 verkündet *Facebook*: Die Alt-Right-Seite *Breitbart* werde eines von rund 100 Medien sein, die besonders prominent in der Nachrichtenabteilung von *Facebook* erscheinen werden. Der sogenannte »News Tab« sollte »hochwertige und vertrauenswürdige News« liefern – eine Reaktion auf die Fake-News-Vorwürfe. Ex-Trump-Berater Steve Bannon hatte das Portal *Breitbart* nach dem Tod des Gründers Andrew Breitbart 2012 als Plattform für »weiße Nationalisten« ausgebaut – falsche und hetzerische Berichterstattung gehören zum Geschäftsmodell. Auch die äußerst rechte Seite *Daily Caller* adelt *Facebook*: Sie wird Teil des offiziellen Fakt-Checking-Programms. Dabei hatte die Seite in der Vergangenheit Unwahrheiten über demokratische Politiker*innen berichtet.

Als wir das *Facebook*-Gebäude verlassen, laufen wir an einer großen Wandinstallation vorbei, die für gleichgeschlechtliche Liebe wirbt: Das Wort »Unite« leuchtet in Regenbogenfarben an der Wand. »Gender free«, fordert ein buntes Gemälde gegenüber. *Breitbart*, der neue Newspartner *Facebooks*, berichtet mit Vorliebe über »Transgender-Propaganda« oder titelt »Ihr müsst nicht gay sein«.

Welchem *Facebook* soll man glauben? Jenem, das sich – wie hier im Inneren seines Hauptquartiers – als offen und liberal präsentiert, als ein Unternehmen, das gegen Ungleichheit und Ungerechtigkeit antritt? Oder ist *Facebook* das, was viele Kommentator*innen nach dem Deal mit *Breitbart* und mehreren Geheimtreffen Zuckerbergs mit Ultrarechten mutmaßten: schlicht ein konservatives bis rechtes Medienunternehmen?

Tatsächlich erzählt beides – die vor sich hergetragene Liberalität ebenso wie das Kungeln mit Rechtsaußen – nichts über *Facebooks* politische Haltungen. Es offenbart vielmehr, wie Zuckerberg in die Zukunft blickt: Er möchte *Facebook* wachsen sehen. Das ist seine Mission. Die Folgen dieses Wachstums, die Probleme mit Desinformation, Wahlbeeinflussung und der Verletzung der Privatsphäre haben dem Unternehmen und seinem Aktienkurs bislang kaum geschadet. Die Zuwendung einflussreicher Republikaner oder großer rechter Medienseiten zu verlieren – das wäre tatsächlich eine Gefahr.

Die wahren Probleme liegen in der DNA des Unternehmens. Man kann sie an den Wänden des Hauptquartiers ablesen, man kann sie spüren, wenn man auf seinem Dach steht: die Überschätzung der eigenen Wohltätigkeit, der Glaube, dass Technik die Lösung für alles sei. *Facebooks* Probleme werden auch die Probleme moderner Öffentlichkeit. Sie liegen tief in der Art begründet, wie die Plattform arbeitet, in ihrem Algorithmus, ihrem Geschäftsmodell, ihrer Kultur – vor allem in ihrem Expansionswillen.

Oben, auf dem Dach des Hauptquartiers, kann man die Größe *Facebooks* spüren, aber auch, wie schnell sich das Unternehmen und seine Umgebung verändern. Blickt man vom Dach herunter nach Westen, liegt hinter einer Straße und einer Bahntrasse ein alter Lager- und Industriekomplex. Er wird bald einem neuen Bauprojekt weichen müssen: »Willow Village«. Es soll über eintausend Wohnungen beherbergen, es wird Restaurants geben, Geschäfte für lokale Waren, eine Apotheke, Markt- und Spielplätze, Büroflächen für mehr als 8.000 Angestellte. Es ist eine neue eigene Stadt – der Bauherr: *Facebook*.

Schwarze Löcher und Verschwörungstheorien: *YouTubes* Algorithmus

Manchmal wird erst Jahre später klar, wie folgenreich kleine Nachrichten sein können. Im August 2012 veröffentlicht *YouTube* eine unscheinbare Mitteilung auf dem hauseigenen Blog. *YouTube* spricht darin in sehr seltener Offenheit über seine strategischen Ziele und wie man sie erreichen wolle. »Wir müssen enorm stark wachsen«, heißt es.

Zwar schauen die *YouTube*-Nutzer*innen schon damals vier Milliarden Stunden Videos pro Monat, doch das Ziel des Unternehmens ist es, »das wichtigste Medium« im Leben von möglichst vielen Menschen zu werden. *YouTube* möchte Fernsehen,

Radio, CD, Nachrichtensendung und Comedykanal sein – kurz, *YouTube* möchte alles sein.

Deshalb führt die Plattform in dieser Zeit einige Maßnahmen durch, die bewirken sollen, dass Nutzer*innen mehr Zeit auf der Plattform verbringen, stärker mit den Inhalten interagieren. Das Unternehmen ändert seinen Algorithmus, der darüber entscheidet, welche Videos Nutzer*innen wie vorgeschlagen werden, und es führt die Autoplay-Funktion ein, die automatisch ein Video startet, sobald eines endet. *YouTube* möchte die Watchtime, also die Zuschauzeit, erhöhen und erhebt sie zum zentralen Maßstab zukünftiger Entwicklung. *YouTube* möchte seine Nutzer*innen süchtig machen.

Als das Unternehmen in besagtem Post so offen über seine Ziele spricht, befürchtet der französische Entwickler Guillaume Chaslot, dass es ein Fehler gewesen sein könnte, sein Können in den Dienst der Plattform gestellt zu haben. Chaslot ist damals gerade 30 und hat einen Doktor in Informatik für künstliche Intelligenz. Von 2010 bis 2011 entwickelte er die Programme mit, die für die Empfehlung der Videos zuständig sind. Als wir mit Chaslot im Herbst 2019 sprechen, sagt er: »Der Algorithmus ist außer Kontrolle.« Eigentlich wusste er das immer schon. Deswegen wollte er den Algorithmus »ungefährlicher« machen. Das wiederum sei der Grund gewesen, warum er das Unternehmen am Ende verlassen musste. Für Chaslot ist es eine Lebensaufgabe geworden, die Welt darüber aufzuklären, wie *YouTubes* Algorithmus funktioniert. Dafür hat er die NGO *Algotransparency* gegründet. Chaslot nutzt seine Informatikkenntnisse, mit denen er einst *YouTubes* Algorithmen baute, um genau diese Algorithmen der Welt zugänglich zu machen.

2017 erreicht die Video-Plattform ihr großes Ziel. Abermals in einem Blogpost verkündet das Unternehmen: »Wir haben hinter den Kulissen hart daran gearbeitet, dieses Eine-Milliarden-Ziel zu erreichen.« *YouTube*-Nutzer*innen schauen eine Milliarde Stunden Videos – pro Tag. Chaslot arbeitet damals nicht mehr für *YouTube*, doch er weiß, dass dieser Erfolg seinen Preis hat: Die Plattform ist ein Hort extremer, gewaltverherrlichender Inhalte, für Verschwörungstheorien und Desinformationen. »Es ist nicht so, dass *YouTube* daran gescheitert wäre, die negativen Auswirkungen des Algorithmus zu beschränken. Sie haben es nie probiert«, sagt Chaslot, der mit ruhiger Stimme und französischem Akzent spricht. Andere Ex-Mitarbeiter bestätigen Chaslots Einschätzung. Dem Wirtschaftsmagazin *Bloomberg* sagten ehemalige Manager, das Unternehmen habe dem Eine-Milliarden-Ziel alles untergeordnet – auch die Sicherheit seiner Nutzer*innen.

YouTube ist eine der großen Plattformen, die heute Aufmerksamkeit verteilen, ein Ort, an dem Menschen Zerstreuung suchen, Katzenvideos schauen, sich eine politische Meinung bilden. Der amerikanische Moderator und Mitbegründer des jungen Medienunternehmens *VOX*, Ezra Klein, glaubt gar, dass *YouTube* heute einen Vorgeschmack darauf gebe, wie Politik in 20 Jahren aussehe. Und dahinter steckt kein Optimismus: »Politik auf *YouTube* funktioniert ein bisschen wie das deutsche Weimar: Es ist wahnsinnig polarisiert.« Auf den nächsten Seiten soll es darum gehen, was *YouTubes* unscheinbare Nachricht aus dem Jahr 2012 mit dieser Einschätzung zu tun hat – und wie das die Politik der extremen Rechten überall auf der Welt beeinflusst.

YouTube wird in seiner politischen Bedeutung häufig unterschätzt, dabei ist es die zweitwichtigste Suchmaschine der Welt: Wollen Menschen etwas lernen, nachschlagen, verstehen, ohne zu lesen – sie gehen auf die Suche nach einem Video. Und damit zumeist auf *YouTube*. Laut *PEW Research Center* ist es sogar die wichtigste Social-Media-Plattform für amerikanische Nutzer*innen –

noch vor *Facebook*. Eine ähnliche Tendenz beschreibt der aktuelle Social-Media-Atlas der Kommunikationsberatung Faktenkontor und des Marktforschers Toluna. Demnach ist *YouTube* das beliebteste Netzwerk in Deutschland, 74 Prozent der Befragten nutzen die Plattform. Und sie ist ein Ort, an dem politische Themen verhandelt werden.

Es ist die amerikanisch-türkische Techniksoziologin Zeynep Tufekci, die sechs Jahre nach Erscheinen von *YouTubes* Blogpost in der *New York Times* das Problem benennt, das *YouTube* damals ausgelöst hat. Sie nennt die Plattform »den großen Radikalisierer«. Tufekci forscht an der Universität von North Carolina und in Harvard, und sie argumentiert, dass *YouTube* zunehmend radikalere Inhalte empfehle. Schaue jemand ein normales Nachrichtenvideo, führe der Algorithmus ihn schnell zu einem Video, das eine Verschwörungstheorie unterbreite. Die Suche nach 9/11 führe mit großer Sicherheit zu Videos, die den Terroranschlag als Werk der CIA bezeichnen. Welche Auswirkungen das auf einzelne Nutzer*innen hat, ist inzwischen bekannt. »Das gerät außer Kontrolle«, hatte Caleb Cain nach dem Anschlag in Neuseeland gesagt und seine eigene Radikalisierung auf *YouTube* beschrieben. Und er ist kein Einzelfall.

Tufekci geht noch weiter: Sie behauptet, die Radikalisierung durch *YouTube*-Inhalte sei eine direkte Folge davon, wie die Plattform funktioniere. Deutlich wird das bereits 2016 im US-Wahlkampf, als Videos von Trump-Anhänger*innen wesentlich häufiger ausgespielt werden als die von Demokrat*innen. Auch Verschwörungstheorien sind besonders geeignet, um auf Social-Media-Plattformen Verbreitung zu finden. Sie sind oft hoch emotionalisiert und befriedigen ein sehr menschliches Bedürfnis: hinter die Kulissen schauen zu können, sich selbst einerseits als Opfer und andererseits als erleuchteter Aufklärer zu fühlen. Verschwörungstheorien geben ihren Anhänger*innen das Gefühl von Stärke und Souveränität – weil sie sehr komplexe gesellschaftliche Probleme sehr einfach erklären können. Ein Film, der vermittelt, dass geheime Kräfte nicht wollen, dass er gesehen wird, ist umso interessanter, wird umso häufiger geklickt. Kein Wunder also, dass das Internet ihnen zu neuer Blüte verholfen hat.

Der Sozialpsychologe Sander van der Linden, der in Cambridge unter anderem zur toxischen Verbindung von sozialen Medien und Verschwörungstheorien forscht, hat in einem Experiment gezeigt, dass Verschwörungstheorien häufig mit aggressivem Verhalten, Rechtsextremismus, Rassismus und Antisemitismus einhergehen. Van der Lindens Forschung legt nahe, dass manchmal allein der Kontakt mit einer Verschwörungstheorie dazu führen kann, dass sich Zuschauer*innen rechtem Gedankengut zuwenden. YouTube und andere Plattformen haben kruden Weltbildern und absurden Behauptungen neuen Boden bereitet: zum einen, weil sie Menschen verbinden, die zuvor vereinzelt irgendwo im Stillen ihren obskuren Theorien anhingen. Diese Leute finden jetzt Hunderttausende andere, die ihre Weltsicht bestätigen. Der amerikanische Historiker Robert Bateman hat es so formuliert: »Früher hatte jedes Dorf einen Idioten. Es hat das Internet gebraucht, sie alle zusammenzubringen.«

YouTube verstärkt diesen Effekt sogar: Nutzer*innen geraten durch die Autoplay- und Vorschlagfunktion in einen Sog, der sie immer tiefer in den Kosmos der Verschwörungstheorien eintauchen und damit besonders lange auf der Plattform verharren lässt. »Der Empfehlungsalgorithmus wird Nutzer*innen immer Inhalte vorschlagen, die dafür sorgen, dass sie länger Videos schauen«, sagt Informatiker Guillaume Chaslot. Das war es, was YouTube 2012 angekündigt hatte. Das Unternehmen schaffe damit ganz gezielt »schwarze Löcher«: Nutzer*innen werden in Themen hineingezogen, ein Video folgt dem anderen.

YouTubes Algorithmus arbeitet mit einer künstlichen Intelligenz: Er sucht nach Mustern, errechnet Wahrscheinlichkeiten, mit denen ein Inhalt Nutzer*innen dazu anregt, möglichst lange auf der Plattform zu verweilen. Bekommt ein Video viele Likes oder Kommentare und wird zu Ende angeschaut, sind das für YouTube Signale, dass es den Nutzer*innen gefällt. Dann empfiehlt der Algorithmus es anderen Menschen, die er für vergleichbar hält. Durch die schiere Datenmenge (YouTube hat zwei Milliarden Nutzer*innen pro Monat) wird der Algorithmus immer besser darin, Inhalte zu empfehlen, die Menschen möglichst lange auf der Plattform halten.

»Es ist nicht grundsätzlich schlimm, dass eine künstliche Intelligenz uns Videos empfiehlt, wenn es dazu beiträgt, dass wir bekommen, was wir möchten«, findet Chaslot. Das Problem: Das ist nicht YouTubes Ziel. Dem Unternehmen gehe es allein um die Zeit seiner Nutzer*innen. Denn Zeit auf der Plattform bedeutet Werbeeinnahmen für YouTubes Mutterkonzern Alphabet Die Techniksoziologin Tufekci hat herausgefunden, dass YouTube deswegen schrittweise radikalere Inhalte empfiehlt. Denn so ist unser Gehirn programmiert: Es reagiert auf Neuigkeiten, Überraschendes. Die Zuspitzung gelte nicht nur für politische Themen: »Videos über Vegetarismus führen zu Inhalten über Veganismus, Videos über Jogging zu solchen, wie man einen Ultramarathon läuft«, schreibt Tufekci. Und ein rassistisches oder verschwörungstheoretisches Video folge häufig auf ein Wahlwerbevideo von Donald Trump. Tufekci stößt immer wieder auf dieses Muster, bei unterschiedlichen Themen, in unterschiedlichen Weltregionen. Ihre Schlussfolgerung: »YouTube ist das vielleicht mächtigste Radikalisierungstool des 21. Jahrhunderts.«

Das belegen auch fünf brasilianische Wissenschaftler*innen, die das amerikanische *YouTube* untersuchten. Anhand einer Analyse von Datensätzen fanden sie heraus, dass Nutzer*innen sehr schnell von tendenziell rechten zu rechtsextremen Inhalten gelangten. Jene, die solche Inhalte schauten, waren zudem aktiver und kommentierten häufiger.

Die Analyse zeigt außerdem: Abseitige Meinungen sind grundsätzlich stärker auf *YouTube* und anderen Plattformen vertreten, die Algorithmen verstärkten diese Tendenz nur. Und es stimmt ja, auch in Deutschland ist die extreme Rechte auf *YouTube* besonders aktiv. Es kommt also zweierlei zusammen: Es gibt ein größeres Angebot an rechten Inhalten, und sie werden von der Plattform gepusht. *YouTube* ist besonders für Personen attraktiv, die sich in der Mehrheitsgesellschaft nicht repräsentiert fühlen (Akteur*innen der extremen Rechten etwa), oder für jene, die ihre Neigungen nicht offen ausleben können (Pädophile beispielsweise). Weil diese auf der Plattform besonders aktiv sind, sind ihre Inhalte auch besonders erfolgreich. Schlicht, weil *YouTubes* Algorithmus die Hyperaktivität dieser Nutzer*innen als Attraktivität des Inhalts wertet.

Wie fatal diese Doppelwirkung ist, haben jüngst fünf *Google*-Ingenieure thematisiert, die an der künstlichen Intelligenz DeepMind arbeiten. In einem Beitrag in der Fachzeitschrift für künstliche Intelligenz *GroundAI* analysieren sie die Wirkung von Empfehlungsalgorithmen und kritisieren, dass sie die Sicht der Nutzer*innen verengen und letztlich deren Wahrnehmung lenken können. Filterblasen und sogenannte Feedbackschleifen, in denen einem Nutzer permanent ähnliche Inhalte vorgespielt werden und Abweichendes nicht vorkommt, sind die Folge.

Anfang 2019 flog auf *YouTube* ein Softcore-Pädophilenring auf: Der Algorithmus hatte Nutzer*innen mit pädophilen Neigungen zielgerichtet zu Filmen von leicht bekleideten, spielenden Mädchen geführt. Es war der amerikanische YouTuber Matt Watson, der diesen Mechanismus aufdeckte: Er zeigte, dass Nutzer*innen innerhalb von nur drei Klicks von unverfänglichen Inhalten wie Bikini-Hauls (also Produktvorstellungen) zu pädophilen Inhalten gelangen können – und *YouTube* ihnen fortan nur noch solche Videos vorschlägt. Pädophile empfahlen sich die besonders »interessanten« Stellen, schrieben sexualisierte Kommentare und vernetzten sich so – über die Kommentarspalte und den *YouTube*-Algorithmus.

YouTubes Ingenieur*innen wollten vermutlich niemals einen Algorithmus bauen, der Pädophilen eine Plattform bietet und ihnen hilft, sexualisierte Videoinhalte zu teilen. Sie haben schlicht eine künstliche Intelligenz so programmiert, dass sie Videos von Kindern eben jenen empfahl, die wahrscheinlich an ihnen interessiert sind. Ähnliche Muster wiederholen sich bei Verschwörungstheorien oder hetzerischen Inhalten: Die viel geklickten Inhalte wurden von *YouTubes* Algorithmus verstärkt. Für Ex-*YouTube*-Informatiker Chaslot keine Überraschung: »Man hätte vorhersagen können, dass der Algorithmus solche Konsequenzen hat, auch, dass er Pädophilen Videos von Kindern vorschlägt.«

Es ist ganz einfach: Alles, was Watchtime bringt, ist gut für *YouTube*. Und weil die Mitglieder dieses »Pädophilenrings« besonders intensiv mit den Inhalten agierten, sie immer wieder ansahen, viele Kommentare schrieben, wurden die Videos anderen mit ähnlichen Neigungen ausgespielt. Je besser die künstliche Intelligenz wurde, je mehr Daten sie auswertete, desto effizienter konnte *YouTube* seinen Nutzer*innen spezifische Inhalte empfehlen, die sie interessierten. Insofern tat der Algorithmus schlicht, was er tun sollte: Er erhöht die Zeit, die Menschen auf der Plattform verbringen.

Wenn wir verstehen wollen, wie *YouTube* – neben anderen Plattformen wie *Facebook*, *4chan* oder *Instagram* – so wichtig für die rechte Mobilisierung werden konnte, dann sollten wir auf das Jahr 2012 schauen – das Jahr, in dem *YouTube* auf seinem hauseigenen Blog ankündigte, alles zu tun, damit Menschen mehr Zeit auf der Plattform verbringen. »Menschen, die sich bekämpfen, engagieren sich, sie sind besonders aktiv. Und das ist gut fürs Anzeigengeschäft«, sagt Chaslot. Die Videoplattform befördert Polarisierung, weil sie extreme Inhalte bevorzugt. Die extreme Rechte profitiert davon, weil sie dem Algorithmus zuverlässig liefert, was er braucht: Zuspitzung, Wut, Menschen im Kampfmodus. Chaslot sieht darin auch eine historische Verbindung: »Das 20. Jahrhundert hat gezeigt, dass rassistischer Kampf gut funktioniert. Leute mittels Rassismus in Angst zu versetzen, hat zu massiver Mobilisierung geführt. Das passiert auch heute.«

Was Plattformen jetzt tun können

Am 3. April 2018 stürmt zur Mittagszeit eine bewaffnete Frau auf das *YouTube*-Hauptquartier in Kalifornien zu. Über ein Parkhaus verschafft sie sich Zugang zum Gebäude und eröffnet das Feuer. Sie verletzt drei Menschen und tötet danach sich selbst mit einem Schuss ins Herz, zwei Tage vor ihrem 39. Geburtstag. Die Täterin ist die YouTuberin Nasim Najafi Aghdam. Ihr Motiv: *YouTube* habe verhindert, dass ihre Videos gesehen würden. Das sei Zensur.

Dieser tragische Fall zeigt, dass selbst die Diskussion um die Macht der Algorithmen und der Social-Media-Plattformen hochgradig polarisiert ist: Während viele Menschen fordern, Inhalte stärker zu moderieren, im Zweifel auch zu löschen, löst dieser Gedanke bei anderen Angst vor Zensur aus. Die Lage ist vertrackt:

Meinungsfreiheit ist eines der wichtigsten Güter in einer liberalen Demokratie, gleichzeitig berufen sich die Feinde der Demokratie auf sie, um sie als Deckmantel für rassistische und antidemokratische Haltungen zu benutzen.

Gerade in Deutschland bedeutet das Recht auf freie Meinungsäußerung allerdings nicht, dass wirklich alles gesagt werden darf. Holocaustleugnung ist ein prominentes Beispiel: Die Meinungsfreiheit endet hier; den historischen Fakt des Holocausts zu leugnen ist eine Straftat. Meinungsfreiheit umfasst auch nicht, andere aufzuhetzen, zu bedrohen, Gewalt gegen Mitbürger*innen zu propagieren. Sie bedeutet vor allem nicht das Recht auf eine Plattform: Natürlich können Bürger*innen eine ganze Menge von sich geben, was aber nicht heißt, dass ein Fernsehsender es ausstrahlen oder *YouTube* diesen Aussagen Reichweite geben muss. Es gibt kein Recht darauf, gehört zu werden. Meinungsfreiheit ist ein Abwehrrecht gegen den Staat und heißt nicht, dass Aussagen unwidersprochen, ohne Kritik, ohne Folgen sind. Rechte Akteur*innen überall auf der Welt erzählen gern die Mär von der bedrohten Meinungsfreiheit: Die Betroffenen wähnen sich wahlweise »im digitalen Gulag« oder »im Widerstand«, wenn ihre *Facebook*-Seiten gelöscht oder *YouTube*-Kanäle eingeschränkt werden. Die extreme Rechte nutzt diese Geschichte, um sich selbst als widerständig zu inszenieren. Der scheinbare Kampf um die Meinungsfreiheit ist nicht selten ein Kampf darum, Hass und Hetze in den öffentlichen Diskurs einzuschleusen.

Die Lage wird komplizierter, weil auch die prominenten Plattformen die Idee eines »Marktes der Meinungen« vertreten: eine Welt, in der alle Meinungen und Lügen der Öffentlichkeit feilgeboten werden, in dem Glauben, die Lügen würden sich schon selbst enttarnen.

Als Zuckerberg Ende 2019 vor dem US-Senat gefragt wird, ob es möglich wäre, Lügen als politische Werbung auszuspielen, fällt seine Antwort naiv aus: »Lügen sind schlecht.« Aber posten und bewerben dürfe man sie dennoch – sie seien dann eben dem Wettbewerb mit anderen Meinungen ausgesetzt. Das Problem mit der Marktplatzidee ist: Wollen wir überhaupt, dass Öffentlichkeit wie ein Markt funktioniert? Und wenn ja, ist es nicht so, dass echte Märkte eine ganze Menge Regeln haben, die den Wettbewerb beaufsichtigen?

Meinungsfreiheit ist kein feststehender Begriff, er muss ständig neu ausgehandelt werden. Was genau Meinungsfreiheit ist und wer darüber bestimmt, ist eng verbunden mit der Frage der Plattformen und ihrer Algorithmen. Deplatforming, das Löschen von besonders krassen Auswüchsen von Hass und Hetze, wirkt. Es führt oft dazu, dass Agitator*innen weniger Reichweite haben, es stört die »Themeninvasion« rechter Akteur*innen, es schränkt ihre Breitenwirksamkeit ein. Die Radikalisierung und Koordinierung in kleineren Foren (*8chan*, *Steam* und *Discord*) bleiben davon unberührt. Auch kleinere Plattformen müssen sich ihrer Verantwortung stellen – und dabei Hilfe von größeren bekommen. Das rechte Öko-Informationssystem macht nicht vor einer Plattform halt: Ein rechtes Meme von *4chan* wird auf *Discord*-Servern geteilt, ventiliert dann in *Facebook*-Gruppen und wird in privaten *Whats-App*-Chats weitergeleitet. Dass die extreme Rechte und andere Gruppen sich verschiedener Techniken bedienen, werden wir kaum verhindern können. Doch das Einsickern ihres Hasses, der krassesten Auswüchse ihrer Ideologie können wir einschränken.

Aber wollen wir, dass private Unternehmen darüber im Dunkeln entscheiden, wer Öffentlichkeit bekommt? Wer sonst könnte das tun? Sind es allein die Ingenieur*innen von *Facebook* & Co., deren Algorithmen bestimmen sollten, was und wem wir Aufmerksamkeit schenken?

Das sind Fragen, die wir als Gesellschaft beantworten sollten, die Plattformen müssen darüber transparent, tiefgründig und im Austausch mit der Gesellschaft befinden. »Move fast« und »Bedenken second« waren gestern. Plattformen, die besser für unser aller Wohlergehen sind, könnten hasserfüllte Propaganda auf eine öffentlich einsehbare Liste von Inhalten setzen, die in ihrer Reichweite eingeschränkt sind. Sie könnten den Empfehlungsalgorithmus dahingehend ändern, dass er nicht nur das anzeigt, was gut klickt, sondern auch das, was uns schlauer macht. Sie könnten dafür sorgen, dass zufällige Inhalte, neue Sichtweisen, andere Stimmen uns erreichen. Sie könnten ihr Design derart weiterentwickeln, dass es weniger Anreize für Clickbaiting und Desinformation gibt, mehr für Diskussion – insgesamt also weniger Wettbewerb, keine Like- oder Shareanzeige. Sie könnten Nutzer*innen ein nachhaltigeres Erlebnis ermöglichen, indem sie fragen: »Möchtest du das wirklich teilen?« Im übertragenen Sinne: Sie sollen uns auch die Äpfel zeigen, nicht nur die Kartoffelchips.

YouTube und *Facebook* könnten ihren Algorithmus transparenter gestalten, die Öffentlichkeit darüber aufklären, welchen Medien sie vertrauen, welche Inhalte sie wie gewichten. Sie könnten uns helfen, sie zu verstehen, indem Forscher*innen, Bürger*innen und Journalist*innen Einblicke in Daten bekämen. Sie könnten mehr für Fact-Checking tun (mehr Ressourcen, mehr Geld, mehr Einfluss), mehr für Journalismus, mehr dafür, dass die Öffentlichkeit lernt, mit der von ihnen veränderten Medienwelt umzugehen. Sie könnten sich an Regeln und Gesetze halten – und Steuern zahlen.

Die sozialen Medien könnten zeigen, dass sie leisten, wofür

sie geschaffen wurden: Verständigung. Verständigung darüber, wie Öffentlichkeit eigentlich funktioniert. Die vielleicht wichtigste Herausforderung wäre es einzusehen, dass das alles keine rein technischen Fragen sind. Nichts, was man soeben mit ein paar Filtern, besseren Algorithmen oder einer besser trainierten künstlichen Intelligenz lösen könnte. Dass es politische Fragen sind, die wir im gemeinsamen Gespräch lösen müssen, durch Argumente und Streit, durch Diskussion und Debatte.

Fast jeden Freitag steht Mark Zuckerberg vor seinen Angestellten in Menlo Park und beantwortet deren Fragen – manchmal geht es auch um *Facebooks* Rolle in der Öffentlichkeit, darum, wie die Plattform Politik und Demokratie prägt. Im Herbst 2019, als *Facebook* wiederholt öffentlich in der Kritik steht, fragt eine Managerin, wie die Firma in Zukunft Gutes tun könne – etwa in der Klimafrage. Zuckerberg antwortet: »Wie wir unsere Produkte weiterentwickeln, durch Hackathons, wir sitzen zusammen und programmieren. Wir glauben: Code schlägt Argumente.« Es ist dieser Glaube, der den Firmen, die heute Öffentlichkeit organisieren, innewohnt: dass man allein durch Technik alles irgendwie richten könne. Wir haben in den letzten Jahren gesehen, dass es ein Trugschluss ist.

Schluss: Viralität ist Populismus

Fast ist es so, als würde die extreme Rechte mit den sozialen Medien jene Werkzeuge in die Hand bekommen, auf die sie immer gewartet hat. Wir werden herausfinden müssen, wie eine wehrhafte digitale Demokratie der extremen Rechten und den Social-Media-Giganten Grenzen aufweisen kann.

Die Neue Rechte sieht sich in einer Situation, in der sie gegen die liberale, auf Universalismus fußende Demokratie Notwehr leisten müsse. Die Opferrolle ist kommunikative Strategie – sie ist aber auch ihre feste Überzeugung. Deswegen spricht die Neue Rechte so inflationär vom »Damoklesschwert der Zensur« oder vom »digitalen Gulag«, wenn *Facebook* ihre Seiten löscht. Deshalb steht der Untergang des Abendlandes immer kurz bevor. Ihre eigene Aggression inszeniert und begreift sie als Verteidigung – ganz in der Tradition Carl Schmitts, der in Anlehnung an Mussolini vom »Krieg der Demokratien gegen die totalitären Staaten« sprach. Es ist eine perfide Umkehrung der Tatsachen.

Auf den zurückliegenden Seiten haben wir gesehen: Autoritäre Gegenbewegungen werden stärker und aggressiver gerade dann, wenn sie am meisten in Bedrängnis geraten. Der Kampf um klare Geschlechterrollen wird just in jenem Moment verbissen geführt, da besonders viele Menschen sich von ihnen befreien. Der

Rassismus in den USA treibt genau dann wieder stärker aus, da ein Schwarzer Präsident wird. Die Hass- und Belästigungskampagne Gamergate begann, weil eine weiße, männliche, meritokratische Gamerkultur ihre Felle davonschwimmen sah. Dafür machte sie Frauen, neue Spieltypen und einen Journalismus verantwortlich, der diese verspätete Modernisierung begleitete.

Gamergate und die Entstehung der Alt-Right stehen am Anfang dieses Buches, weil beide Ereignisse eine folgenschwere Zäsur markieren. Neu war allerdings nicht der Aufstand autoritärer Ideolog*innen, die in Bedrängnis geraten waren – dass jeder emanzipatorische Fortschritt durch eine heftige Gegenreaktion überrollt werden kann, ist bekannt. Neu waren die Mittel: Gamergate zeigte, wie einfach ein Publikum in Aufruhr zu versetzen war, wie leicht Empörung in Hetze mündete; es zeigte, wie digitale Gewalt unliebsame Journalist*innen und andere Beteiligte einschüchtern konnte, wie Diskussionen zerstört und gekapert wurden. Gamergate war die Vorlage für die Online-Kämpfe, die in den Jahren danach folgten. Es zeigte erstmals in großem Stile, wie die veränderte Öffentlichkeit eine folgenschwere Verbindung mit einer autoritären Netzideologie einging, die sich willfährig realpolitisch einspannen ließ. Mit der Alt-Right entstand eine reaktionäre Bewegung, die mit den Technologien der Moderne gegen die Moderne ankämpft.

Inzwischen gibt es diese Bewegung auch in Deutschland. Die breite Öffentlichkeit hat die Entwicklungen zu lange ignoriert, weil sie annahm, es handle sich um ein Nischenphänomen der Gaming- und Internetszene. Noch immer fehlt ein breites Verständnis davon, dass autoritäre Tendenzen auch dann unsere Gesellschaft prägen, wenn sie in den dunklen Ecken des Internets entstehen. Sie bleiben nicht dort. In den vergangenen Jahren haben wir rasend schnelle, extreme Auswirkungen entfesselter Online-Kulturen gesehen: Der Attentäter von Halle, der eine Synagoge stürmen wollte, nachdem er sich allem Anschein nach online radikalisiert hatte, praktizierte eine neue Form des Terrors: einen gamifizierten. Nicht weil Computerspiele an sich ihn gewaltbereit machten, ahmte er ihre Optik und Sprache nach, sondern weil er sein Publikum in der Welt der Computerspiele, der Hasskulturen und der Imageboards sah.

Taten wie die in Halle oder Christchurch sind Endpunkte einer Radikalisierung, die nicht nur fast ausschließlich online stattfindet, sondern die auch in ihrer Funktion und Kommunikation ganz und gar Teil der Internetkultur ist. Diese Attacken begründen die neue Form des Troll-Terrorismus, die hochgradig individualisiert, parasozial und anonymisiert ist. In der verschworenen Welt der Imageboards und rechten Foren wird aus dem Versuch, sich durch die Suche nach Wahrheit besser in dieser Welt zurechtzufinden, eine Sucht. »Redpills«, rechte Erweckungserlebnisse, machen abhängig, weil sie ein Erklärungsmuster für die eigenen Probleme bieten – und Schuldige ausmachen. Plattformen mit ihren Algorithmen helfen dabei, diese Sucht zu befriedigen. Der Täter von Halle war wütend, weil er süchtig nach diesen Redpills war: wütend auf Juden, auf Muslime, auf Linke, auf Frauen, über die er gelernt hatte, dass sie für das Übel auf der Welt verantwortlich wären.

Er hatte Vorbilder, und er wird Vorbild werden. Das Jahr 2019 hat das auf traurige Weise unter Beweis gestellt. Christchurch brachte als Initialzündung in rasanter Geschwindigkeit weitere Terroristen hervor, die – in Poway, El Paso, Halle oder Baerum – ihren Rassismus und Antisemitismus in die Tat umsetzten. Dabei hatten sie ideologische Verbündete: Sie sitzen in Parlamenten, leiten Think Tanks oder geben Zeitschriften heraus – und sie haben die sozialen Netzwerke als Ort der Radikalisierung und Propaganda entdeckt. Gleichzeitig fehlt es der liberalen Mehrheit an Ideen und Instrumenten, den Entwicklungen einer disruptiven Öffentlichkeit zu begegnen. Jene, die die demokratische Öffentlichkeit zerstören wollen, treffen auf eine Gesellschaft, die in ihrer Abwehr geschwächt ist, weil sie sich selbst und ihre Art, sich zu verständigen, neu formiert. Heute, rund 15 Jahre nachdem die großen Social-Media-Plattformen gegründet wurden, werden wir lernen müssen, mit dieser Form von politischer Öffentlichkeit umzugehen.

Die Gesellschaft hat es nach dem Terror von Halle sowohl der Gaming-Community als auch der radikalen bis extremen Rechten zu einfach gemacht, zur Tagesordnung zurückzukehren. Diskussionen über Vorratsdatenspeicherung sind ebenso wenig sinnvoll wie die Pauschalverurteilung von »Gamer*innen« oder die immer wiederkehrenden Lippenbekenntnisse über den Schutz von Minderheiten. Dass das Attentat am Münchener Olympia-Einkaufszentrum 2016, bei dem neun Menschen ums Leben kamen, weil sie »ausländisch« aussahen, erst drei Jahre später als rechtsmotiviert anerkannt wurde, spricht dafür, dass Behörden ideologische Hintergründe trotz entsprechender Gutachten ignoriert haben. Es gibt theoretische wie kommunikative Vorbereiter*innen einer solchen Tat. Es gibt eine Geschichte der Radikalisierung innerhalb von Teilszenen, die Computerspiele als essenziellen Teil ihrer Identität betrachten, ebenso wie es diese auf verschiedenen Social-Media-Plattformen gibt.

Zugleich haben rechte Kommunikationsstrateg*innen Gaming-Vokabular und Plattformen klug zu nutzen gelernt, haben ihre Art der politischen Mobilisierung gamifiziert. Digitale Umgebungen, in denen Menschenverachtung und Herabwürdigung die Kommunikation prägen, in denen kein demokratischer Konsens existiert, können so ein idealer Nährboden für rechte Identifikationsangebote und Radikalisierung werden. Verrohte Kommunikation produziert verrohte Individuen. Daran arbeitet die Neue Rechte online: an einer Auflösung des gesellschaftlichen Konsenses darüber, was in freiheitlichen Demokratien akzeptabel ist – in Spielewelten, auf Social-Media-Plattformen, im gesamten Diskurs.

Die rechte Mobilmachung findet in einem Ökosystem statt, das ganz unterschiedliche Plattformen umfasst. Ihre krassesten Auswüchse sind der Terror wie in Halle. Dem Terror ebenso wie dessen Vorläufern zu begegnen, wird keine leichte Aufgabe sein. Es geht um nicht weniger als um die Frage: Wie sieht eine wehrhafte digitale Demokratie eigentlich aus?

Für die Auswüchse von Hass muss der Staat verstärkt auch juristische Mittel finden. In Nordrhein-Westfalen hat die Landesmedienanstalt mit *Verfolgen statt nur Löschen* eine Initiative geschaffen, die gemeinsam mit einem Sonderdezernat der Staatsanwaltschaft Hassbotschaften konsequent juristisch verfolgt. Die Regulierung der Plattformen ist häufig träge, während Versuche der Selbstregulierung eher in PR-Maßnahmen münden. Der deutsche Versuch, die Plattformen zur Verantwortung zu ziehen für das, was bei ihnen geschieht, führte 2017 zum Netzwerkdurchsetzungsgesetz. Das hat vor allem die Frage aufgeworfen, ob private Unternehmen über Grenzen des Sagbaren oder auch schlicht über Grenzen des Rechts entscheiden sollten – oder ob diese Dinge nicht bei öffentlichen Institutionen besser aufgehoben wären.

Die westlichen Gesellschaften sind noch immer damit befasst, zu verstehen, was in den vergangenen Jahren eigentlich im Internet passiert ist. Das ist auch wichtig. Aber die Gefahr steigt, dass wir in Zukunft sehr gut vorbereitet sind – auf die Auseinandersetzungen der Vergangenheit. Statt einzelnen Phänomenen wie Bots hinterherzuhecheln, müssen Politik und Öffentlichkeit sich den langen Entwicklungslinien digitaler Plattformen widmen: Wie schaffen wir es beispielsweise, ihre Anreizstruktur zu verändern? Wie kontrollieren wir sie? Wie sieht eine moderne Öffentlichkeit überhaupt aus, die sich vor Angriffen schützt? Wie überführen wir Regulierungen für analoge Wahlkämpfe auf die digitale Sphäre? Vor allem aber: Wie kann Politik bei der Entstehung einer digitalen Zivilgesellschaft helfen?

Für politische Akteur*innen, Privatpersonen und vor allem Medienschaffende gilt: Den sozialen Medien den Rücken zuzukehren ist keine Option, denn das ließe all jene allein, die dort eben auch eine Plattform für ihre Kämpfe wie #MeToo oder #BlackLivesMatter gefunden haben. Wir werden um diesen öffentlichen Raum kämpfen müssen. Das gilt insbesondere für Journalist*innen: Neben ganz praktischen Fähigkeiten, die sie brauchen werden (Trolle nicht verstärken, populistische Kommunikationsstrategien aufdecken), müssen Medienmacher*innen ihre Einstellung zu Öffentlichkeit und Gesellschaft überdenken: Es gibt keine digitale Gesellschaft, und es gibt keinen digitalen Journalismus. Es sind einfach Gesellschaft, einfach Journalismus, weil »das Digitale« alles durchzieht. So wie Journalist*innen über den Marktplatz ihrer Stadt laufen und Geschichten entdecken, so wie politische Korrespondent*innen sich abends zum Hintergrundgespräch treffen, so müssen Medienmacher*innen auf *Instagram* unterwegs sein und *YouTube*-Livestreams schauen. Weil es einfach Teile unserer Welt sind. Das wird Journalist*innen helfen zu verstehen, was dort passiert, darüber zu berichten und adäquate Formen des Berichtens zu finden.

Die Rechte möchte ihre Begriffe einführen, eine neue Sprache etablieren, sie möchte das gesellschaftliche Gespräch zerstören. Journalismus hat die Aufgabe, diese Gespräche zu ermöglichen, sie zu moderieren. Das schafft er aber nur dann, wenn er überall dort ist, wo das Gespräch stattfindet: auch auf Spieleplattformen, auch bei *Instagram*. Das Gleiche gilt für alle anderen Akteur*innen: Große und kleinere Plattformen haben eine gesellschaftliche Funktion – ebenso wie die Gamingindustrie, deren große Hersteller sich gerne unpolitisch geben. Doch wie bei *Facebook* oder *YouTube* gilt: Auch ihr Code ist politisch.

Die Art, wie wir Nachrichten konsumieren, wie Öffentlichkeit funktioniert, hat sich in den vergangenen zehn Jahren ziemlich grundlegend verändert. Jene, die vor mehr als einer Dekade angetreten sind, um mit viel Glauben an Technik, den Markt und mit noch mehr Geld zentrale Gatekeeper abzuschaffen, sind plötzlich milliardenschwere Geschäftsleute, und sie müssen einsehen, dass ihre Utopie – »Das beste Zeug setzt sich durch« – vielleicht niemals wahr wird. Stattdessen sind jene laut, die die sozialen Netzwerke verstanden haben und mit diesem Wissen ihre Botschaften verbreiten. Viele von ihnen haben wir in den vergangenen Monaten, in denen dieses Buch entstand, getroffen. Sie setzen große Erwartungen in die veränderte Öffentlichkeit: Anhänger*innen der extremen Rechten, die aus der unheiligen Allianz von autoritärer Ideologie und Netzkultur, von Populismus und Viralität, die Hoffnung schöpfen, die gesellschaftliche Realität grundlegend verändern zu können. Die AfD zeigt, wie sie mit reißerischen Inhalten ihre Wähler*innen bei Laune hält und aufwiegelt; mit Fake-Accounts erweckt sie den Anschein, ihre Meinung wäre die der Mehrheit. Auch neurechte Vorfeldorganisationen setzen so stark wie noch nie auf das Netz: Sie haben eigene Influencer*innen, die die Kultur der Jugend erobern sollen. Sie bauen auf *YouTube* und *Instagram* ganze Netzwerke auf und erschaffen so einen Raum der Radikalisierung mit unzähligen Eingängen. Es ist eine digital-autoritäre Revolte.

Diese Hoffnung der Rechten sollte die liberale Demokratie fürchten. Dass die Neue Rechte so gefährlich ist, hat mit ihrer Ideologie zu tun und mit einer Öffentlichkeit, deren Wahrnehmung nicht mehr von journalistischen Leitmedien und politischen Instanzen gefiltert wird – aber natürlich auch mit den realen gesellschaftlichen Verhältnissen. Adorno hat den Rechtsradikalismus als »Wundmale der Demokratie« bezeichnet: Sie verweisen auf reale Demokratiedefizite, auf soziale Ungerechtigkeit, auf verlorene Freiheiten. Die Erschütterung der Öffentlichkeit trifft in Deutschland (und auf der ganzen Welt) auf eine Gesellschaft, die mit wachsender Ungleichheit kämpft; die herausfinden muss, wie sie als Migrationsgesellschaft eigentlich funktionieren soll und will. Fragen, die auch in einer erprobteren, idealeren Form von Öffentlichkeit schon schwer auszuhandeln gewesen wären. Soziale Medien machen es – nun ja – nicht gerade leichter.

Der Weg unserer Recherche führt uns an seinem vorläufigen Ende in die Straßen des südlichen Manhattan. Hier, wo das alte Geld wohnt und arbeitet, wo viele Unternehmen ihren Sitz haben, hat auch *Buzzfeed* in einem ziemlich mondänen Bürohochhaus Quartier bezogen. *Buzzfeed* macht Journalismus für *Facebook*, *Reddit* & Co. 2006 als »Medienunternehmen für das soziale Zeitalter« gegründet, ist es heute über eine Milliarde Dollar wert. Wohl kein anderes Medium weltweit hat so erfolgreich erprobt und umgesetzt, was Viralität eigentlich bedeutet. Man könnte sagen, *Buzzfeed* hat seinen Erfolg, seine Reichweite, den Prinzipien der sozialen Netzwerke zu verdanken – und dem Wissen um diese Funktionsweisen.

Deshalb stehen wir an einem warmen Herbstnachmittag in der bunten Lobby des Unternehmens, vier Etagen in allerfeinster Lage, an den Wänden gelbe Smileys, die »Wow« und »Lol« sagen. Wir erhoffen uns hier einen Hinweis darauf, wie eine von sozialen

Medien geprägte Öffentlichkeit in Zukunft funktionieren soll, und sind mit Ryan Broderick verabredet. Er ist um die dreißig, blonde Haare, bunt karierte Hose, Jeanshemd. Broderick berichtet als Senior Reporter über die Abgründe des Netzes: über Hasskampagnen gegen Frauen, über rechte Trolle, Neonazis – und manchmal auch darüber, wie eklig eine Melone ohne Schale aussieht. Denn eigentlich ist *Buzzfeed* für sogenannte »Listikles« bekannt: *16 Dinge, die nie, niemals hätten geschält werden dürfen* oder *19 Dinge über Geburten, die du nicht zu fragen wagst, aber unbedingt wissen möchtest.* Hauptsache teilbar.

»Natürlich führen wir diese Diskussion hier bei *Buzzfeed*: Was heißt Viralität eigentlich, wenn es um Politik geht?«, sagt Broderick gleich zum Einstieg, als würde er unsere Fragen erahnen. Es sei ja schließlich das Kapital von *Buzzfeed*, zu verstehen, wie diese Plattformen funktionieren. »*Facebook, Reddit*, alle sozialen Medien bauen auf purem Populismus auf. Ich finde, es ist keine Übertreibung, zu sagen: Viralität ist Populismus.« Politik, die versucht, viral zu sein, also strikt den Gesetzen der Plattformen zu gehorchen, bekommt schnell neofaschistische Tendenzen, glaubt Broderick. »Populismus verbreitet sich gut in Massenmedien, und wenn du dann ein personalisiertes Massenmedium in Form deines Smartphones in der Tasche hast, bedeutet das schlicht, dass du personalisierte, populistische Nachrichten erhalten kannst.« Die Tendenz zum Faschismus, glaubt Broderick, sei den Plattformen eingebaut.

Broderick sitzt in der riesigen Kantine des Unternehmens, das vor allem um ein Prinzip gebaut ist – Viralität –, in der Hand eine Limo aus der endlosen Auswahl an Getränken in der offenen »Wohnküche«, und zweifelt an dem, was seinen Job ausmacht: die Jagd nach größtmöglicher Reichweite in den sozialen Medien. Broderick ist ein freundlicher Typ, kein Misanthrop, einer, den im Internet fast nichts mehr schocken kann, der sich mit diebischer Freude in die Untiefen der Netzkultur stürzt. Broderick weiß um die Funktionsweise der Aufmerksamkeitsökonomie – das schlägt sich auch in seiner Sprache nieder. Er redet fast forward. »Wir haben eine in Teilen radikalisierte Gesellschaft. Wir haben die Scheibe zerschlagen, und sie wieder zusammenzukleben, wird sehr, sehr lange dauern.«

Als Broderick 2012 bei *Buzzfeed* begann, war gerade der Ausdruck »*Facebook*-Revolution« für den Arabischen Frühling geboren. Es war die Hochphase des Netzoptimismus. Wenn Menschen sich über *Facebook* verbinden konnten, um ein jahrzehntealtes Regime zu Fall zu bringen – was war dann noch alles möglich? Wenig später zeigten die sozialen Netzwerke, dass sie auch Reaktionäre und Autoritäre verbinden konnten: In den zwei Jahren zwischen Gamergate und der Wahl Trumps, glaubt Broderick, hätten die Plattformen letztmals die Möglichkeit gehabt, zu bemerken, wofür sie benutzt werden, und etwas daran zu ändern. Aber Social-Media-Plattformen sind dafür da, so viel Aufmerksamkeit wie möglich zu binden. »Was dich ankotzt, was richtig verrückt ist, das geht viral.« Es ist Brodericks Job, genau diese Mechanismen auf Journalismus anzuwenden – *Buzzfeed* beruht auf der Idee, Viralität gezielt erzeugen zu können. Aber kann eine ganze Gesellschaft sich über Viralität verständigen? Was kommt dabei heraus?

Auf dem Weg zur Tür meint Broderick: »Was mich irgendwie echt schwarzsehen lässt: Es ist die Kapitalstruktur hinter diesen Netzwerken. Die können ja nicht sagen: »Bitte benutzt unsere Plattform weniger«. Es ist ihr Geschäftsmodell, unsere Aufmerksamkeit zu bekommen.« Die Profiteur*innen dieser neuen Freiheit, von sozialen Medien erschaffen, sind zu oft die Feinde der Freiheit. Als wir schon am Fahrstuhl stehen und auf dem Touchdisplay den Smiley drücken, der uns ins Erdgeschoss zurückbringt, sagt er: »Manchmal glaube ich, *Facebook* hätte irgendwann den Weg von *Myspace* und Co. gehen und einfach verschwinden sollen.«

Einen Tag später laufen ein paar Straßen von Brodericks Büro entfernt Zehntausende *Fridays-for-Future*-Demonstrant*innen durch New York. Greta Thunberg, die auf der UN-Klimakonferenz in New York sprechen wird, führt sie an. Sie und ihre Mitstreiter*innen fordern eine »Welle der Veränderung«, damit unsere Welt auch in Zukunft noch lebenswert ist. Auch sie haben sich häufig über digitale Plattformen vernetzt und organisiert.

Eigentlich ist das Problem mit dem Klima dem der Verschmutzung der Öffentlichkeit sehr ähnlich. Weitreichende Einschnitte wären nötig, um unsere Welt zu retten, kaum ein*e Expert*in streitet das noch ab. Aber für solch riesige Veränderungen müssten wir einen Teil unserer DNA aufgeben, einen Teil dessen, wie unser Wohlstand beschaffen ist. Klimaproteste und Plattformkritiker*innen haben den gleichen Anspruch: Sie wollen von Unternehmen, dass sie nicht weiter in der Art wirtschaften, die sie reich gemacht hat, weil es besser für uns alle wäre. Automobilfirmen sollen die Verkehrswende mitgestalten, an deren Ende es weniger Individualverkehr geben muss, Energiekonzerne müssten an dezentraler Energieversorgung arbeiten, die sie letztlich nutzlos machen würde. Am Ende ist es vielleicht eine ganz einfache, ziemlich alte Frage, auf die beide Diskussionen hinauslaufen: Soll der Markt alles regeln? Gilt das Primat der Ökonomie überall? Oder wollen wir, als Gesellschaft, darüber mitbestimmen, wie unsere Öffentlichkeit beschaffen ist und unsere Natur erhalten wird? Das würde mehr Gesellschaft, mehr Regeln, weniger Markt bedeuten.

Wenige Tage später, kurz nach dem Anschlag von Halle, den der Täter live auf *Twitch* streamte, empfiehlt uns *Facebooks* Algorithmus einen Artikel von Broderick über das Attentat in Deutschland: Auf *Buzzfeeds Facebook*-Seite bekommt er 639 wütende Emojis, 239 traurige, 117 Likes, 18 Wows und sechs lachende Smileys. Ein Nutzer aus der Nähe von Chicago kommentiert: »Ich denke, der Typ hat den High Score auf *Twitch* heute geknackt.« Eine Nutzerin aus Halle schreibt darunter: »Wow, wir haben es zu *Buzzfeed* geschafft!«

Dank

Es ist ein ziemlicher Kraftakt, der hinter diesem Buch steht. Umso wichtiger ist es uns, all den Menschen zu danken, die diesen durch ihren Beistand, ihre Aufheiterung, ihre Anmerkungen und ihr Engagement möglich gemacht haben.

Dieses Buch wäre nicht, was es ist, ohne den Einsatz, die guten Ratschläge und das Auge für das Detail unserer famosen Lektorin Hanna Schuler sowie den klugen Rückhalt unserer Ullstein/Econ-Lektorin Silvie Horch. Wir danken zudem Sven Krüger für seinen kritischen Blick. Durch ihren Glauben an dieses Projekt von Beginn an haben unsere Agentinnen Hanna Leitgeb und Laura Weber von der Rauchzeichen-Agentur dieses Buch überhaupt erst möglich gemacht – vielen Dank dafür!

Teile der Recherche sind im Rahmen unserer Arbeit an dem Film *Lösch Dich* entstanden, der 2018 erschien. Für ihre Weitsicht, ihren Mut und ihren langen Atem danken wir daher besonders Florian, Philipp, Duygu und Thilo. Zudem der *Kooperative Berlin*, insbesondere Roman und Lydia.

Wir danken auch den Redaktionen von *Jäger & Sammler* sowie *Frontal 21* für ihre Unterstützung und ihr Vertrauen.

Für ihre klugen Anmerkungen zum Text, die inspirierenden Debatten und ihren kritischen Geist danken wir besonders Ann-Katrin Müller.

Dank gilt allen Gesprächspartner*innen für ihr Vertrauen und ihre Geduld: Jonas Kaiser, Roman Blumenstock, Guillaume Chaslot, Cornelius Puschmann, Ryan Broderick, Andrew Marantz, Christian Huberts, Christian Fuchs und Sally.

Für die Möglichkeiten, an diesem Buch am Meer, in den Bergen, in der Stadt und auf dem Land, in Deutschland und an verschiedenen Orten in den USA zu arbeiten, danken wir all jenen, die uns im Schreibprozess Obhut gegeben haben.

Aus ganzem Herzen danken wir unseren Freund*innen und Wegbegleiter*innen. Wir schätzen uns glücklich, Euch an unserer Seite zu wissen.

Sören Musyal dankt darüber hinaus Bettina für ihre zahlreichen Hinweise, ihren unbezahlbaren Zuspruch und ihre Selbstlosigkeit, mich so viele Stunden an dieses Projekt zu entschuldigen. Und ich danke Kirsten – für alles. Besonders aber dafür, dass sie mich stets angemessen kritisch, aber vertrauensvoll durchs Leben begleitet.

Patrick Stegemann dankt Johanna, der Jakob-Karl-Gruppe für ihren Witz, ihre Erbauung, für Widerspruch und Ablenkung. Ich danke Peter und Simone für alles, was sie für mich taten und tun – ihr seid der Anfang von allem.

Anmerkungen

1. Theodor W. Adorno: Aspekte des neuen Rechtsradikalismus. Ein Vortrag. Suhrkamp (Berlin) 2019.
2. Georg Seßlen: Is this the End? Pop zwischen Befreiung und Unterdrückung. Edition Tiamat (Berlin) 2018, S. 169.
3. Antonio Gramsci: Gefängnishefte (Band 1).
4. Ebd.
5. Götz Kubitschek: Provokation. Vier Texte. Antaios (Schnellroda) 2007, S. 23.
6. Ebd., S. 25
7. Ebd., S. 76
8. Martin Sellner: Identitär! Geschichte eines Aufbruchs. Antaios (Schnellroda) 2017, S. 24.
9. Carl Schmitt: Theorie der Partisanen. Zwischenbemerkungen zum Begriff des Politischen. Duncker & Humblot (Berlin) 2017, S. 72.
10. Adorno 2019.
11. Sellner 2017, S. 100
12. Martin Heidegger: Die Zeit des Weltbildes: In: Holzwege.
13. Sellner 2017, S. 216.
14. Ebd., S. 52.
15. Ebd., S. 218.
16. Ebd., S. 220.
17. Ebd. S. 219.
18. Mario Müller: Kontrakultur. Antaios (Schnellroda) 2017, S. 330.
19. Ebd., S. 9.
20. Ebd.
21. Ebd., S. 163
22. Ebd., S. 303

23. Martin Sellner / Walter Spatz: Gelassen in den Widerstand. Ein Gespräch über Heidegger. Antaios (Schnellroda) 2015.
24. Hillary Clinton: What happened. Simon & Schuster (New York) 2017, S. 284.
25. Ebd.

Maik Messing
Volkmar Kabisch
Georg Heil

Leonora

Wie ich meine Tochter
an den IS verlor –
und um sie kämpfte

Klappenbroschur.
Auch als E-Book erhältlich.
www.ullstein-buchverlage.de

Der dramatische Irrweg eines jungen Mädchens

Leonora Messing war 15 Jahre alt, als sie aus ihrem
Dorf in Sachsen-Anhalt verschwand und sich in Syrien
dem Islamischen Staat anschloss, um Drittfrau eines
deutschen IS-Terroristen zu werden. Wie konnte sich
Leonora so schnell so stark radikalisieren? Wie sieht ihr
Leben in den Kriegswirren aus und was bedeutet das
für die verzweifelten Angehörigen? Der Vater kämpft
darum, Leonora aus dem umkämpften Rakka zurück-
zuholen – und geht dafür gefährliche Risiken ein …

Ein dramatisches Stück Zeitgeschichte, das die Verfüh-
rungskraft des IS und dessen Terror erklärt.

Econ

Michael Kraske

Der Riss
Wie die Radikalisierung
im Osten unser
Zusammenleben zerstört

MICHAEL KRASKE

Wie die
Radikalisierung
im Osten unser
Zusammenleben
zerstört

Gebunden mit Schutzumschlag.
Auch als E-Book erhältlich.
www.ullstein-buchverlage.de

*Der Osten in Nahaufnahme – eine einmalige deutsch-
deutsche Perspektive*

Der Rechtsruck im Osten kam nicht über Nacht, sondern hat eine lange Tradition. Michael Kraske, der kurz
nach der Wende aus dem Sauerland nach Leipzig zog,
beschreibt, wie nicht nur in Sachsen über viele Jahre
eine Gewöhnung an rechtsextreme Ideologie, Strukturen und Gewalt die Gesellschaft radikalisiert hat. Wahl-
erfolge der AfD, eine Zunahme rechter Straftaten, aber
auch systematisches Versagen von Politik, Polizei und
Justiz sind das Ergebnis. Kraske erzählt nicht nur drasti-
sche Geschichten von Tätern und Opfern, sondern versucht die grassierende Wut zu verstehen, ihren wahren
Kern aufzuspüren und er zeigt die drastischen Folgen.
Er schreibt an gegen Missstände und gefährliche Entwicklungen, denen entgegengewirkt werden muss mit
einem »New Deal Ost«.

ullstein